障礙研究與社會政策

王國羽　林昭吟　張恒豪　主編

SKILLS FOR CARE

障礙研究與
社會政策

國家圖書館出版品預行編目（CIP）資料

障礙研究與社會政策 / 王國羽, 林昭吟, 張恒豪主編.
-- 初版 . -- 高雄市：巨流, 2019.11
　　面；　公分

ISBN 978-957-732-585-3（平裝）

1. 身心障礙者　2. 社會福利

548.25　　　　　　　　　　　　　　　108016543

主　　　編	王國羽、林昭吟、張恒豪
責 任 編 輯	邱仕弘
封 面 設 計	Lucas
發 　行　 人	楊曉華
總 　編 　輯	蔡國彬
出　　　版	巨流圖書股份有限公司 80252 高雄市苓雅區五福一路57號2樓之2 電話：07-2265267 傳真：07-2264697 e-mail: chuliu@liwen.com.tw 網址：http://www.liwen.com.tw
編 　輯　 部	10045 臺北市中正區重慶南路一段57號10樓之12 電話：02-29222396 傳真：02-29220464
劃 撥 帳 號	01002323 巨流圖書股份有限公司
法 律 顧 問	林廷隆律師 電話：02-29658212
出 版 登 記 證	局版台業字第1045號

巨流

ISBN ／ 978-957-732-585-3（平裝）
初版一刷・2019 年 11 月
初版四刷・2022 年 9 月

定價：480 元

作者簡介

* 依文章順序排列

張恒豪

台北大學社會學系教授（henghaoc@mail.ntpu.edu.tw, henghaoc@gmail.com）。
美國夏威夷大學 Mānoa 分校博士。現任台灣障礙研究學會理事長。研究
興趣著重於障礙者權利運動、障礙研究的理論、障礙的文化與再現、障礙
與教育、障礙與健康等。目前正進行障礙者權利論述的在地轉譯研究。

蘇峰山

南華大學應用社會學系副教授（starry@nhu.edu.tw）。台灣大學社會學博
士。研究專長為社會學理論、教育社會學理論、教育改革、文化社會學、
兒童社會學、飲食社會學等。

洪惠芬

東吳大學社會工作學系教授（msfenfen@scu.edu.tw）。中正大學社會福利學
系博士。研究興趣為性別研究、照顧與依賴議題、女性勞動參與議題、以
及女性主義福利理論。

王國羽

目前為高雄醫學大學醫學社會學與社會工作學系兼任教授（kuoyuwang194
@gmail.com），退休前為中正大學社會福利學系教授。研究專長為障礙研
究與相關政策及智障者老化相關研究，過去將近三十年時間長期參加國際
智能障礙科學研究學會，擔任該會理事等職務，推動亞洲地區的相關領域
研究者網路建置工作。本身擔任國內外學術期刊主編與編輯委員等，也在
過去十年投入學術倫理工作，參與成大與中正大學研究倫理中心的設立與
運作。

嚴嘉楓

慈濟大學公共衛生學系教授（mapleyeng@gmail.com, mapleyeng@gms.tcu.edu.tw）。國防醫學院生命科學研究所博士，陽明大學公共衛生研究所碩士。目前關注於身心障礙者健康醫療政策、弱勢群體健康資源分配、健康不平等及長期照顧等議題。

林昭吟

台北大學社會工作學系教授（cylin@mail.ntpu.edu.tw）。英國倫敦政經學院社會政策博士。研究興趣為身心障礙與健康（Disability and Health）。相關著作為〈身心障礙者老化現象之概念探討與初探性實證研究〉、〈當「不標準的病人」遇到醫療專業體制：身心障礙者就醫經驗的質化分析〉等學術論文。

邱大昕

高雄醫學大學醫學社會學與社會工作學系教授（tasing@kmu.edu.tw）。美國普渡大學社會學博士。研究領域包括身心障礙研究、科技與社會、醫學社會學，目前主要從事台灣盲人史之研究。

潘佩君

大仁科技大學社會工作系助理教授（panpc@tajen.edu.tw, panpckmu@gmail.com）。中正大學社會福利學系博士。研究興趣為身心障礙福利政策、身心障礙社會工作、高齡化社會交通政策。目前正進行交通貧窮、交通可近性與身心障礙者權利公約的相關研究。

王育瑜

目前任職於暨南國際大學社會政策與社會工作學系所（yuyuwang@ncnu.edu.tw），長期參與和身心障礙者人權有關之政策、實務與教學工作，以推動身心障礙者自主、選擇、參與的權利保障為追尋之理想。

周怡君

東吳大學社會學系教授（ycchou@scu.edu.tw）。德國海德堡（Heidelberg）大學社會學博士。研究興趣為社會政策比較分析、障礙就業與支持政策、社會照顧以及第三部門與非營利組織。目前正研究東亞與西歐國家的長期照顧政策與障礙者照顧政策整合趨勢的比較研究。

林惠芳

現任社團法人中華民國智障者家長總會秘書長（evangeline0918@gmail.com），身心障礙專科社工師，實踐大學社會工作學系兼任講師、東吳大學社會工作學系兼任講師；曾任台北大學社會工作學系兼任講師、台灣大學社會工作學系講師級專業教師。身心障礙服務實務經驗30餘年，專長在心智障礙者早期療育、職業重建、心智障礙青年培力、自立生活支持服務及身心障礙家庭支持服務。

陳芳珮

中正大學社會福利學系教授（fpchen@ccu.edu.tw）。美國威斯康辛州立大學麥迪生分校社會福利博士。研究領域為慢性精神疾病患者之社區復健與精神復元（mental health recovery），以及其自然支持資源與相關福利服務體系的建置與運作。

邱春瑜

台灣師範大學特殊教育學系助理教授（chiuc@ntnu.edu.tw）。美國堪薩斯大學特殊教育哲學博士。研究領域為家庭支持、政策分析、融合教育。曾任American Association on Intellectual and Developmental Disabilities（AAIDD，美國智能與發展障礙協會）國際網絡會長與 Sibling Leadership Network（SLN，手足領導網絡）研究委員會副會長。

吳秀照

東海大學社會工作學系副教授（swu@thu.edu.tw）。美國布蘭岱斯大學（Brandeis University）社會政策博士。研究興趣為婦女福利與就業政策、障礙者福利與就業政策、職業災害者勞動與重返職場議題。

陳美智

亞洲大學社會工作學系副教授（meichi@asia.edu.tw）。東海大學社會學系博士。研究興趣為障礙研究、非營利組織、婦女福利。目前正進行障礙教學實踐之研究。

王玉如

中正大學社會福利學系博士候選人（vivien981963@gmail.com）。台北市政府社會局公職社工師。研究興趣為福利政策、障礙研究、貧窮與個案工作。近期研究成果發表於《財務社會工作與貧窮研究學刊》及《靜宜人文社會學報》。

邱連枝

聯合大學通識中心兼任助理教授（k262350@gmail.com）。中正大學社會福利學系博士。主要研究興趣為障礙與性別、非營利組織經營與管理、社會企業與社區發展。

目 錄

序言

　　本書是繼上次障礙研究第一本專書《障礙研究：理論與政策應用》之後，我們所編輯的第二本以障礙研究觀點出發，偏向政策運用的專書。第一本書出版之後，到現在第二本書出版，匆匆間已經過了將近六年。

　　這六年間，台灣的身心障礙政策與體制，因簽署 CRPD 國際公約，台灣歷經第一次國家報告審查，也經歷試圖將國際審查委員意見轉換為在地政策的過程與討論。因為公約國家報告撰寫與審查的經驗，讓我們社會有機會面對台灣身心障礙體制與政策的問題及困境。因此，在這第二本書中，我們增加新的章節，例如討論障礙者所面臨外出的交通運輸問題，貧窮問題、居住、倡議等障礙者所面臨的切身權利問題與政策實施的問題。在這六年間，我們在去年成立「台灣障礙研究學會」，代表學術界逐漸形成對障礙研究領域的肯認及研究人力的開展。在這個新舊交替的時代，第二本書的出版，可以說是反映過去幾年台灣障礙研究學者努力的成果。因此，這本書不是第一本書的改編，更嚴格說是在第一本書的基礎上，更新、添增與反饋過去讀者使用第一本書的經驗，重新再編輯的第二本障礙研究與政策的專書。

　　本書中，我們增加對障礙研究與國家政府之間的辯證與討論，主要是在國家報告審查過程中，我們發現台灣社會容易混淆權利與福利的概念，障礙者主觀的意願往往朝向由國家一肩扛起所有責任，有意無意輕卸家庭與個人的責任。所謂社會照顧，某種程度是照顧的社會化，可是社會化的程度與各方（家庭、個人與市場）三者的分配與責任應如何納入照顧政策討論呢？過往台灣社會政策的主要觀點，有意無意地認為國家似乎應

承擔所有責任與義務，但是我們也意識到國家無法承擔所有的責任時，採取外包方式解決服務提供的問題，可是當服務體制或提供服務過程出現問題時，政府又須回頭負起最終的責任。這樣的問題層出不窮出現在身心障礙服務體制與系統。因此，回過頭來檢視國家、家庭與個人三者之間的責任、義務與疆界，似乎是正當其時的發展。

本書編輯過程中，我們邀請年輕世代的學者，加入我們的陣營，因為篇幅有限，我們無法將所有年輕世代的與障礙研究相關學者完全納入成為本書的作者。因此只能就本書所需要的巨視觀點將分析相關政策的學者納入，但是也許下一本書，就可以由他們接續展開不同研究的成果與累積更為豐富的經驗。本書篇幅增加到十五章，內容也更為豐富與多元。希望能給授課老師更多的材料與觀點。

內容安排上，大約可分為三個主要部分，第一部分內容以障礙研究理論、歷史發展、概念模型與測量為主。第二部分為身心障礙相關政策，以提升障礙者能力、促進參與社會等積極作為之政策為主，例如障礙者就業、醫療、教育、無障礙設施、交通、輔具等。第三部分則是偏向家庭、性別、照顧、居住、貧窮、救助與倡議等相關政策。章節安排盡量以一個學期內容為主，各章節作者盡量列出問題與討論，讓修課同學可以參考與反思。

限於時間以及人力，仍然有很多值得納入的議題，如文化、政治參與、障礙與族群，特別是原住民、新住民的障礙議題以及障礙與高齡化，例如障礙者的老化與高齡者的障礙化、障礙的跨國比較分析、障礙與NGO、社會企業、障礙研究的方法與方法論等議題。希望有志者繼續投入相關領域的研究與出版，豐富台灣障礙研究的內涵。

本書要特別感謝所有參與作者無私地投入，仍願意在這個不鼓勵基礎教科書出版的高教環境下，積極地投入教科書的撰寫。還要感謝國立台北大學社會科學院台灣發展中心贊助兩次專書工作坊，讓作者們有機會聚在

一起討論，使全書更有系統的整合。同時，感謝巨流出版社在編輯上的建議，讓我們在寫作上能更貼近讀者的需求。最後，特別感謝兩位協助校稿、修訂格式的助理——陳昱維與李哲瑋，若沒有他們的協助，這本書則無法順利出版。主編群的分工不排序，以姓名筆劃排列。

王國羽、林昭吟、張恒豪

楔子——

在社區中生活：體驗障礙

王國羽

　　三年前，我自己由國立中正大學退休，回到高雄在地展開社區生活。過去兩年多的時間，我有機會利用每天去市場的機會瞭解這個社區，騎上我的電動代步車，幾乎任何地方我都可以到達，市場攤位、高雄捷運、高鐵或台鐵及台北捷運，我都有機會利用與體會是否可近性到位，或銜接時是否順暢，或高鐵的無障礙輪椅位置究竟是否足夠或有其他更深刻的問題是我們在倡議時沒有看到的。許多硬體設施在設計時，欠缺障礙者的參與，因此硬體設備也許符合政府規定的無障礙設施，但是卻在使用時，總是欠缺最後「一點人味」。

　　例如高雄捷運，標示無障礙車廂門的開啟月台地方，旋轉空間不足，往往輪椅出車廂時，與要進入車廂的乘客與使用輪椅的乘客相互交織，兩者就會在狹窄的空間內產生衝撞的問題，而導致危險，或輪椅壓到其他乘客。每站電梯門開啟方向都不同，有的無障礙車廂是離電梯最遠距離，有的是電梯門需要繞過對向月台才能使用。這些細節反映出，我們應該由二十幾年前「先有就好」到現在需要朝向「貼近、便利使用者」方向落實各種政策與公共設施。即使我們目前表面上都有各種的設施，總是欠缺最後一點的「人性」使用近便細節。這樣的先有就好心態往往累積成民怨的來源，可是政府單位永遠只認為它們符合法規，但是忘了使用設施的障礙者實際經驗。高捷車廂與月台站體的縫隙最大，往往容易產生危險，但是多年過去，卻不見任何具體的積極措施改善。

符合法令規定只是最低的標準，一個文明與進步的社會，關乎社會中最欠缺資源者是否得到人性對待，是否能公平的享有公共設施而不覺得受到「憐憫對待」。前幾天我搭乘高雄捷運時，捷運站的工作人員要我往前面車廂移動，讓擠在後面車廂的年輕人有比較多的空間上下，而不是讓年輕人或一般乘客往前面車廂移動，因為很簡單的道理，現場人員覺得你可以搭乘捷運就已經不錯了，年輕人懶惰是可以被這個社會原諒。因此這個社會在大眾運輸使用規則的潛規則是「可以走跳移動能力的人」可以被允許懶惰，最不方便移動的需要遷就這些年輕人與一般乘客。這種憐憫式的社會對待，是下階段需要改革與改變的地方，我們前一世代的力量，讓障礙者可以出門，需要花一世代的力量，讓不同世代的人真正在教養與教育過程中，養成尊重不同人的權利概念。

兩年前我有機會到一個山區的小學演講，進出任何空間都需要上下一個階梯，每層樓都有無障礙廁所，但是沒人使用，因為沒有電梯，學生人數太少也沒有障礙學生，成為學生們放置清掃用具的空間。更甚者，因為沒有電梯，所以障礙學生也無法使用這些在二樓以上的教室與廁所。這間小學的規定也許都符合教育部的標準，但是卻缺乏最重要的「人」的元素。督學來時，將斜坡板放上，督學走了，板子也不見了，學生還是抱怨無法使用這些設施，可是學校都說他們符合規定。真正的問題是日常的使用頻率及任何一個層級的教育主管對障礙學生教育平權的體認，而非做表面文章滿足所謂的督導或評鑑要求。這就是教育現場的問題，心照不宣的造假與敷衍文化充斥，重視表面的文件精美與對評鑑委員的招呼周到，實際現場卻欠缺使用者的真實回饋意見。

為何特教學校的老師對障礙學生態度或方式總是欠缺「人權」素養與概念，反而帶著對特殊學生的偏見及歧視對待他們或體罰與虐待。即使國際公約要求的再完美，訓練再多，基本人權概念與尊重障礙者權利的態度不建立，仍然無法進步。我們教育現場特殊學生如何受到不符合人道與人權的對待已經是公開的秘密，但是教育單位仍然不改其面對問題的態度，

最後細節之處將成為推倒大廈最後的力量，各種特殊學校、班級、教師等都到了需要全面檢討與改革的時候了，公約的國際審查讓我們有機會每四年檢閱相關政策與服務是否到位。教育也需要擺脫「先有就好」的時候，邁向真正的具有人權素養的特殊教育。

我退休後，有機會成為我母親的照顧者，我的角色不是真的提供身體照顧等，而是一種全天的陪伴與作伴，我們一起使用三餐，雖然簡單但是用餐時有人相伴，聊天與溝通，再大的病痛似乎都不見了。我們一起討論菜單、是否要買哪些東西或要去哪裡吃飯等等，老人要得不多，只要有人在旁邊，即是她在客廳看電視我在書房工作，都是一種簡單的幸福與日常。許多障礙者倡議自立生活，也許在他們看起來我不是過著自立生活，因為我與我母親同住，彼此互相照顧。我甚至不符合長照的評估標準，我與我母親兩人每個月只有五小時的時數。我們過的是互賴的生活，我們都可以在身體與日常生活自理，有些家務需要幫忙，但是政府的長照政策告訴我們，居家服務逐漸不能提供家務協助，找尋市場的替代服務是目前的唯一出路。我一直養成任何事，可以自己處理的都自己處理，除非我無法做到，例如蹲下撿拾地板的雜物，或爬高拿東西等，這些動作並不需要每天做，但是需要做時，有人幫忙即可。目前長照政策逐漸往醫療模式傾斜，對我這樣還有能力自我照顧的障礙者，卻一點忙也幫不上，因為我還不是「病人」，我要真的到了無法行走、洗澡、換衣服時，我想我也不用居家照顧服務了。任何政策都需要各方面的角度與不同的人參與，喊了半天，障礙者並沒有徹底的參與長期照顧政策的規劃，才會成為目前的樣子。

過去兩年我發現，我們對自立生活的理解過於偏窄、個人主義取向與偏離台灣社會生活事實，成為這個政策推動的最大阻力。自立生活是否意味著與原生家庭切斷所有的照顧關係與不讓原生家庭成員提供身體照顧工作，自立生活是否意味著一個人居住，然後所有的日常生活都需要家庭以外的「國家」滿足，自立生活是否意味著全然的個人生活？我們社會真正

的日常運作可以負擔得起這樣的論述與政策嗎？照顧工作如何定位，如何兼顧個人主觀的要求與服務的可近與可及性，正是許多政策目前推動的主要盲點與困境。

另一方面，我個人的生活日常，往往由去市場買東西開始一天生活，就小攤販來說，做成生意就可以，他們並不排斥我這個障礙者。賣花、賣菜、賣衣服、飲料、水果等等，都是我幾乎每天的生活接觸對象，是否我經歷障礙者在國際審查時所說的台灣障礙者是被社會排斥、隔離與非人性對待。至少我認爲第一次國家審查時，提供許多障礙者可以告洋狀的機會，倒是事實。即使我遇到有些障礙者在捷運車站或高鐵車站，販賣東西，也不見顧客排斥或驅趕，障礙者融入社會的生活是在各個角落與層面，以我們社會被看見或不被看見方式出現，一味的將障礙者表演成爲社會最可憐與最需要被憐憫對待的群體，也許只是少數障礙者與團體所期待國際審查委員看到的，那麼台灣過去三、四十年的服務努力算甚麼呢。

今年我有機會去衛武營的國家藝文中心，觀賞各種表演，輪椅的座位在最中心與最好的觀賞位置，今年的屏東燈會與台中花博，對無障礙的設施與服務都非常到位。這也反映出，即使有上述所說的不足之處，我們社會仍在進步中，只要辦理單位在事前好好規劃，用心將服務提供所有人，即使這些人行動不便，無法用自己的方式享受花博或燈會，但是當我看到現場因爲這些無障礙設施與服務的提供，而讓所有人眞正的平等的使用時，眞正的具有正義感與人道主義精神的社會，已經不遠，台灣不是不能做到，而是我們是否有心去眞正的做到而已。上述這些經驗告訴我，在公共場域的無障礙服務與措施的重要性，遠大於給予障礙者免費或折扣優待。許多事情非不能，實不爲也，期盼下次的國家報告我們能看到進步的價值與改善的力道，本書的出版也是代表新一個階段的改革開始，而非結束。

第 1 章
西方社會障礙歷史與文化

張恒豪、蘇峰山

本章修訂自張恒豪、蘇峰山（2012）。第一章〈西方社會障礙歷史與文化〉。收錄於王國羽、林昭吟、張恒豪主編《障礙研究：理論與政策應用》，頁11-41。高雄市：巨流出版。

歷史上，以推動新政聞名的美國總統小羅斯福（Franklin Roosevelt）
是小兒麻痺症患者，導致他成為障礙者，不僅行動不便、還必須依靠
他人的支持才能維持日常的自立生活。然而他當了十二年總統，美國
大部分民眾不知道，也沒懷疑過他有「障礙」。在他在位的公開場合
照片中，他的身體損傷與輔具都被巧妙的掩飾了起來，幾乎找不到他
使用輪椅或是枴杖的照片。而在傳播媒體還不發達的年代，他多以所
謂「健常人」的形象出現在公眾的眼中。當時的國會議員、內閣官員
乃至報社記者，當然知道羅斯福的小兒麻痺與障礙。然而，他們幾乎
都不在公開場合討論他的身體損傷。障礙被認為是總統的隱私，披露
這樣的隱私被視為是不禮貌、不文明的做法。

從當代的觀點看小羅斯福的「障礙」。我們可以思考，為什麼小羅斯
福總統採取遮掩個人身體損傷的公共關係策略？是不是身體損傷跟個
人的能力被似是而非的連結？而當時的政治人物與媒體可以體認「身
體損傷」是個人的隱私。當今的政治與社會環境又會如何對待政治人
物的「障礙」。

第一節　前言

人類身心差異的存在是橫跨歷史與文化的。然而，對障礙的認定與分
類是在不同歷史文化條件下建構出來的社會範疇。將身心差異的狀態標誌
為「障礙」，把彼此沒有什麼共通性的視障者、聾人、精神障礙者、智能
障礙者等，統一定義為「障礙者」是現代國家體制發展下的產物。如果從
比較的觀點出發，每個國家的障礙分類涵蓋的範疇差異甚大。從這樣的歷
史建構論觀點出發，障礙者有歷史與文化嗎？

障礙研究的學者曾指出：「當妳／你開始從障礙研究的角度來看事情
時，妳／你會發現身心障礙議題在歷史上比比皆是，但是卻被刻意的忽

略。」（Baynton, 2001: 32）。要完整的記錄障礙與障礙者的歷史與文化並不容易。研究障礙歷史的學者指出要撰寫障礙史至少有以下三點研究限制：（1）障礙史早期的第一手資料有限，大多需仰賴文學作品中對於障礙者的描述；19 世紀之後，官方來源的障礙相關文件大量增加，但仍多侷限於政府服務制度的記載。（2）官方歷史文件常是由某些掌控服務提供體系的專家所描述之觀點，記錄專家的服務或治療過程，除非專業者對障礙者某些生活經驗產生共鳴，否則極少有從障礙者角度出發的描述。這種記錄本身已受到專家的篩選，引用處理必須更加小心。（3）不同障別的歷史沿革變異很大，很難同質化討論（Braddock & Parish, 2001: 12）。在這樣的預設之下，本章將簡介障礙在西方的歷史發展，障礙文化的興起與挑戰、障礙者的正名與文化再現[1]、最後討論台灣脈絡下對障礙歷史、文化與社會制度的反思。

第二節　障礙在西方的歷史發展

誰是障礙者？從歷史的角度切入，障礙的分類範疇並不是固定不變的。在不同歷史時期與文化價值下，社會採用不同的方式對待與認識身心功能差異的人。以下將簡述在不同歷史時期，西方社會中的障礙者如何被認識、對待與生活。

一、從史前到古希臘與羅馬

從史前時期的考古學研究中，可以看到身體損傷的個人生活在人群中

---

[1] 障礙在西方的歷史發展主要由邱彩薇與張恒豪整理自 Braddock & Parish（2001）的研究，障礙者的正名與再現分別修改自：張恒豪（2006），〈必也正名乎：關於障礙者正名與認同的反思〉與張恒豪、蘇峰山（2009），〈戰後台灣國小教科書中的障礙者意象分析〉。

的紀錄。換言之，從有限的資料中來看，「障礙」並不會自然的成為社會排除與隔離的標記。在人類開始有文字紀錄後，早期歷史時代有關障礙者生活經驗的文件記載不多，在舊約有限的相關敘述中，呈現了對障礙者的矛盾態度。根據舊約，先天障礙是上帝的懲罰，同時卻也認為社會應該給予同情與照顧。而障礙者、妓女與女性的月經都被認為是不潔的，因此障礙者不能成為神職人員。希伯來書中有已知最早提供聾人保障的記載，聾人就跟小孩一樣需要保護。

　　古希臘與羅馬時期與舊約的觀念類似，除了經濟理由偶有殺掉有障礙嬰兒的習俗外，社會普遍認為障礙者更需要被悉心扶養以撫平神怒。此外，因戰爭繁多，軍人、工人後天損傷的狀況相當普遍，他們一般仍有工作與經濟能力，軍人還能得到政府補助，並未遭到社會排除。

二、中世紀

　　中世紀歐洲是基督教信仰主導的時代，教會宣揚的宗教核心理念認為現世是污穢、短暫的世界，並不值得追求。世人該以虔誠態度、廣布慈善事業等行為來榮耀上帝、追求美好的來世及贖罪，這樣的宗教思想也深刻影響社會對於障礙者的態度。在這個時期，人們認為障礙是宗教上的問題。社會普遍相信障礙者是因為魔鬼的詛咒，排斥障礙者於家庭與社會生活之外。障礙者若非一生未踏出居住村莊一步，就是直接被驅趕出家園，被排除在家庭與社區生活之外。當時障礙與貧窮的關係很明顯，窮人容易因為營養不良與傳染病變成障礙者，障礙者常被視為沒有工作能力而成為貧民，所以中世紀的障礙者幾乎都是貧民、乞丐。

　　另一方面，也由於基督教會鼓吹慈善、施捨等宗教意識，第一座慈善機構也在這個時期出現。中世紀社會認為慈善工作是每個人的一份責任，而慈善機構應遵守馬太福音救濟「基督的窮人」。所謂的「基督的窮人」沒有限定也無特別分類，涵蓋廣大的一群貧民，而當時常淪為乞丐的障礙者也屬於救濟收容的範圍內。慈善式的教會收容所（shelter），一來

成爲機構化的原型，二來它以「貧窮」爲名，將所有被救助之人視爲一同質整體，而忽略其中的異質性。專門收容漢生病（痲瘋病）患者的療養院（asylum）也在這個時期開始出現。障礙者議題以「依附於貧窮問題下」的形式被討論了好幾世紀。

綜觀以教會爲生活中心的中世紀，興盛的魔鬼學說使社會在制度上開始將障礙者排除於日常生活和勞力市場之外，又因慈善理念使教會提供濟貧所收容包含障礙者在內的廣義貧民，展開西方歷史將障礙者機構化的第一步。此時雖有社會排除之實，但弱勢群體的照顧被視爲宗教慈善責任。這樣的觀念在文藝復興以及隨後的啓蒙時代開始受到極大的挑戰。

三、文藝復興時期至啓蒙時代

文藝復興時期社會對於障礙與貧窮問題的態度逐漸轉爲負面。一方面是貧富差距日益擴大，迫使政府介入貧窮問題，障礙者被國家社會視爲無工作能力的人。此外，隨著現代醫學的發展導致障礙的醫療化（medicalization），造成社會對障礙者更嚴格的控制與機構化（institutionalization）。文藝復興時代人文主義興盛的結果，社會不再以「基督的窮人」想法接納機構中的窮人，社會開始形成「應由國家政府改善貧窮、教育或市容問題」的論述。

16 世紀的歐洲由於商業貿易繁榮，貧富差距日益擴大，加上疾病、農業歉收等因素，貧民人數日益成長，宗教收容所人數大增，「一堆健壯的乞丐」成爲城市問題。政府開始以官方力量介入乞丐問題，而貧窮和障礙議題在此時漸漸被分開處理。四肢健壯的窮人被政府輔導進入勞力市場，障礙者被視爲無工作能力繼續以機構作爲主要的救濟方式。以英國爲例，它們首次將濟貧列入法條，法案其中一個目的是將「健壯的乞丐」，也就是有工作能力的貧民送到「習藝所／矯治之家」（work house）去工作，以減少乞丐人數。障礙者被視爲「無法工作的貧民」而持續接受救濟，居住於收容所。

　　隨著現代醫學的出現，智能障礙與精神障礙也在此時被分成不同的類別。早期英國將「瘋子」（mad，即精神障礙者）分爲危險與安全兩大類，並認爲能夠透過各種當時視爲合理但奇怪的療法將其治癒。而障礙者與老人、孤兒等其他弱勢議題開始被國家體制切割開處理，將障礙者送到居住型機構是當時最常見的處理方法。幾世紀以來由機構收容的結果造成文化上將障礙者「他者化」，許多文本都可見當時對於肢體障礙者存有負面的刻板印象。

　　18 世紀的啓蒙時代，生物醫學、教育、照顧的專家觀點強化了專家作爲處理障礙者議題的主導權，確立障礙者作爲「病人」的醫療觀點。西方快速都市化與工業化，使障礙居住機構制度也從包容走向排除，尤其可能與小農經濟轉變爲工業爲主的經濟體系有關。工廠中的工作速度、強化訓練、時間管理、生產線規範標準化等種種要求皆不利於障礙者，故工業化將不符合其勞工形象的障礙者送進居住機構進行嚴格的社會排除。法國在本世紀首次將貧窮遊蕩非法化，而障礙者因被排除在經濟體系之外，在當時有高比例是乞丐，故法令直接衝擊障礙者生存空間。

　　總結文藝復興至啓蒙時代，理性、科學的價值觀，個人主義興盛等思想發展，皆提供障礙者社會排除政策的正當性。隔離障礙者的機構化緩慢的增加，隔離組織的大小差異很大從家庭到國家單位都有，目的以照顧、治療、監禁爲主。從歐洲開始再擴散至美國，收容機構、障礙專業學校等都逐漸增加，而機構化的教養方式到了 19、20 世紀更大幅擴張。

四、19 世紀

　　19 世紀歐陸的收容障礙者的機構持續擴張，隔離式的障礙學校數量快速發展。受歐洲影響，這個世紀開始急遽現代化的北美也出現大量隔離式的精神病院（mental institutions）以及障礙學校。18 世紀的障礙學校皆爲日校，直到 1832 年的巴伐利亞才出現第一所住宿型聾盲教育機構。爾後還有專門爲障礙孩童開設的工作訓練坊，這類隔離訓練的工作坊日後也

成為歐洲障礙機構教育的主流。在19世紀時,北美以前所未有的速度歷經現代化、工業化、人口擴張和大量移民,快速變遷頓時產生諸多社會問題,國家此時期望藉由控制偏差成員以達到維護社會秩序的目的。當時的北美將障礙者(特別是精神障礙者)視作社會秩序的威脅,主張將精神障礙者與一般人口分開,送入各種收容機構中管理,以保護一般人口免於障礙者的傷害,呈現出對障礙者的排除與隔離的態度。

19世紀起,只有醫生證明認可才能確認「精神疾病」的診斷,等於是間接承認了引發精神疾病的生理學根據,並以醫學手段來治療。醫療觀點在精神障礙上成功控制公、私領域體制。一旦被醫生診斷為精神障礙的病患,社會制度即有權力違反其自由意志將他留置於機構中,這成為往後醫療專業主控障礙界定的開端。由於監禁人數大增,無論公立或私立的障礙機構數量也跟著加倍成長。人數一多,障礙機構內部的管理與體制化益形重要,政府也隨之制定相關法令,在醫院的管理上有更多的文書作業,且更為官僚組織化。

面對官僚/醫療觀點主導的障礙控制形態,19世紀也出現以人道主義為本的「道德治療」,可以說是這個時期對「科學」的小小反動。人本宗教信仰的慈善家們質疑社會對於精神障礙者進行的嚴苛「治療矯正」是否有其必要性,他們依照自我理想採用道德治療方式營運私人障礙機構,道德治療主要使用如工作、音樂及文學等日常活動,讓精神病患從情緒障礙中分散注意力以及促進生活功能。道德治療雖然略為改善上個世紀中機構內精神障礙者的處境,卻沒有正面挑戰障礙者被社會排除的主流價值觀,因此機構化的速度仍未因此而延緩。

19世紀後半社會達爾文主義逐漸盛行,也影響了優生學跟遺傳控制的論述。法國的統計學者高爾頓等人認為,人的生理特徵是世代相傳的,因此,人的腦力品質(天才和天賦)也是如此。他主張通過人為的手段,限制某些特定人群生育,以「改善人類的基因」。在人口統計常態分布的假定中,被視為非常態的障礙者也被列為需優化的群體,優生學同樣主張排除障礙者的政策,故部分優生主義者主張應嚴格隔離障礙者,將他們與

一般人分開，並限制障礙者受孕，以阻止他們產生下一代。

五、20 世紀

　　延續19世紀中後期的優生學影響，20世紀初期，機構化的教養模式持續擴張。一直到二次世界大戰期間，戰爭間接造成隔離制度的鬆動。障礙者開始走出大型機構，開啓隨後幾十年爲障礙者去除污名、爭取權益的時代：50年代的去機構化運動、60年代的障礙者社會運動、70年代的自立生活運動、美國90年代的障礙者權利運動乃至近年跨國障礙運動的趨勢。

　　世紀交替時期歐美社會對於障礙者已有普遍歧視，例如「低能」（feeble - mindedness）的污名深植大眾人心，甚至有壓力團體向政府建議應設立終生監禁障礙者的機構。在女性障礙者的議題上尤其顯得苛刻，她們被認爲是性病傳染者，且容易生出障嬰。優生學的興起之下，高爾頓等人認爲隔離「不正常的」障礙者是「使社會免受折磨」。之後發展出IQ量表，主張智力是與生俱來且弱智孩童無法被教育，應排除於教育體系外。IQ量表在發明後二十年間被廣泛地應用於歐美學校。儘管今日學者在重新檢視IQ量表後多認爲其測量可能含有文化偏差，但社會卻已慣於對智力做排序，並將分數落在IQ曲線一端者視爲智能障礙者。優生意識邏輯發展到極致得到的結論，促成1930年至1940年間，納粹在實施種族淨化的同時，屠殺了20萬障礙者。這個歷史事件可以視爲優生學的意識型態和國家暴力排除障礙者的頂點。

　　機構化情形在二戰期間開始有所轉變，由於戰爭爆發，機構制度開始鬆散甚至瓦解，障礙者紛紛得以離開機構。50年代開始，隨著障礙者本身及親友加入，障礙社運組織及活動開始蓬勃發展。首先出來的是家長團體，美國家長團體主張他們的障礙孩童應要有更好的學校制度和工作保障。在50至60年代，單一障別的國際障礙組織的數量也迅速成長。1950年代後期起，機構式缺乏人性的照顧機制越來越被關注，障礙團體開始主

張若經治療、輔導能使心智障礙者情況穩定，即可回到家庭或社區中，也是西方的「去機構化」運動的開始。同時於歐洲、美加等西方國家如火如荼地進行。北歐在提升智能障礙者生活品質的部分取得極大成就，倡導智能障礙者居住社區化（周月清，2005）。而美國則在精神障礙者的去機構化上有明顯的成就，美國1955-1975年的精神疾病患者住院人數從55萬9千人降至20萬人，減少了35萬人以上。

　　對待障礙者方式的重要轉變始於1960年起的障礙者權利運動。在美國，受到民權運動的影響，美國障礙者認為國家制度否定了障礙者身為公民的權利，開始挑戰社會排除、依賴與污名。受當時各種社會運動的影響，障礙者開始學習組織及運作社運團體，障礙者團體的發聲也從這個時候開始逐漸展現其影響力（Pfeiffer, 1993）。在美國民權運動的傳統之下，美國發展出以「權利」為訴求的運動，主張障礙者享有的權利應與一般人無異，不該被視為是福利體制的依賴者，相對的，任何社會體制不應存在對障礙者的歧視。此時期美國的障礙者權利運動主要有四項成果：

　　（一）1971年，聯邦法令規定，社會安全機構提供給智能障礙者的治療與空間設施至少須符合聯邦要求的最低標準，並納入醫療保險的給付範圍。由於官方醫療機構的設備往往不符合相關規定，障礙者得以離開官方機構，直至1998年，官方機構中的心智障礙者減少至52,801人。由此可見，社會安全法對去機構化運動有很大的影響。

　　（二）1972年美國聯邦法官法蘭克強森針對「威特對上史提尼」（Wyatt vs. Stickney）一案的判決，成為障礙者受照顧的品質與人權的重要指標。1970年，被認為是不良少年的威特（Ricky Wyatt）被安置在布萊斯精神病院接受「矯正」，威特控訴醫療機構讓住院者處在不人道的醫療環境之中。1971年全院病患甚至高達五千名之多，但精神醫生只有三名。美國最高法院最後判定威特勝訴，此案確定了往後精神病院的最低治療標準：（1）人性化的醫療環境；（2）一定數量的合格工作人員以提供充分的治療；（3）依個人不同需求擬定治療計畫，不得施行不當的集體治療。（4）只能以最低要求限制住院者的自由。

（三）1973 年，國會通過《復健法》（Rehabilitation Act）第 501 條至第 504 條，首度將對於障礙者的排斥與隔離視為歧視。《復健法》是美國轉以「權利」為基礎的障礙政策的開始，本法案將障礙者視為受到相同歧視對待的特定少數族群（minority group），障礙不再是屬於個人或各障別的單一問題。

（四）1975 年，國會通過《全體障礙兒童教育法》（Education for All Handicapped Children Act），法案從權利觀點出發，不再視障礙者為需要受照顧的角色，而是轉為積極保護障礙者接受教育的平等權利。

1970 年代，羅伯（Ed. Robert）等人發起自立生活運動（Independent living movement, ILM），他們重新定義「自立」的概念，認為現代社會精細分工之下，障礙者與一般人無異，都需要支持或幫忙，只是被支持的條件有所不同。由於被就業市場排擠障礙者，他們要達到一般人的自立基礎十分困難。因此有必要透過社會制度的經濟支援、津貼，以輔助障礙者的經濟安全，這是自立生活的重要概念。進一步協助障礙者透過輔具、制度和他人協助完成生活所需，這是自立生活運動所訴求的主要目標。

1970 年代，英國肢體損傷者反隔離聯盟（The Union of the Physically Impaired Against Segregation, UPIAS）提出「社會模式觀點的障礙」（Social Model of Disability，簡稱社會模式）作為倡議論述。UPIAS 是由 Paul Hunt 召集障礙者共同組成面對障礙議題的團體，致力於使障礙者擁有更多權利掌控自己的生活。社會模式主張，「身體機能或肢體有缺損」的損傷（impairment）與「社會形塑」的障礙（disability）是有所差異的。社會模式的觀點認為障礙是社會結構或制度加諸給障礙者的限制，使得障礙者不能和一般人一樣生活。這樣的論點也進一步影響聯合國世界衛生組織（World Health Organization, WHO）2001 年公布的國際健康功能與身心障礙分類系統（International Classification of Functioning, Disability and Health, ICF）。

1968 年，挪威智能障礙者家長會議中，也提出智能障礙者的自我倡議主張。過去往往是從家長、專家的位置為障礙者發聲，開始轉向智能障

礙者的自我倡議，這是後來「以人爲優先的運動」（People First Movement）的開端，也影響歐美各地家長協會對智能障礙者自我倡議的重視。受美國自立生活運動對障礙者自我倡議、自我決定的啓發以及社會模式的影響，歐陸其他國家在障礙者自我倡議議題上都有長足的發展。從1970年代起，在不同的倡議組織的推動之下，自立生活與自我倡議逐漸成爲許多障礙組織的重要議題。"Nothing about us, without us"（所有關於我們的事我們都要參與）成爲國際障礙者倡議的共同口號。也促使聯合國從1970年代開始對障礙者人權的重視，提出一連串積極措施，並且在語言、文化、社會制度以及學術研究上納入以障礙者爲中心的典範。

在這樣的背景下，障礙研究（Disability Studies）逐漸形成跨學科研究領域，並且從1980年代開始逐漸建制化。過去，障礙者通常是被認爲是接受醫療體制、社會福利、特殊教育等領域所提供的服務或是被研究的對象。障礙研究的興起，強調的是障礙者的貢獻、經驗、歷史與文化。障礙研究學會（Society for Disability Studies）更強調：「障礙研究認爲障礙是人類重要的普同經驗。障礙研究從政治、社會與經濟的層面上來探討障礙這一社會現象，這對我們重新思考障礙與社會的關係有很大的影響。」

第三節　障礙文化的興起與挑戰

從歷史建構論角度來看，障礙是社會建構的概念，其內容意涵並非是固定不變的。障礙的文化相關研究至少可以從三個層面切入。一、不同文化對障礙的詮釋與對待：包括不同的社會文化脈絡中，對障礙的認知、分類與對待方式的差異。二、障礙的文化再現：障礙在社會的文化生成物中的再現（representation），如文學、電影、各式媒體。通常代表的是特定文化群體對障礙的觀感。三、障礙文化：以障礙者爲主體而形成的（次）文化，包括障礙者特定的認同、行動、習慣以及延伸出來的藝術、表演、運動等，如聾人文化。這三個層面互相關聯卻並不相同。

　　在不同的歷史文化脈絡下，障礙的意涵往往有所不同，而身體上的缺損也未必就會被認爲是障礙。換言之，障礙者／非障礙者的界線在不同文化脈絡之下有不同的認定方式，當前西方社會的障礙文化更是當代障礙者權利運動推動下的產物。以下將從西方的經驗來看障礙者認同與障礙文化的興起，並且探討其限制與挑戰。

一、從抗爭、認同到文化

　　從1960到1970年代，受到美國黑人民權運動以及認同政治理論發展的影響，障礙者以少數族群的論述架構作爲集體認同的建構。受黑人民權運動的影響，美國的障礙者權利運動在論述上把障礙者的社會隔離類比於黑人受到的社會排斥與隔離，主張爭取反排斥與反隔離的權利。以障礙者權利運動倡議標語爲例「黑人爲了要坐公車的前座而抗爭，我們卻爲了要能坐上公車而抗爭[2]」（Scotch, 2001）就很清楚的把障礙者的隔離和種族隔離類比。而1973的復健法案更在法律地位上視障礙者爲少數族群。特別是《復健法》504條的反歧視條款，規定接受聯邦政府經費的所有機關，不得歧視障礙者，而建築物的環境障礙被視爲是對障礙者的歧視。

　　除了障礙者權利的法律地位外，在障礙者集體認同的建構上，復健法案間接促成了不同障別團體的連結以及障礙文化的興起。在該法案後，美國總統於1974年成立「美國總統府障礙者就業委員會」（President's Committee on the Employment of Handicapped）提供了一個全國性殘障社群形成與發展的機會。利用這次的集會，約有150名殘障團體的代表以「歧視」爲題，在飯店大廳另外舉行了一項非正式的會議，進而催化「美國障礙公民聯盟」（American Coalition of Citizens with Disabilities）在1975年成

---

[2] Black people fought for the right to ride in the front of the bus. We're fighting for the right to get on the bus 。意指黑人民權運動抗議種族隔離，從拒絕被安排到公車的後座，坐到前座白人區開始。而障礙者，特別是輪椅使用者，根本連坐上公車都很困難（公共交通系統缺乏無障礙設計）。

立。1977 年卡特政府上台，認為《復健法》的 504 條要求所有接受聯邦政府補助的機關、場所都要有無障礙環境將造成龐大的財政負擔，準備修改該法案，這激起了有史以來最大的障礙者團體結盟與抗爭。障礙者倡議團體先在首都華盛頓占領美國健康、教育與福利委員會（Health, Education and Welfare）主席的辦公室 28 小時，更在舊金山，占領健康、教育與福利辦公大樓 25 天。

在抗爭的封鎖線內，許多依賴藥物的障礙者冒著生命危險被封鎖在大樓內。除了有美國黑人人權運動的黑豹黨聲援，並實際運送物資支援之外，這次的抗爭促成跨障別障礙文化的興起。在封鎖線內，一次跨障別的聚會分享中，某位障礙者談到：「我一直以為我知道我想要什麼。我希望變成美麗，不再是個跛子。現在，我是美麗的，我們都覺得自己是美麗的、有力量的。不論我們是智能障礙者、視障者還是聾人。大家都要站出來說出我們的感覺，我們都是美麗的、有力量的、強壯的，我們是重要的[3]」（Shapiro, 1994）。這說出了過去要把障礙者治癒、成為「正常人」的無奈，以及障礙者集結後重新肯定自己的障礙身分，邁向障礙文化的可能。

這樣的論述可以說是受 1970 年代的障礙者運動風潮影響的結果。在 1970 年代之後，障礙者的文化、以障礙為傲（disability pride）、障礙者的藝術（disability art）逐漸在世界各地、不同領域中展開。自立生活運動的倡議者布朗（Steven Brown）更創立障礙文化中心，認為障礙文化是：「障礙者已經形成群體的認同。我們共享受壓迫的歷史以及抵抗的歷史。從我們與障礙共存的生命經驗中，我們產生藝術、音樂、文學以及其他表現我們的生活方式與文化的展現方式。更重要的是，我們以身為障礙者為榮。我們驕傲的宣稱障礙是我們認同的一部分。我們知道我們是誰，我們是

---

[3] I used to know what I would wish for. I wanted to be beautiful. I wanted to stop being a cripple. But now I am beautiful. We all felt beautiful. We all felt powerful. It didn't matter if you were mentally retarded, blind or deaf. Everybody who came out felt, We are beautiful, we are powerful, we are strong, we are important.（Shapiro, 1994: 69）

障礙者」（Brown, 1996）。而障礙者的集結與聯合也進一步的推動了 1990 年《美國障礙公民法》（Americans with Disabilities Act, ADA），號稱全世界最先的障礙者權利保障法案。在障礙文化的框架之下，聾人文化的倡議者指出，聾不是一種障礙，是一種文化，聾人是被壓迫的使用手語的少數族群。聾人文化的倡議者更進一步，使用英文大寫的 "Deaf" 指稱認同聾人文化的聾人，以此和被社會標籤、歸類的 "deaf" 作區別（林旭，2005）。他們自稱聾人，而非聽障者，主張美國手語 American Sign Language（ASL）是一種語言。1988 年美國著名的高立德聾人學校（Gallaudet University）更出現聾人治理聾校的抗爭。後來學生迫使學校董事會選出聾人校長。而美國手語在美國的許多州已經是被正式承認的第二外國語。聾人文化可以說是從多元文化觀點理解障礙文化最成功的例子。

二、障礙者的集體認同與聾人文化的挑戰

用少數族群模式的觀點將障礙者視為少數族群卻有其限制，和其他少數族群（特別是族群／種族）不一樣，不同障別的障礙者未必會分享共同的文化傳承、地理空間與歷史記憶。障礙文化的特殊性建立在被機構化與被壓迫的歷史，這樣的歷史脈絡是西方國家在現代化過程中發展出來的。事實上，不同障別的歷史經驗差異很大。在有限的歷史資料中，大概只有聾人文化的手語最有代表性。再者，不同的障礙類別的人不見得有共同的認同，不同障別的障礙者所需要的社會支持不同、甚至是衝突的。障礙者如何瞭解彼此的不同並分享共同的經驗？障礙者如何形成集體的認同感？到底有沒有一個所謂的障礙文化？障礙者應該完全拒絕障礙的「污名」？還是轉向建立以障礙者為主體的認同與文化？這些問題在障礙者的集體認同及障礙文化上一直是持續的爭論。

問題是，從多元文化的觀點出發，把障礙當作人類的差異與多樣性，身體的損傷未必就是障礙，這也引發不同層面的爭議。聾人文化的倡議者 Lane（1997）就認為聽障者應該完全拒絕這個被污名化的障礙標籤，而轉

向認同聽障者為一個語言上的少數族群。也就是說，聽障者根本不應該自我定位為障礙者，聽障者其實是被口語霸權宰制的語言少數族群，而手語應該被認定為一種法定語言。然而，Doe（2004）就質疑，聽障社群的這種運動策略會進一步邊緣化所有的障礙者，障礙者應該要建立一個跨障礙的同盟，但不應否認身體缺損的存在，而且要正視不同障礙者彼此之間的差異。

再者，障礙文化的倡議者常認為，障礙者的父母往往從健常人（able-bodied）的觀點來看障礙者，無法確實從障礙者的觀點為障礙者發聲。然而，智能障礙者與精神障礙者的家長組織也常質疑，障礙文化的跨障別結盟宣稱不同障別都能有平等發聲的可能性，但智能障礙者與精神障礙者卻很容易在缺乏適當支持的社會群體中被邊緣化。因此，智能障礙者、精神障礙者的家長、家庭或是社會關係人還是智能障礙者與精神障礙者社會生活中不可或缺的一部分。Shakespeare（2006）進一步指出。障礙者的倡議者為了挑戰醫療模式，強調障礙者的文化與尊嚴。問題是，障礙者不以自身的障礙（差異）為恥，不一定表示障礙者沒有要求治癒、追求更健康的身體的權利。而在障礙者的墮胎、安樂死這些生命倫理相關的討論上，也不應該將障礙同質化。

不可否認的是障礙者和其他的弱勢族群（同志、原住民、女性等）有類似的處境。障礙者被認為因為生理的因素導致和一般人不同，是次等人，在社會中被邊緣化。社會往往將障礙者的弱勢處境視為生理差異的影響，忽略了社會條件的影響，其他弱勢族群也有類似的不利處境。思考並挑戰社會不利條件，障礙文化的興起挑戰了我們對多元文化的想像與制度設計。

第四節　障礙者的正名與文化再現

受障礙文化的興起與認同政治的影響，障礙者權利運動的倡議者與障礙研究的學者進一步挑戰障礙的污名與文化符號中的刻板印象。最明顯的就是語言、用字的改變以及對障礙的媒體再現的批判性反省。

一、正名：從殘廢、殘障到障礙者

語言與指稱方式的改變反應時代與社會文化對特殊族群的看法。受障礙者權利運動與障礙研究推動的正名運動的影響，在語言的使用上，英文已經不再使用 cripple（跛子、殘廢的人）或是 mentally retarded（智障）等歧視性字眼，也不再使用有次一等人意涵的 handicapped（殘障的）來指稱障礙者。改用「以人為優先的語言」（people first language），如：使用 people with disabilities（有障礙的人、障礙者），或是 disabled person 或 disabled people（障礙者）取代 the disabled（這個殘障或這個障礙）。

所謂 handicap，原意指讓分比賽中，比賽時為了平衡優劣的差距，給予優勢者不利的條件，或是讓與劣勢者有利的條件，由此衍生為不利的條件或狀況之意。以 handicap 一詞指稱障礙者也是由此而來的，表示相較於一般人，障礙者只是處於不利的條件或狀況下的。handicap 就其英文字面原意即為「帽子裡的手」（hand in the cap），最早指的是在貨品交易中，由一位仲裁者判定雙方貨品價值的差距，將價值較低的一方該補足的差額置於帽子裡，而讓雙方決定是否要成交。而後轉而應用在賽馬中的讓分比賽，所謂 handicap match 或 handicap race，也就是裁判根據參賽馬匹的能力，決定其負重多寡，以便比賽能公平進行。之後在 19 世紀末年，讓分比賽或差點比賽就以 handicap 稱之。隨後在讓分比賽中，被要求增加的額外負擔也被稱之為 handicap。後來，稱呼障礙者為 handicap（條件不利者），原本未必有貶意，但慢慢出現輕貶意涵，且將不利的狀況全然歸諸於障礙者本身。再者，英美國家的社會政策制度都曾給予障礙者「乞

丐證」合法乞討。因此，handicap 被用來指稱障礙者，從一個對特定比賽
雙方能力差距的說法，轉變爲意指障礙者是次一等的人，意指他們「是劣
勢的」、「次一級的」或是需要特別照顧的人的說法，甚至隱含爲乞丐的說
法，這當然是歧視性的用語。某種身體或心智的障礙並不表示這個人就是
次一等的，或是需要可憐、被照顧的。「障礙」應該被視爲身體的狀態之
一，而非一種個人能力的判準。隨著障礙者權利運動及障礙研究的興起，
開始批判 handicap 一詞不當的意涵，並主張以重視社會因素的 disability 相
關用詞取代之。

　　從 handicap 轉而使用 disabled people 或 people with disabilities（有障礙
的人、障礙者）來指稱障礙者，這兩個用法其實還是有很多爭議。美國
個人主義傳統較強，他們主張用 people with disabilities（有障礙的人、障
礙者），強調障礙者應該被當作一般人看待，他們只是有某種障礙的人。
特別是強調正常化（normalization）的智能障礙倡議團體，希望語言的改
變讓社會先看到障礙者是一般人，只是有障礙而已。而英國傳統的主張
用 disabled people 去強調差異政治，以及障礙者的認同和主體性。用字的
文化政治還有許多爭論，沒有一定的共識。不過有共識的是不再使用 the
disabled，更不可以用 the handicapped（殘障的人），這些用詞就像中文說
的殘障或是殘廢一樣。

　　把西方的「正名」爭議放到台灣的歷史脈絡來看，在華人文化傳統
中常常提到的是禮記禮運大同篇：「鰥、寡、孤、獨、廢、疾者，皆有所
養。」許多台灣社會福利的倡議者指出，這是一種「傳統中國社會」殘補
式的社會福利概念。台灣障礙者權利運動的先驅劉俠／杏林子很早就在書
裡面談到，「皆有所養」其實是很落伍的觀念，把殘等同廢，而殘者需要
被養（劉俠，2004）。傳統上，「殘廢」一詞將「殘」（身體的損傷）等同
於「廢」（無行爲能力），1980 年代，劉俠與一些非營利團體開始倡導障礙
者權利的議題，1981 年《殘障福利法》立法，殘廢一詞在如此批判與立
法後就很少使用了。在法律上，障礙者的相關法案也有相應的改變。1975
年聯合國通過障礙權利宣言，1981 年台灣制定《殘障福利法》。此法一開

始被譏為「殘障的」法律，空有法條沒有實施要點，也沒有處罰條款。而後中間經過社運團體不斷的抗爭，修法了好幾次。《殘障福利法》在1997年正式改為《身心障礙者保護法》，2007年又改成《身心障礙者權益保障法》。從「保護」到「權益保障」，從一個將障礙者當對作被保護對象的客體，轉為公民權利的主體，這個改變的意義不言可喻。而「殘障」、「身心障礙者」和「障礙者」的指稱方式，則在一般日常生活中同時被使用。

　　三十多年來，障礙相關立法及法律用詞多所更迭，但障礙的社會意涵又有怎樣的轉換？「殘廢」的歧視意涵顯而易見不用多加討論。但是為什麼要把「殘障」改成「身心障礙者」或是「障礙者」呢？這其實是值得深思的議題。相關的學者、非營利團體，想「移植」西方從 the handicapped 到 people with disabilities 的轉換經驗。但是語言的社會、文化背景很不同，一般人真能區分殘障與障礙用詞上的差異，又能清楚其不同意涵嗎？社會大眾就算以殘障取代殘廢，以障礙取代殘障，又能表示其認知與態度上有何轉變嗎？在中文上，障礙一詞又真的比殘障少一些歧視意味嗎？這其實是可以進一步探討的議題。正名的討論中並沒仔細的思考障礙者自己希望怎麼被稱呼？障礙者的自我認同又是如何？在「去污名」和「建立集體認同」之間有進一步釐清與探討的空間。

　　換個角度看，如何「正確的」或「適當的」稱呼障礙者為何是重要的課題，把障礙者當一般人看待，不要用障礙去稱呼一個人就好了啊。但問題未必能這麼簡單解決，障礙者「身分」的界定涉及許多教育、醫療、復健與福利的權利議題，當然更涉及障礙者的自我認同和文化，其生活樣態與生命尊嚴的課題。思考障礙者的稱呼與身分時，同時也是在批判反省和社會的價值態度與權力關係，而社會是否能有充能（enabling）的環境。就此而言，台灣的障礙者認同和障礙文化的議題應該還有很多努力的空間，且可以讓我們更為深刻思考台灣社會對於人與公民的定位。

　　值得我們借鏡的是，國際社會對障礙者身分的差異與多樣性日益重視。國際的障礙符號也由過去的坐在輪椅上的行動不便者（圖1-1），發展出不同的符號。例如同時用四種符號標示不同障別（圖1-2 分別代表精神

障礙、視障、行動不便、聽障)。新版的世界衛生組織分類系統甚至試圖
用一家人,看不出障別的形象來代表障礙的普同化原則(圖1-3)。

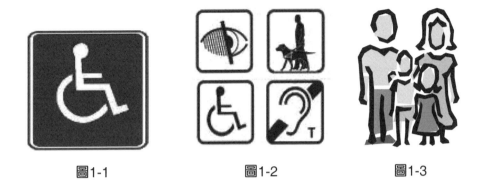

圖1-1　　　　　　　　　圖1-2　　　　　　　　　圖1-3

二、障礙的文化再現

　　受解構主義、女性主義和新社會運動理論的影響,障礙研究者更進一
步分析、批判障礙的文化再現與社會建構。Liggett(1988)指出,社會模
式的障礙觀點以及障礙社會建構的歷史分析,過於強調社會結構的影響,
卻忽略了障礙的社會文化意涵的詮釋。他認為障礙的產生不只是社會的,
更是文化的,障礙研究應該更進一步去挑戰障礙的文化政治。Shakespeare
(1994)也認為,唯有透過對障礙者文化再現(cultural representation of
disabled people)的批判分析,才能解構社會對障礙者的偏見與歧視。

　　Zola(1985)針對美國電視節目進行內容分析(content analysis)研
究,他指出,在主流媒體中,障礙者不是不存在,就是扮演不重要的角
色。而障礙者的角色也往往是單面向的:依賴、沒有生產力、需要照顧
的。Johnson(2006)針對特殊教育教科書以及 Johnson & Nieto(2007)
針對特殊教育和多元文化教科書的內容分析更進一步指出,教科書中展現
的多為健常人(able-bodied people)的觀點,缺乏聾人文化(Deaf culture)
和以障礙者為主體的多元文化觀點。Erevelles(2005)也指出,在當代的
課程理論中,缺乏障礙研究的觀點以及正常化的論述。

　　Fine & Asch（1988）針對文學的文本分析也更進一步指出，在文學作品中，女性的障礙者的意象呈現兩極化，不是性慾過於旺盛，就是天眞、沒有性慾的，著重對障礙的描述反而忽略其女性特質。在針對電影的文本分析研究中，Snyder & Mitchell（2001）指出，障礙者往往被偏差化，被認定是社會的潛在威脅。許多著名的電影、攝影作品，如電影《象人》，往往以非人的、類似動物的方式比擬、指涉障礙者（Hevey, 1997；Drake, 1994；Shakespeare, 1999）。Thomson（2001）對通俗攝影的文本分析就指出，在通俗攝影的文本中，障礙者常被呈現爲奇特的、觸動情緒的、怪誕的、或是眞實如是的意象。奇特的障礙者意象，引導觀看者敬畏障礙者；觸動情緒的障礙者意象，使得觀看者憐憫障礙者；怪誕的障礙者意象，使得觀眾將障礙者視爲異類；眞實的障礙者意象，使得觀看者可以緊密的檢視自己和障礙者的不同。而這些障礙者在攝影作品上的再現，就建構了社會對障礙者的觀感。

　　許多障礙研究的論述分析，更進一步討論在大眾媒體、文學、電影中，障礙者被視爲是偏差、他者的社會建構過程。Shakespeare（1994）就指出，慈善活動的運作是將障礙者呈現爲可憐的他者，鼓動「一般人」捐獻。然而，對「可憐他者」的捐獻是一種優越感的顯示。透過慈善捐款的行爲，一般人「他者化」了障礙者，同時建構了自己的「正常人」認同與優越感。也就是說，透過施捨，身體功能健全者覺得自己做了好事。在貶低了障礙者的同時，建構了自己的霸權地位。就如同已發展國家透過對開發中國家的慈善捐贈，確認核心國家的殖民主義和帝國主義地位一般。簡而言之，社會建構的障礙者意象，通常是可憐的、該接受憐憫的，不然就是可怕的、偏差的。到了1990年代，更有障礙研究的學者開始提出障礙者文化，以障礙爲傲的、障礙者認同的運動。障礙者文化的論者提出，障礙者經歷了類似的社會壓迫，雖然每個障礙者的經驗都不盡相同，藉由障礙文化的建立，可以提供一個溝通、建立障礙者社群的機會。障礙者不應該被認爲是被社會排除或是救濟的對象，而應該被認可爲社會多樣性（diversity）的一種，多元文化的一環。

第五節　結論：台灣脈絡下的障礙歷史與文化

　　由於發展較晚，缺乏本土的社會福利政策思考，台灣的社會政策常常引借西方的政策設計，然後轉化爲在地的做法，在轉換的過程中必須面臨是社會文化環境的差異。然而，我們對台灣障礙的歷史與文化的研究與理解卻非常有限，認識西方障礙的歷史發展或許有助於我們理解在台灣脈絡下發展障礙相關社會政策的盲點。如果我們回顧西方資本主義的發展，對障礙者的排除史，不僅將障礙者排除在勞力市場之外，國家權力擴張與介入更進一步以機構教養的方式隔絕、控制障礙者於一般社會生活之外。西方醫療知識與制度的建制以治療之名爲機構化的社會隔離與控制提供合法化的基礎。近年來，隨著人權意識的出現，去機構化運動開始挑戰醫療模式的機構教養，障礙者權利運動與自立生活運動進一步反省障礙者的公民權利與主體性。換言之，社會文化制度影響障礙者如何被對待。而歷史的發展不一定是單向、進步的。在特定的歷史時空下，以慈善或是醫療的觀點對待障礙者，可能造成對障礙的社會排除。

　　台灣發展的社會脈絡和西方不同。雖然在 1980 年代前，有少數宗教爲主的慈善機構的收容爲主。台灣其實沒有走過以國家暴力、透過強制機構式教養的方式大量的將障礙者監禁、隔離於社區生活之外。然而，障礙者雖沒有被國家體制監控、隔離，卻可能被社會文化隔離於原生家庭之中，同時這也造成台灣家庭的龐大的照顧責任與負擔。雖然台灣不需要重複西方動輒上千人的大型機構教養，推動社區化照顧與社區家園的過程中，社區的排斥與缺乏國家資源的投入卻是必須面對的問題。而小型化的社區家園也可能複製大型教養院的規訓與控制方式，成爲小型的全控機構（total institution）。而在不同的社會文化情境下，機構教養可能是比被囚禁於家庭之中或在社區遊蕩更好的選擇。而機構也可能嘗試社區化（如花蓮玉里醫院〔前玉里療養院〕推動的精神障礙者社區化）。換言之，透過歷史的反省，我們可以進一步思考，機構化或去機構化的照顧、隔離或是融合式的教育不一定是完全對立的做法，我們必須在特定的社會文化制度脈

絡下設計符合障礙者的最佳利益的方式。

　　一般認為西方障礙文化的興起跟機構化的教養與隔離的教育體制有關。隔離的社會機制反而提供障礙者聚集、連結共同文化與認同的組織脈絡與基礎。台灣相對而言，這樣的社會脈絡比較薄弱。但這表示在這個全球化、媒體、網路改變人與人的溝通互動方式的時代，我們有進一步發展障礙文化的可能。不過，當代的台灣社會對障礙文化與語言歧視是缺乏反省的。以2009年的台灣舉辦的聾人奧運（Deaflympics）為例。聾奧的起源強調的是聾人的主體性，不把聽力損傷當作一種障礙。結果，台灣的主辦單位竟然將「聾奧」翻譯為「聽奧」，而聾人／聽障被排除在整個規劃、決策過程之外，表演節目大多是以聽人觀眾的需求為想像。而同時搭著這股熱潮的純愛電影《聽說》中，更是將電影中的聾人描述為依賴者，照顧聾人姊姊的妹妹為犧牲者，複製聽人中心主義的刻板印象。雖然官方大肆宣傳聾奧活動的成功，但是如果我們檢視該活動的實質內容，卻輕易發現其中缺乏障礙者的主體性，只顯現出台灣官方的無知。雖然台灣的《身心障礙者權益保障法》已經明文規定了媒體反歧視的原則，然而，除了媒體上仍然不時可見對障礙者刻板印象的複製，公益廣告也多以障礙者為慈善的施捨對象為主題，顯示整個社會對障礙者形象的再現有進一步改進的空間。

問題與討論

1. 國外的公眾人物常會因為使用誤用障礙的用字而道歉。國內的公眾人物卻常以「無歧視之意」而帶過。有人認為針對語言用字不當而批評流於「政治正確」，忽略了語言使用的脈絡與意涵。視障歌手蕭煌奇就常常拿自己的視力自我調侃。也有人認為，「無歧視之意」反應了使用者已經將對障礙者的歧視內化。在日常生活中，台灣很多人常用「自閉」、「腦殘」、「智障」、「瞎子」來互相調侃、甚至謾罵。請討論，在台灣的語言使用習慣中有哪些跟障礙相關的用字是有歧視的意涵的？在哪些情境之下，使用相關的字眼是合理的？哪些情境之下是歧視？

2. 每個人都會變老，逐漸失能，需要協助。試討論當哪一天你開始失能需要協助時，你希望住在遠離人群的大型公寓，有專人照料？還是在熟悉的環境與人事物中生活？

3. 西方的歷史中，智能障礙者、連體嬰、白化症者、侏儒、巨人、肢體障礙者（特別是無上肢者）、有男性特徵的女性曾被當作娛樂消遣的對象，被送至市集作為商品買賣，或進入馬戲團展示、表演，即俗稱的「畸形秀」（或怪胎秀）。在當代許多募款活動的表演中，也常見由智能障礙者表演的節目。請討論馬戲團的畸形秀和當代的障礙者才藝表演有什麼異同？

參考文獻

周月清（2005）。〈北歐智障者搬出「教養院」到社區居住與生活改革進程〉。《臺灣社會福利學刊》，4（1），131-168。

林旭（2005）。《寂靜之外：Beyond Silence》。台北：左岸文化。

張恒豪（2006）。〈必也正名乎：關於障礙者正名與認同的反思〉。《教育社會學通訊》，71，03-07。

張恒豪、蘇峰山，2009，〈戰後台灣國小教科書中的障礙者意象分析〉，《臺灣社會學刊》，42，143-188。

劉俠（2004）。《俠風長流：劉俠回憶錄》。台北：九歌出版社。

Albrecht, G. L., K. D. Seelman, & M. Bury (eds.) (2001). *HandBook of Disability Studies.* Thousand Oaks: Sage.

Barnes, C. (1992). *Disabling Imagery and the Media: An Exploration of Media Representations of Disabled People.* Belper, Derbyshire: The British Council of Organizations of Disabled People.

Barnes, C., & G. Mercer (2003). *Disability.* Cambridge: Polity Press.

Barrett, D., & E. McCann (1979). Discovered: Two Toed Man. *Sunday Times Colour Supplement.*

Baynton, T. (2001). *Looking for Larry.* Auckland: Scholastic.

Braddock, D. L., & S. L. Parish (2001) An Institutional History of Disability. In G. L. Albrecht et al. (eds.), *HandBook of Disability Studies* (pp. 11-69). Thousand Oaks: Sage.

Doe, T. (2004). The Difficulty with Deafness Discourse and Disability Culture. *Review of Disability Studies: An International Journal,* 1, 34-41.

Drake, P. (1994). The Elephant Man (David Lynch, EMI Films, 1980): An Analysis From a Disabled Perspective. *Disability and Society,* 9(3), 327-342.

Erevelles, N. (2005). Understanding Curriculum as Normalizing Text: Disability Studies Meet Curriculum Theory. *Journal of Curriculum Studies,* 37(4), 421-439.

Farb, P. (1975). *Word Play: What Happens When People Talk.* New York: Bantam.

Fine, M., & A. Asch (1988). *Women with Disabilities: Essays in Psychology, Culture, and Politics.* Philadelphis: Temple University Press.

Groce, N. E. (1985). *Everyone here spoke sign language: Hereditary deafness on Martha's Vineyard.* Cambridge, Mass: Harvard University Press.

Hevey, D. (1997). The Enfreakment of Photography. In L. J. Davis. (ed.), *The Disability*

Studies Reader (pp. 332-347). New York and London: Routledge.

Johnson, J. R. (2006). Validation and Affirmation of Disability and Deaf Culture: A Content Analysis of Introductory Textbooks to Special Education and Exceptionality. *Review of Disability Studies: An International Journal,* 2(1), 3-32.

Johnson, J. R., & J. Nieto (2007). PART III: CREATING MULTICULTURAL CLASSROOMS: Towards a Cultural Understanding of the Disability and Deaf Experience: Implications of a Content Analysis of Introductory Special and Multicultural Education Textbooks. *Multicultural Perspectives,* 9(4), 32-39.

Lane, H. (1997). Construction of deafness. In L. Davis (ed.), *The Disability Studies Reader* (pp. 153-171). New York: Routledge.

Liggett, H. (1988). Stars are not Born: An Interpretive Approach to the Politics of Disability. *Disability & Society,* 3(3), 263-275.

Longmore, P. K. (1997). Conspicuous Contribution and American Cultural Dilemmas: Telethon Rituals of Cleansing and Renewal. In D. T. Mitchell, & S. L. Snyder (eds.), *The Body and Physical Difference: Discourses of Disability* (pp. 134-158). Ann Arbor: University of Michigan Press.

Oliver, M. (1990). *The Politics of Disablement.* London: Palgrave Macmillan.

Pfeiffer, D. (1993). Overview of the Disability Movement: History, Legislative Record, and Political Implications. *Policy Studies Journal,* 21(4), 724-734.

Ryan, J. & F. Thomas (1987). *The Politics of Mental Handicap.* London: Free Association Books.

Scotch, R. K. (2001). *From Good Will to Civil Rights: Transforming Federal Disability Policy.* Philadelphia, PA: Temple University Press.

Shakespeare, T. (1994). Cultural Representation of Disabled People: Dustbins for Disavowal? *Disability and Society,* 9(3), 283-299.

Shakespeare, T. (1999). Art and Lies? Representations of Disability on Film. In M. Corker, & S. French. (eds.), *Disability Discourse* (pp. 164-172). Buckingham and Philadelphia: Open University Press.

Shakespeare, T. (2006). *Disability Rights and Wrongs.* London: Routledge.

Shapiro, J. P. (1994). *No Pity: People With Disabilities Forging a New Civil Rights Movement.* New York: Times Books.

Snyder, S. L., & D. T. Mitchell (2001). Re-Engaging the Body: Disability Studies and the Resistance to Embodiment. *Public Culture,* 13, 367-389.

Thomson, R. G. (2001). Seeing the Disabled: Visual Rhetorics of Disability in Popular

Photography. In P. K. Longmore, & L. Umansky (eds.), *The New Disability History: American Perspectives.* New York and London: New York University Press.

Zola, I. K. (1985). Depictions of Disability—Metaphor, Message and Medium in Media: A Research and Political Agenda. *Social Science Journal,* 22(4), 5-17.

第 2 章
障礙理論與政策：分配政治與公民身分

洪惠芬、王國羽

本章有一半以上的內容修改自洪惠芬（2012）。〈「分配正義」還是「形式正義」？身心障礙作為福利身分與歧視的雙重意涵〉。《臺灣社會福利學刊》，10（2），93-160。

案例一

陳小姐幾天前，要乘坐公車進城辦事，公車司機費了好大的力氣，將她的輪椅弄上公車、固定之後，司機問她：「小姐妳這樣不方便，為何不在家好好待著，要外出呢？」

案例二

許先生在工作中受傷，右手截肢。經過長達幾年的復健並裝上義肢之後，他希望能回原單位就職。但是原單位的人事部門告訴他，無法給他原先的工作，只能給他庶務性質的工作，否則只能解僱。他不同意，希望能申訴。

案例三

小強今年27歲，從小都是母親帶大。醫師診斷他屬於染色體異常。小強無法說話、肢體僵硬、智力水準低於常人，且無法自理生活。他的母親很苦惱，他以後要如何安排生活照顧？

第一節　前言

　　上述三個案例，經常出現在我們的日常生活中。第一個案例問的是：我們社會採取怎樣的態度看待障礙者日常生活的外出？作為一個進步文明的社會，為什麼我們不會問一般人，他為何不待在家中，卻對障礙者外出有所質疑？而在第二個案例中，受傷的受僱者在復健重返工作後，是否有權利要求雇主給他相同職務的工作？當雇主拒絕時，他是否被保障申訴的權利？最後一個案例所涉及的議題則是：我們社會是否準備好提供長年居住在家中的障礙者，完整且有品質的居家與社區照顧呢？

　　這三個案例涉及了兩個障礙政策的基本議題。第一個層次的議題是分配政治。整個社會若要確保障礙者過有尊嚴的生活，那麼誰該負起責任？

該放任由市場決定一切，讓障礙者透過市場競爭的參與去決定自身可以過什麼品質的生活？倘若人們不認為市場是唯一的答案，那麼是誰該負起保障障礙者尊嚴的責任呢？是家庭還是國家？

在案例二中，職災後重返職場的許先生和公司人事部門的爭執點即跟分配政治有關。人事部的主管顯然從市場邏輯來理解許先生的工作機會：許先生受過傷，儘管復健裝義肢，他的工作表現不可能完全達到從前的水準，因此他理所當然調整許先生的職務。但是對許先生來說，重返職災前的工作崗位是他的權利，不該因為他的障礙身分而被剝奪。當雇主拒絕他重返工作時，這是對他法定權利的侵害，他可以透過申請國家救濟的途徑來回復權利。案例二是國家與市場間關於障礙者基本福祉的責任分配議題。倘若整個社會將工作視作障礙者的基本公民權利，那麼國家就不該將障礙者能否取得合宜的工作機會，放由市場邏輯決定。國家應該透過某些干預措施，包括公權力的運用、或者支持性與庇護性工作場所的建置，確保所有障礙者工作參與的權利不受市場邏輯的侵害。在分配政治中，更常見的是國家與家庭之間的責任分配。案例三就是很好的例子。案例三的小強因為先天染色體異常的關係必須終生倚靠他人的扶養與照顧。對許多障礙兒的母親父親而言，最棘手的難題莫過於：當她／他們離開人世後，誰該接手，繼續承擔扶養及照顧孩子的責任？在某些所得維持給付與長期照顧服務體系建置相對完善的社會，很有可能是國家擔負起這項責任，但在福利供給制度發展不夠成熟的社會，顯然還是得靠其他家人來接手，而障礙者的非障礙手足往往是最好的人選。這也是為什麼在障礙研究領域，障礙者的手足照顧一直是受到注目的議題。

另一個層次的議題則涉及對障礙者的理想生活圖像。在案例一與案例二中，我們可以看到障礙者與整個社會對障礙者的理想生活樣貌存在不一致的看法。案例一中的陳小姐，與案例二的許先生相信：即便自己需靠輪椅代步，或者因職災而裝置義肢，這並不能剝奪掉她／他們像其他人那樣搭公車外出，以及去工作的權利。但是公車司機的疑問反映了：他並不認為障礙者擁有充分的權利去過所有公民應該享有的生活。事實上在1970

年代之前，多數人在觀看障礙者時，就像公車司機所表露的：既然大費周章要麻煩這麼多人，那麼就該安份待在家裡。這是對障礙的「個人／醫療模式」（the individual medical model）觀點。在這種觀點下，障礙者不僅被定義成毫無工作與自我照顧能力的「依賴者」；人們也普遍將障礙者的依賴狀況歸因於障礙者本身的身心功能損傷。與個人／醫療模式相對照的是障礙的「社會模式」（the social model）。在社會模式底下，障礙者不再被理所當然地視爲依賴者，而是像兩個案例中許先生與陳小姐所期望的：即便裝了義肢，或者必須透過輪椅代步，他們仍有權利像其他人那樣去工作、以及搭乘公共交通工具到自己想去的地方。社會模式與個人／醫療模式最大的不同在於：前者相信障礙者是擁有充分社會參與權利的完整公民。倘若一個社會只能讓障礙者像依賴者那樣活著，社會模式認爲：這是對障礙者作爲公民的權利侵害，是社會結構對障礙者歧視的結果。這樣的立場跟個人／醫療模式完全以障礙者本身的身心損傷作爲歸因，形成鮮明的對比。

上述兩個層次的議題某種程度都關係著：整個社會應該如何看待與面對障礙與非障礙人口之間的「差異」？第一個層次在意的是：人們該如何解決障礙人口的差異特質所造成的分配問題？表面上看起來，分配問題的處理似乎不涉及對障礙者差異特質的評價。然而分配政治實際運作的後果往往導致障礙者被排除在主流的社會合作參與之外，間接強化障礙者與依賴的連結，阻卻障礙者取得完整的公民身分，這使得分配政治的回應策略一直擺脫不了否定及貶抑障礙者差異特質的陰影。相較於第一個層次對於礙者的差異特質採取「中立」的立場，第二個層次則直接挑戰當代社會長久以來對障礙者差異特質的貶抑。第二個層次相信：障礙者之所以長期地被排除在公民身分之外，絕對跟整個社會對障礙者差異特質的負面評價脫離不了關聯。

本章對於障礙理論的討論將同時從上述兩個層次去討論當代社會面對障礙者差異特質的不同立場。在章節安排上先是分配政治，再到障礙者的理想生活圖像。值得注意的是：障礙理論與障礙者政策往往密不可分。無

論是第一層次的分配政治議題，或是第二層次的障礙者理想生活樣貌的議題均反映：整個社會將透過什麼樣的制度設計去回應障礙者的生命困境？包括：政府對障礙人口所採取的各種政策手段的憑據為何？整個社會該怎麼面對障礙者的特殊性？政府該透過什麼樣的策略或方法，以確保他們的平等公民身分（Ferguson & Nussbaum, 2012）？鑑於此，下文在介紹障礙理論的同時一併探究不同理論觀點對障礙政策的預設立場。

第二節　分配政治：國家、市場與家庭

　　要談障礙人口的分配政治，絕對迴避不了當代福利國家的身心障礙政策。二戰後確立的福利國家體制，主要是透過物質資源的重分配制度去緩解「差異」所造成的社會與經濟不平等問題。這裡的差異的涵蓋範圍相當大，除了原生家庭的階級之外，還包括性別、年齡與族群等等，障礙當然也是其中之一。跟身心障礙有關的重分配制度，除了以現金補助作為主要手段的所得維持體系（身心障礙津貼、失能年金等），各式福利服務包括無障礙設施、個人助理與居家照顧等，也成了福利國家用以解決障礙與非障礙人口之間不平等的重要物質資源。

　　以案例一陳小組的遭遇來說，為何司機會說：障礙者安份地待在家中就好？司機的抱怨反映著：他顯然不認為讓障礙者搭上公車是自己的責任。如果我們將公共運輸視為一種政府提供給公民的重要財貨，那麼障礙者應與全體公民具有相同的使用權利，不應被排除在任何公共運輸載具的利用之外。法律上，有權利要求被平等地對待，是根絕任何人口群受歧視的開始，然而這個基本權利的落實，應用到障礙人口時，需要在公共政策上採取「差別待遇」手段，才能達到平等的效果（Preston and Rajé, 2007）。換言之，要讓障礙者平等地享受到公共運輸帶來的好處，整個社會不能只透過國家公權力去禁止公車司機，及交通運輸公司對障礙者的歧視和排除。障礙者與非障礙者在身心功能上的「差異」，讓障礙者要享有

與其他人相同的公共運輸使用權利，勢必需要額外的協助與支持，例如斜坡板、安全固定裝置與上下車協助等（Pearson, 2018）。這些協助與支持涉及物質資源的取得。在福利國家的運作邏輯中，假使這項物質資源的取得跟公民基本權利行使有關，政府經常被期待承擔相關物質資源的建置與分配責任。以案例一中的交通運輸來說，政府還必須針對障礙者的差異特質給予協助與支持，才能真正實踐使用大眾交通運輸工具的平等權利。

一、福利國家的重分配制度：對市場與家庭分配結果的修正

在分配政治底下，政府作為資源供給者往往跟「市場」與「家庭」相互對立：假使不是政府負起某項物質資源的責任，那麼這項物質資源供給的責任終究會由障礙者的家人承接，或者受制於障礙者本身的市場購買能力。就像案例一中的陳小姐，如果政府不透過經費補貼與法規要求公車必須加裝移動斜坡板，以及司機不得拒載且必須協助障礙者上下車，陳小姐最後只能靠家人提供的協助與支持才能搭乘公車外出。或者，若她的經濟能力允許，她透過自行在市場上聘用的看護，來協助與支持她使用大眾交通工具。

除了公共運輸外，案例三中，小強的生活照顧問題也存在政府相對於市場與家庭責任的消長關係。小強的障礙狀況顯然讓他一輩子都得依賴其他人的扶養與照顧才能活下去。面對這種「極端依賴者」（extreme dependent）（Kittay, 2001），人們不能期待與要求他自食其力，家人幾乎是他們最重要的倚靠。但在有些國家，倘若政府針對障礙者設有完善的失能年金給付，並建置公共的長期照顧服務體系，小強的母親或許不用那麼擔心自己離開人世後他的生活照顧問題。因為即便小強最後與自己的手足同住，扶養與照顧小強所需付出的金錢成本與心理壓力也非全集中在障礙者手足肩上。失能年金與公共長照服務的存在意味著：政府與障礙者的家人共同承擔像小強這群極端依賴障礙者的生存維繫責任。

就某種程度，福利國家的重分配制度是在「對抗」與「修正」自由市

場與家庭這種自發性的分配體系所造成的不平等結果。在自由市場的分配邏輯下，障礙者能否得到他們維持尊嚴生活的物質資源，還是取決於他們及其家庭的經濟能力。完全放任由市場分配邏輯決定障礙者對物質資源的取得，後果將是階級不平等：家境好的障礙者可以利用豐富的物質資源去追求自己想過的生活，但是貧窮的障礙者卻可能連溫飽都是問題。家庭的分配邏輯也有類似的困境。1980 年代之後，女性主義對家庭內部公義的討論提醒我們：家庭內部同樣有資源與權力分配不均的議題（Okin, 1989）。這一方面意味著：即便家庭擁有豐厚的資源，我們也不能確保障礙者能夠從家人那兒獲得足夠的物質資源。另一方面，就算沒有家庭疏忽與虐待的問題，當整個社會將障礙者的照顧全丟給家庭來承擔，我們可以想像：障礙者的女性家人在「女性作為照顧者」的性別角色期待下，幾乎難以掙脫對障礙者的照顧責任，案例三中小強母親的處境就是最好的例子。許多經驗研究都指出：障礙兒家庭內部的夫妻分工會更遵循傳統性別規範的分工型態（Traustdottir, 1991）。

　　福利國家的重分配制度作為矯正市場與家庭分配邏輯的重要機制，也反映在比較社會政策學者對於福利國家體制的類型學架構。在 Esping-Andersen（1990）對當代福利資本主義社會著名的三種分類，也就是自由主義體制、保守組合主義體制與社會民主體制，去商品化（de-commodification）作為主要的分類理據，某種程度代表著：政府所提供的福利給付越優渥，人們生活所需的物質資源多寡越不受制於自己或家人在勞動市場的工作所得水準。

　　女性主義比較社會政策學者 Orloff（1993）也發展出一個跟去商品化平行的概念：去家庭化（de-famlialization）。它指的是：一個人可以不用倚靠家庭的供應與支持，而取得足以維生的物質資源。政府的重分配制度，當然有助於去家庭化。案例三中的小強在母親過世後，假使台灣社會的失能年金與公共照顧服務夠健全，小強不一定得倚靠手足的接濟和照料才能好好地活下去。不過去家庭化程度的高低，除了跟去商品化一樣，取決於政府福利供給的優渥水準外，它還跟這個國家的福利供給究竟是以個人的

公民身分，還是以家庭作爲給付單位，密切相關：畢竟一項給付無論再優渥，一旦以家庭作給付單位，就無法避免掉家庭內部資源與權力分配不均的困境。此外，障礙者就跟多數女性一樣，很容易被排除在勞動市場之外。Orloff（1993）認爲，如果政府能夠透過就業服務盡可能地促成這群長期被排除在工作之外的人口群重新進入勞動市場，將可以降低這群人對家人的經濟依賴。

　　值得注意的是：雖然現階段，對障礙者的就業促進服務也是重要的福利供給項目之一，但是就整體而言，重分配制度的存在不見得完全有助於障礙者的工作參與。關鍵原因在於：在傳統福利國家的運作邏輯中，障礙作爲一種福利身分是被「豁免」在工作倫理的規範之外。這樣的豁免反映福利國家對障礙者的定位與它對公民身分的定義存在落差。這樣的落差也讓福利國家的分配政治策略遭到障礙權利運動的批判。這部分我們在第二節會作更詳盡的討論，下文先聚焦在：障礙者爲何被豁免在工作倫理的規範之外？

二、重分配制度與工作倫理間的緊張關係：障礙作爲工作參與例外的類別

　　儘管政府所建置的重分配制度有修正市場與家庭分配邏輯可能衍生的不平等問題，但是在資本主義社會，政府不能因此任由重分配制度無止盡地坐大。澳洲福利理論家 Goodin（2001）在分析不同體制的福利國家如何處理「福利」與「工作」之間的關係時，即主張：無論是那一種體制的福利國家，它們維繫福利與工作兩者關係的方式，基本上都是生產主義式的（productivist）。無論是自由主義體制的「工作，沒有福利」，或者保守組合主義體制的「要福利，就得透過工作」，又或是社會民主體制的「有福利，但也要工作」，在 Goodin（2001）看來，三者的共同之處就在於：它們都盡可能地避免重分配制度對經濟生產部門勞動力的持續供應造成衝擊。在社會平等與經濟成長這兩個相互衝突的選項中，雖然沒有哪種類

型的福利體制是將經濟成長擺在絕對優先的位置（包括自由主義體制在內），但是 Goodin（2001）強調：無論在哪種福利體制底下，經濟生產力的維繫仍舊是一個社會在發展社會福利政策時不可忽略的條件限制。

倘若經濟生產力的維繫如此重要，當代福利資本主義社會到底是怎麼解決重分配制度對工作倫理潛在的威脅？ Stone 在她 1984 年出版的重要專書 *The Disabled State* 指出大多數福利資本主義社會最常採用的策略是「類別解方」，也就是在勞動市場中創造某些例外的類別（category），允許那些類別所界定的社會成員不參與工作的分配體系。在類別解方中，「兒童」、「老年」、「疾病」是最典型的類別，在傳統性別規範仍穩固的社會中，「喪偶妻子」也是常見的類別。而本文所關注的「障礙」概念，同樣是福利資本主義社會為管制需求體系而創造出的類別之一。

在案例二中，許先生在職災之前是隸屬於以工作為基礎的分配體系，但是受傷之後必須倚靠義肢才能行動，雇主認為他無法再從事原有工作。職級降低導致收入減少，讓許先生必須倚靠政府的補助才能過活。「障礙」類別的存在讓許先生得以順理成章地退出工作的分配體系，透過領取勞保失能年金給付來維持生計，而不受政府與社會的責難。因為在類別解方中，類別本身就定義了成員作為「依賴者」的人口特徵，因此只要一個人是類別所涵蓋的成員，自然就成為社會所定義的依賴者，用不著受工作倫理的約束，是「值得幫助」的對象，可以理所當然地依賴其他人來回應他們的經濟需要。

Stone（1984）的類別解方論點突顯了：障礙者被免除工作責任的特殊地位。在福利資本主義這套生產主義式的社會安排中，經濟生產力的維繫是最重要的社會目標。為了避免政府所建置的重分配制度對經濟生產力的維繫造成危害，「工作倫理」的穩固在每一種體制的福利國家，都被視作核心信念。倘若工作倫理是福利國家如此核心的信念，那麼當它的成員被免除參與勞動市場的責任，這似乎可以被視作一種「特權」（privilege）。

「不用工作」是一種特權，這套特權說要站得住腳，背後的預設顯然是：工作除了是求溫飽的工具，不具其他的好處。但從案例二許先生被解

僱的反應，他恐怕不認為不工作是特權。許多因職災而身心功能受損的障礙者就跟許先生一樣，最想要的不是靠領取失能年金過活，而是重新回到受傷前的工作崗位。對這些障礙者而言，「不工作」並非自己選擇的生活方式，而是勞動市場刻意排除的結果。然而傳統福利國家面對障礙者長期被排除在工作體系之外的處境，往往只能透過重分配制度去處理被排除的「後果」：在現金補助與照顧服務的基本供給下，障礙者不會因為沒有工作所得而陷入生存困境。但對於更根本的問題，也就是障礙者被工作體系排除的問題，傳統福利國家在重分配策略的制度限制下，缺乏有效的政策工具去作回應。

三、對重分配策略兩種批判途徑

　　1980 年代後，傳統福利國家這種消極回應障礙者被工作體系排除的方式，已經受到深刻的反思與嚴厲的批判。整體而言，當代對這種消極回應的反思和批判大致可區分成兩種途徑。

　　第一種途徑主要來自對福利國家這項制度設計本身的反省。被工作體系排除的人並不只有障礙者。1970 年代的兩次石油危機之後，歐洲國家陸續為日益惡化的失業問題所困擾，不僅失業人口大幅擴張，而且平均的持續時間也不斷地延長。長期失業與無業人口的增加，逼使歐洲國家不得不從務實層面與價值層面去反省福利國家的傳統運作方式是否妥當，並對它做出調整。1990 年代之後，法國等歐洲國家陸續透過社會排除（social exclusion）的概念建構和發展，去關注無業、長期失業與就業不穩定人口所得匱乏之外的生活與生命困境（Paugam, 1996）。歐洲議會在兩千年的里斯本高峰會，對歐盟各會員國的社會福利體系面對「新世紀挑戰」提出建言，指出歐洲福利國家面向新世紀的挑戰應朝向「積極福利國家」（active welfare state）前進；而這裡所謂的「積極」即聚焦在「如何使所有社會成員保有工作」的目標上（Vandebroucke, 2002: ix）。

　　Hemerijck（2009: 87）指出，福利國家的重分配策略在經歷過自 1980

年代之後近三十年的變革後，已呈現出人們對福利政策「規範性架構」的轉變。舊的規範性架構是以追求「物質資源的平等」作爲目標。Hemerijck（2009: 88）認爲目前逐漸成形的新規範性架構並未捨棄物質資源平等的目標，而是將「平等」的概念擴充，進一步追問：整個社會如何在物質資源平等的基礎下，促成生活機會的平等（the equality of life chance）？而工作正是重要的生活機會之一。在這樣的規範性架構轉變下，自上個世紀末開始，針對各種可就業性相對低之群體（除了障礙者之外，還包括二度就業婦女及中高齡失業者等等）的就業促進服務，幾乎成了各福利國家擴張最快的福利服務項目之一。

　　另一種批判途徑則來自障礙的社會模式觀點。這個批判取徑更根本地檢視與反省：整個社會長期將障礙者理所當然地定位成依賴者是否合乎公平正義？相較上一個途徑，第二個批判途徑試著透過這樣的反省去扭轉當代社會對障礙作爲一種差異的負向評價。下節將詳細討論。

第三節　障礙者的理想生活圖像：社會模式與形式正義

　　回顧障礙政策的發展歷史，可以發現：一個社會對障礙者困境的解釋觀點同國家對障礙者的政策回應策略是相輔相成的。20 世紀上半，當個人／醫療模式仍爲解釋障礙者處境的主流典範時，障礙者作爲依賴者的處境只能被理解成受限於障礙者個人身心損傷的客觀事實。在這樣的理解下，障礙者津貼或失能年金這類的所得維持給付與收住式的照顧機構成了最理所當然的政策回應。很清楚的，這正是上述傳統福利國家的策略。

　　這套障礙政策典範在 1980 年代之後逐漸鬆動。鬆動的原因除了像上一節所說，部分來自於歐洲福利國家內部對這套社會安排的自我反省外，另一部分則來自對個人／醫療模式的批判。1970 年代前後，在美國、西歐與北歐社會陸續有論者透過不同的理論取徑對個人／醫療模式提出反省與批判。例如，北歐的去機構化運動（de-institutionalization）即針對前述

那種讓心智障礙者在收住式機構老死終生的政策提出嚴厲的批判，要求國家應該讓心智障礙者回歸主流社會（Nirje, 1980）。不過，這當中最具代表性的理論取徑，仍屬與英國障礙權利運動發展密不可分的社會模式。

1976 年，英國重要的障礙運動組織「肢障者反隔離聯盟」（Union of Physically Impaired Against Segregation，簡稱 UPIAS）在其名為《障礙基本原則》（*Fundamental Principles of Disability*）的宣言中，首度提出社會模式的解釋觀點。UPIAS 主張障礙者之所以陷入依賴處境，跟身體損傷並沒有必然的因果連結，真正的原因是出在障礙者所處的社會環境對他們所構成的阻礙。這套外在環境歸因的立論是建置在「損傷」（impairment）與「障礙」（disability）截然二分的基礎之上。在 UPIAS 的社會模式中，「損傷」完全採用採用醫學上的定義，指的是：喪失部分或全部的肢體，或者身體某個肢體、器官或機制出現缺陷。相對照下，「障礙」則全然採取社會學式的定義，意指：當代社會組織幾乎未考量到那些肢體有損傷者的存在與狀態，將他們排除在主流社會活動的參與之外，因而造成他們的活動限制與劣勢處境。藉由損傷與障礙的分離，UPIAS 的社會模式得以將個人／醫療模式對障礙者依賴處境的歸因方向完全反轉過來。透過這樣的反轉，障礙者的依賴處境不是他們無法逃脫的生物命運，而是社會所構成的阻礙與不平等權力關係運作的結果，它絕對是可以改變的（Barnes and Mercer, 2003: 11-12）。就像社會模式的大將 Finkelstein（1980）所主張的：障礙者作為依賴者的處境就跟性別歧視和種族歧視一樣，都是一種「社會壓迫」（social oppression）。

在理論上，社會模式從社會結構的壓迫來解釋障礙者的處境。因此相對應地，在政治訴求上，社會模式也傾向將障礙者定位成深受歧視所害的弱勢群體。在這樣的政治訴求下，反歧視立法（anti-discrimination legislation）成了社會模式社會改革議程中最優先的項目。

一、分配正義與形式正義

美國長期關注障礙者權利的哲學家 Silvers（1998）曾經用「形式正義」（formal justice）與「分配正義」（distributive justice）這兩個概念的對比，來說明為何反歧視立法才是真正有益於障礙者的政策回應策略。

嚴格說來，Silvers（1998）所言的分配正義並非某種經過縝密推論的政治哲學立場，而是一個相對籠統的概念。它指的其實就是：前述傳統福利國家對障礙者處境的回應方式。就像第一節說的，「障礙」向來是福利國家對物質資源重分配的重要理據之一：一個人只要取得國家所定義的障礙者身分，就是值得幫助的依賴者，除了具正當性退出工作體系，也可以理所當然地倚靠福利供給，來解決他作為依賴者的生存困境。整體而言，這是一種「結果補償」的做法：它直接就障礙者作為依賴者的「後果」去回應障礙者之於其他人的「特殊需要」。這項做法訴諸的正是物質平等：它一方面確保障礙者不會因為缺少足夠的所得來源與醫療照護服務，導致生活與生命品質遭受威脅；另一方面，也在弭平障礙者相對於非障礙者在物質資源取得上的落差。福利國家對物質平等目標的追求，儘管確保了障礙者基本生存安全，但在 Silver（1998: 34）看來，卻注定「自我挫敗」（self-defeating）。

這裡所謂的「自我挫敗」意指：福利國家宣稱要促成障礙者的平等，但它最終運作的結果卻與它的宣稱背道而馳，反倒對障礙者平等地位的取得造成阻礙。這是相當嚴厲的指責，Silvers（1998：34）的理由主要有兩點。首先，障礙作為福利身分，突顯了障礙者在整個社會的「特殊待遇」，再度強化人們對「障礙者是有缺陷的」這種個人／醫療模式的思維習慣。另一個理由則跟障礙者能否取得完整的公民身分有關。Silvers 認為福利國家雖以物質平等作為訴求，但最終的目標其實是平等的公民身分，物質平等只是達成這個理想的手段之一，福利國家對所有福利領受者的最終期待是：他們能透過物質資源的基本保障，充分地融入社會生活。然而在當代，工作往往是人們充分融入社會生活最重要的管道。福利國家長久

以來對重分配制度的過度倚賴，根本無法有效地回應障礙者普遍被拒絕在勞動市場之外的社會排除困境。

　　從 Silvers 對福利國家的批判可知分配正義的問題癥結顯然出在：它只補償後果，卻沒有更進一步地去追究障礙者陷入依賴處境的「原因」。Silvers 認為在民主社會，其他社會成員對障礙者的責任應該是更根本地針對那些導致障礙者陷入依賴處境的「原因」，予以改變或「矯正」（rectified），讓障礙者可以脫離依賴處境，像所有非障礙者那樣，透過參與勞動市場去發揮老天給予的才能。她引用 Nozick 的話進一步說明自己的理念是一種訴諸「過程」原則的「矯治式正義」（rectifcatory justice）：

> ……矯正並不涉及（重）分配：它是一種看重「過程」的原則而非「結果」的原則；它只對個體之間持續性的交易互動進行規範，而非企圖根據某個最終的理想「公平」狀態，去對人際交易互動的結果進行調整（Silvers, 1998: 139）。

　　到這裡，我們似乎可以用「機會平等」與「結果平等」兩者間的對比來理解形式正義與分配正義的差別。分配正義追求的是結果平等：即便障礙者在勞動市場中處於邊陲的位置，或者被排除在勞動市場之外，其他社會成員有責任透過物質資源的重分配，確保他們不致因缺乏足夠的工作所得以及無法支應昂貴的醫療與照顧服務，而使經濟陷入困境、甚至危及生命的維繫。相對照下，形式正義講求的是機會平等。形式正義並不在意障礙者最後被分配多少物質資源；對它來說，最要緊的是障礙者應當一開始就被確保有平等機會去「參與勞動市場的競爭」。形式正義並不否認障礙者投入勞動市場競爭的結果可能贏也可能輸，但無論結果如何，重點是競爭的規則對障礙者而言必須是「公平」的。

　　問題是：什麼才算是對障礙者而言「公平」的勞動市場競爭規則？

二、形式正義的「實質」意涵：反歧視立法與合理調整措施

　　單就 Silvers 對於市場競爭作爲資源分配「過程」的看重，讀者很容易誤以爲她所謂的形式正義是以古典自由主義的「消極自由」作爲基礎：似乎對於障礙者，其他社會成員什麼也毋需做，只消讓他們進入勞動市場，由市場競爭的結果去決定他們該取得多少物質資源。不可否認地，Silvers 的形式正義在政治意識型態光譜中的確是向自由主義靠攏的，然而它與那種完全擁抱市場自由，並極小化國家角色的極端自由主義仍存有相當大的區隔。差別就在於：極端自由主義對於市場競爭「公平性」給予全然的信任；相反地，Silver 卻不認爲勞動市場「現狀」是對障礙者的「公平競賽」。正因爲 Silvers 站在障礙者的立場去質疑勞動市場競爭的公平性，這使得她的形式正義必須透過國家的干預才得以彰顯。不過在形式正義底下的國家干預形式絕對不同於那套與分配正義爲一體兩面的福利國家安排。Silvers（1998: 35）透過形式正義所主張的國家干預，目的是在「矯正」勞動市場中專爲非障礙者所設，卻不利障礙者公平參與競爭的制度安排。

　　Silvers（1998: 121）雖然在正義一詞前冠上「形式」或「矯治」的形容詞用以區辨她的正義觀與分配正義的不同，但是這並不表示：落實形式正義的具體策略就如形式或矯治兩詞就表面字義上所呈現出的那樣抽象。1991 年，美國障礙運動組織成功地遊說國會通過《美國障礙者法案》（The Americans with Disabilities Act，簡稱 ADA），這是首部障礙者專用的反歧視立法。Silvers（1998: 123）即以 ADA 作爲例子強調她的形式正義具備實質（substantive）的意涵。

　　作爲反歧視立法，ADA 最主要的目的是在禁止雇主或工作組織任意地以障礙爲由在僱用、敘薪以及升遷上對障礙者予以歧視。以案例二中許先生爲例，我們假定他在職災復健結束後轉換工作去應徵新職缺。倘若新職缺原先開出的用人條件爲大學畢業，但許先生不具大學文憑，人事主管當然可以依學歷不符資格爲由拒絕錄用他。相反地，如果許先生具大學教育程度，人事主管卻因考量到許先生裝有義肢行動不如一般人方便，轉而

錄用另一位不具大學文憑的非障礙求職者，這即構成 ADA 所謂的歧視。而且按 ADA 的規定，舉證責任是由雇主負擔[1]。

　　ADA 對於障礙歧視的定義並不侷限於許先生上述遭遇中那種「表面上」或「形式上」的歧視。事實上，在參與勞動市場競爭的過程中，障礙者遭受的阻礙除了雇主或工作組織囿於刻板印象與偏見對他們能力先入為主的不信任外，更深刻的困境往往是：整個勞動市場在制度安排上，包括空間的規劃及溝通媒介的選擇都是針對四肢完好、感官功能沒有缺損的人而設計。舉例來說，當一位具文學碩士學位的視障者要應徵文學雜誌的編輯時，就算主管完全肯定他的文學素養與專業的編輯能力，然而編輯工作中需要大量使用視力的審稿與文字編排任務仍舊嚴重地妨礙他在編輯這個職位的表現。在這樣的情況下，若僅處理形式上的歧視，那不過是刻意忽略障礙者之於非障礙者「差異」的假平等，依然無法營造出能讓障礙者公平參與競爭的環境。因此 Silvers（1998: 127）強調：形式正義要落實，它必須面對障礙者之於非障礙者的「差異」，絕非假裝「人人相同」而一視同仁地將勞動市場內那套適用非障礙者的規則套用到障礙者上。

　　面對障礙者之於非障礙者的「差異」，ADA 的策略是要求雇主或工作組織就那些可能對障礙員工造成排除效果的制度安排進行改造。具體做法是：透過無障礙設施、工作程序的重組，以及手語翻譯員或口讀員這類工作助理等「調整措施」（accommodation），讓障礙工作者能夠像其他非障礙工作者那樣毫無阻礙地運用其才能與專長於工作上頭。除非調整措

---

[1] 當然，如果這份工作的「核心任務」（essential function）與障礙者的損傷功能有密切關聯，那麼雇主因此拒絕僱用身障者，就不構成歧視。以正文下個段落的例子來說，文學雜誌編輯這份職位的核心要求是對小說、散文或詩等文學創作具有鑑別能力，以及對當代作家風格的熟悉。而讀稿只是這項職位的「次要任務」（peripheral functions），要完成讀稿這項次要任務，「視力」並非唯一的途徑，由他人口讀、或者將文字稿件轉化為點字，同樣可完成這項任務。假使出版社提供口讀員與點字設備，那麼一位具備相關素養與專業的視障者仍舊可以勝任編輯工作。正因如此，ADA 實施促使雇主在徵才時即於工作說明中說明職位的「核心任務」為何。更多討論請參考 Francis & Silvers（2000）。

施對雇主造成過重的財務負擔，或涉及工作核心任務的改變而窒礙難行（undue hardship），否則只要雇主拒絕對障礙員工提供調整措施，對 ADA 來說，這就構成歧視（Silvers, 1998；Fracis & Silvers, 2000）。

在這裡，我們可以清楚地看到社會模式的深刻影響：肢障、視障或聽障者之所以無法透過工作場所既有的空間規劃、電腦或者電話順利地完成工作組織交付的任務，並非他們本身下肢失去功能、視力缺損或聽力喪失等身體損傷因素所致，而是勞動市場中的制度安排「對非障礙者偏坦的結果」（the results of bias）（Silvers, 1998: 117-119），這是對障礙者的社會壓迫；因此 ADA 要求雇主與工作組織必須「負起責任」透過調整措施去消除對障礙員工的的社會壓迫。

顯然相較於前面提到的形式歧視之禁止，調整措施是有成本的。當 ADA 要求雇主或工作組織有「責任」提供障礙員工調整措施時，雖然國家所採取的干預形式主要是「規範者」以及「仲裁者」的角色，但是它的效果同樣涉及了物質資源的投入：只要成本是在合理範圍內（reasonable），雇主與工作組織都必須將改善那些阻礙障礙者完成工作核心任務的制度安排所需的支出視作生產成本的一部分。換言之在 Silvers（1998: 35）的形式正義底下，人們固然不用像分配正義所要求的那樣去補償障礙者在依賴處境的後果；然而，改造那些妨礙障礙者公平參與的既有制度安排得有足夠的金錢與人力作基礎，整個社會仍舊得配置一部分的資源來支應改造所需的金錢與人力。就這點來說，形式正義絕非障礙者對於平等公民身分的抽象權利宣稱而已，它跟分配正義一樣具備實質意涵。

在 ADA 底下，合理調整措施不只適用於工作組織，也涵蓋到大眾交通運輸與各式公共空間。回頭再看案例一的陳小姐：為什麼公車在設計上讓陳小姐得靠著麻煩別人才能順利地上下車？這絕對不是陳小姐的責任。而是公車公司對輪椅使用者的障礙歧視：為什麼車輛的設計沒有透過合理調整措施涵蓋到輪椅使用者的需要？

從前面幾個段落的討論可以很清楚地看到：形式正義對障礙者的理想生活圖像，完全不同於傳統福利國家的分配正義。後者由於將目標設定在

物質資源的平等，因此只在意障礙者的基本生存安全。至於障礙者在溫飽之餘作爲人的潛能是否得以發揮，這不是分配正義能關照的議題。相對照下，形式正義在意的不是生存的問題，而是障礙者能否像非障礙者那樣充分地參與社會合作。對形式正義而言，假使搭乘大眾交通工具外出、使用各種公共空間，以及透過工作施展才能是人們身爲公民所擁有的權利，那麼整個社會就不該以障礙爲理由排除障礙者享用同樣的公民權利，否則這就是對障礙者的壓迫與歧視。

第四節　從社會模式到人權模式：對障礙作爲差異的再省思

　　ADA 通過並施行之後沒幾年，英國政府也在障礙團體的施壓下於 1995 年實施《障礙歧視法案》（The Disability Discrimination Act，簡稱 DDA）。到了 2000 年，歐盟甚至將「禁止以障礙爲由的歧視」明訂爲政策方針，建議各會員國將「反歧視措施」納進障礙政策的議程中（Bickenbach et al., 1999；Pearson & Watson, 2007）。2006 年聯合國通過《身心障礙者權利公約》（Conventions on the Rights of Persons with Disabilities，簡稱 CRPD）並在兩年後生效，Bickenbach（2009）認爲它象徵由個人／醫療模式所主導的那種傳統福利國家的障礙政策典範正式告終，新的典範開始取而代之。

一、CRPD 作爲障礙人權模式：對社會模式的超越

　　儘管在對障礙的概念上深受社會模式的啓發，但是大多數論者都指出：CRPD 對障礙政策的立場並不純粹是對社會模式論點的複製，而是一種超越社會模式的「人權模式」（human right model）典範（Bickenbach, 2009；Degener, 2016）。Degener（2016）試圖從以下六個面向去比較

CRPD 作為障礙的人權模式與社會模式之間的不同，藉以指出：CRPD 作為人權模式超越社會模式的創新性。

（一）就「應然層次」去指出損傷不能阻礙平等人權的取得

社會模式將障礙視作「社會建構」的結果，是對障礙者困境「實然層次」的描述。人權模式雖然接受社會模式對障礙的概念，但它進一步就「應然層次」主張：障礙者的身心功能損傷不能成為他們取得平等人權保障的阻礙。

（二）單憑反歧視立法不足以成事

對社會模式來說，障礙者無法工作與無法獨立生活的依賴處境既然是社會環境與制度安排對障礙者的壓迫，是一種歧視，那麼最好的政策回應策略自然是反歧視立法。但 CRPD 作為人權模式障礙政策典範並不只訴諸反歧視立法。Degener（2016: 4）認為 CRPD 其實同時涵蓋兩組人權概念：一是跟反歧視立法關係密切的法律與政治權利；另一組則是涉及物質資源重分配的經濟、社會與文化權利。

換言之，CRPD 雖然採用社會模式對障礙的概念，但它並未像 Silvers 的形式正義那樣完全揚棄傳統福利國家對障礙者的政策回應策略。顯然以分配正義為訴求的重分配制度，也是 CRPD 人權模式促成障礙者取得平等公民身分並充分融入社會生活，必須仰賴的政策工具。

（三）「損傷」作為人類重要的差異面向

如前文所述，社會模式是透「障礙／損傷」的概念二分，將個人／醫療模式對障礙的個人與生理功能歸因反轉過來，而聚焦外於障礙者的社會結構因素。這樣的概念架構雖然成功地讓人們從歧視與社會壓迫的角度去解讀障礙者所遭遇的生存困境，但就如 Shakespeare（2006）所批判的，這種過度放大社會觀念與制度結構影響力的論述方式導致社會模式觀點長期輕忽、甚至否定障礙者的「身體損傷經驗」。

　　不同於社會模式，CRPD 的人權模式在接受障礙作爲社會建構的同時，仍舊承認障礙者身體損傷經驗是一種「實在的存有」。Degener（2016）認爲身體損傷在 CRPD 中被視作人類多樣經驗的一種面向與人性重要的構成元素，而這正是 CRPD 第 3 條第 4 款文字所要彰顯的涵義。藉由看見與承認損傷經驗，Degener（2016）認爲 CRPD 再度肯定：障礙者作爲平等人權承載者（human right bearer）的政治理念。損傷雖是一種社會差異與人性構成的一部分，但它就跟性別、種族族群、以及年齡這些重要社會特質一樣，不能成爲一個人取得平等公民身分的阻礙。

（四）承認爲不同身分的交織性與多重歧視的可能

　　整體而言，社會模式幾乎忽略了「認同政治」（identity politics）對障礙政策的潛在貢獻，但在 CRPD 的人權模式，障礙者不再被視作完全同質的人口群：不同的損傷經驗不僅會導致障礙者有不同的身分認定，年齡、性別與族群的身分差異也會讓障礙者所遭遇的歧視與社會壓迫呈現不同的面貌。從多項法條都可以看見 CRPD 嘗試解決不同身分「交織性」（intersectionality）所構成的多重歧視問題：在第 3 條第 7 款與第 8 款、第 6 條、第 7 條、第 16 條第 5 款、第 18 條第 2 款、第 23 條、第 25 條，CRPD 均試著透過額外規範的方式去回應障礙婦女、障礙兒童與障礙老人雙重弱勢的處境。

（五）未完全排除防範損傷發生的預防性政策

　　社會模式認爲那些防範損傷發生的預防性政策，諸如產前健康檢查、交通安全宣導與小兒麻痺疫苗注射之類的公共健康政策，往往具備強化障礙作爲負面社會特質的「污名化」意涵，因此抱持相當保留的立場。

　　跟社會模式的立場不同，CRPD 作爲人權模式並未完全否認這類預防性政策的價值。不過爲了避免落入個人／醫療模式思維習慣的窠臼，在 CRPD 中，預防性政策被定位成防範「次級損傷」（secondary impairment）的發生，而非「初級損傷」（primary impairment）的發生。其政策目標不

在否定障礙者的生存價值，而是將障礙者的健康視作一種基本權利，需要
國家透過物質資源投入而加以維護。

（六）障礙為一項需國際合作的發展性議題

貧窮與障礙兩者之間一直存在高度的關聯性。彼此相互增強：身體損
傷會增加落入貧窮的風險，而貧窮又再度增加人們遭遇身體損傷的可能
性。這也可以解釋為何有三分之二的全球障礙人口生活在社會經濟資源相
對匱乏的發展中國家。相對於生活在已開發國家的障礙者，發展中國家
障礙者的人權處境很可能因為貧窮的社會經濟條件而承受更加嚴重的威
脅。面對不同發展程度國家障礙者的人權處境差異，國際合作是必要的，
CRPD 中的第11 條與第32 條清楚地主張：障礙是一種需國際合作的發展
性議題。

二、代結語：對障礙作為差異特質的再省思

CRPD 的人權模式某種程度反映了：社會模式作為一種障礙觀點，以
及反歧視立法的限制。

傳統福利國家所訴諸的分配正義的確如前述 Silvers 所批判的，無法讓
障礙者徹底擺脫依賴者的處境，像多數非障礙者那樣取得平等的公民身
分。然而這樣的批判觀點背後其實隱含著：公民身分與依賴互不相容的預
設。因為在當代福利資本主義社會，不倚靠他人的活著，並透過工作對社
會作出貢獻，幾乎成了人們取得公民身分不可或缺的手段。對社會模式而
言，反歧視立法的用意即在消除那些阻礙障礙者公平參與勞動市場競爭與
獨立生活的制度性歧視。我們並不否認消除這些制度性歧視的重要性。但
是，這種把公民身分與工作及獨立生活連結的策略有其危險與侷限。

一個很現實的問題是：並非所有的障礙者都可以透過反歧視立法合理
調整措施的支持而脫離依賴者的處境。上述案例一的陳小姐與案例二的許
先生這類肢體功能損傷的障礙者當然沒問題，但案例三的小強，無論反歧

視立法的合理調整措施如何完善，我們永遠無法期待他能像陳小姐與許先生那樣到一般勞動市場就業與自食其力。

　　女性主義關懷倫理學派的大將 Kittay（2001）在回應 Silvers（1998）的形式正義論點時，即指出：形式正義以獨立及工作作為最終的社會目標，並不適用處於極端依賴狀態的障礙者。對像小強一個處在極端依賴的重度智障及合併多重障礙的人，就算這個社會再怎麼符合形式正義，他也幾乎不可能擺脫依賴者的身分。倘若障礙人口內部存在如此大的異質性，顯然重分配策略所追求的物質資源平等仍有存在的必要性：那些極端依賴的障礙者及其家人仍需要政府完善的福利供給來解決他們的基本生計安全問題。

　　這也是為什麼 CRPD 的人權模式會堅持障礙者人權的實踐策略除了反歧視立法之外，傳統福利國家倚重的重分配制度仍不可偏廢。

　　除了極端依賴障礙者的生存問題外，社會模式與反歧視立法將公民身分與獨立自主綁在一起的做法，也映照出其對公民理念的狹隘想像。反歧視立法所訴諸的形式正義雖力圖賦予障礙者平等的公民身分，但追根究底，這裡所謂的公民身分，就像 Kittay（2001）說的，仍舊緊扣著生產力。這樣的公民圖像只不過再複製當代福利資本主義社會對公民作為具生產力工作者（productive worker）的想像（Fraser, 1989）。雖然當代福利資本主義社會的確需靠一定比例的成員持續地投入生產活動，才能長久地維繫下去，但將生產力與公民身分扣連在一起，卻不可避免導致像案例三的小強這類極端依賴的障礙者被排除在公民的概念之外。

　　綜合上述討論，我們可以看到社會模式同時兼具進步與保守的特性。社會模式作為一套批判個人／醫療模式的理論系統，它的進步之處在於：它將障礙者被排除在勞動市場之外，與無法自主生活的處境視作社會壓迫的結果，並透過反歧視策略的倡議，讓新世代的障礙者有機會透過社會生活的參與取得完整公民身分。這套理論系統的保守之處在於它對公民身分並沒有超越當代福利資本主義社會那套具生產力公民的圖像。

　　美國重要女性主義學者 Nancy Fraser（2016）回顧美國婦女運動的發展與當前困境時即指出：美國女性主義陣營對於公民概念的想像始終沒法

擺脫當代社會那套陽剛式的「公民工作者」（citizen-worker）思維的影響。這使得美國婦運帶著強烈的新自由主義色彩，往往只有菁英階級的女性最容易受惠於婦運的成果。Fraser 對美國婦運當前困境的反省同樣適用於社會模式的倡議路線。社會模式儘管試圖扭轉主流社會對障礙作為差異特質的貶抑與制度性歧視，但是它採取的策略是延用當代主流的陽剛式公民工作者圖像，僅讓障礙脫離依賴的概念範疇，而未進一步地挑戰依賴在公民工作者圖像中被污名化的困境。這不僅讓它的理論系統無法回應極端依賴的障礙者及其照顧者的生命困境，也讓它傾向從負向的立場去評價依賴者與照顧者的存在價值。

CRPD 的人權模式在這部分即超越社會模式：至少它開始正視障礙者身體損傷經驗的實在性與價值。未來，障礙相關的論述如何在肯定障礙者作為平等公民的觀點基礎上，發展出更能包容依賴者與照顧者的公民概念，是障礙理論必須面對的挑戰！

問題與討論

以下為 2019 年初的新聞報導：

有名體型非常壯碩的白人男子搭乘我國籍航空班機從洛杉磯飛至台北時，在機上以自己過度肥胖無法彎腰與伸展手臂為由，要求空服員在他上廁所時幫他脫褲子，並在如廁後協助擦拭屁股。該名空服員後來召開記者會表示自己身心受創。

請以這則真實新聞報導作為例子回答以下的問題：

1. 您認為空服員有責任協助該名男子如廁嗎？理由為何？

2. 有人認為：如果該名男子需要他人協助才能如廁，那麼航空公司不該在沒有照顧者陪同搭機的情況下賣票給他。您同意這樣的論點嗎？理由為何？

3. 討論看看：除了讓空服員或要求陪同搭機的照顧者協助如廁外，還有沒有其他更好的解方？

參考文獻

Barnes, C., & G. Mercer (2003). *Disability*. Cambridge: Polity Press.

Bickenbach, J. E. (2009). Disability, culture and the UN convention. *Disability and Rehabilitation*, 31(14), 1111-1124.

Bickenbach, J. E., S. Chatterji, E. M. Badley, & T. B. Ustun (1999). Models of disablement, universalism, and the international classification of impairments, disabilities and handicaps. *Social Science and Medicine*, 48, 1173-1187.

Degner, T. (2016). Disability in a Human Rights Context. *Laws*, 5(35), 1-24.

Esping-Anderson, G. (1990). *The Three Worlds of Welfare Capitalism*. Cambridge: Polity Press.

Ferguson, P. M., & E. Nusbaum (2012). Disability studies: what is it and what difference does it make? *Research & Practice for Persons with Severe Disabilities*, 37(2), 70-80.

Finkelstein, V. (1980). *Attitudes and Disabled People*. New York: World Rehabilitation Fund.

Francis, L. P., & A. Silvers (2000). Introduction: Achieving the Right to Live in the World: Americans with Disabilities and the Civil Rights Transition. In L. S. Francis, & A. Silvers (eds.), *Americans with Disabilities: Exploring Implications of the Law for Individuals and Institutions* (pp. xiii-xxx). New York: Routledge.

Fraser, N. (1989). *Unruly Practices: Power, Discourse, and Gender in Contemporary Social Theory*. Minneapolis: University of Minnesota Press.

Fraser, N. (2016). Contradictions of capital and care. *New Left Review*, 100, 99-117

Goodin, R. E. (2001). Work and Welfare: Towards a post-productivist welfare regime. *British Journal of Political Science*, 31, 13-39.

Hemerijck, A. (2009). In search of a new welfare State in Europe: an international perspective. In J. Powell, & J. Hendricks (eds.), *The Welfare State in Post-industrial Society* (pp. 71-98). NY: Springer.

Kittay, E. F. (2001). When caring is just and justice is caring: justice and mental retardation. *Public Culture*, 13(3), 557-579.

Nirje, B. (1980). The Normalization Principle. In R. J. Flynn, & K. E. Nitsch (eds.), *Normalization, Social Integration and Community Services* (pp. 31-49). Baltimore: University Park Press.

Okin, S. M. (1989). *Justice, Gender and The Family*. New York: Basic Books.

Orloff, A. S. (1993). Gender and the Social Rights of Citizenship State: the Comparative

Analysis of Gender Relations and Welfare States. *American Sociological Review*, 58(3), 303-328

Paugam, S. (1996). Poverty and social disqualification: a comparative analysis of cumulative social disadvantage in Europe. *Journal of European Social Policy*, 6(4), 287-303.

Pearson, A. (2018). The debate about wheelchair spaces on buses goes 'round and round': access to public transport for people with disabilities as a human right. *Northern Ireland Legal Quarterly*, 69(1), 1-17.

Pearson, C., & N. Watson (2007). Tackling Disability Discrimination in the United Kingdom: The British Disability Discrimination Act. *Washington University journal of Law and Policy*, 23(95), 95-120.

Preston, J., & F. Rajé (2007). Accessibility, mobility and transport-related social exclusion. *Journal of Transport Geography*, 15(3), 151-160.

Shakespeare, T. (2006). *Disability Rights and Wrongs*. London & New York: Routledge.

Silvers, A. (1998). Formal justice. In A. Silvers, D. Wasserman, & M. B. Mahowald (eds.), *Disability, Difference, Discrimination: Perspectives on Justice in Bioethics and Public Policy* (pp.13-145). Lonahm, Boulder, New York and Oxford: Rowman and Littlefield Publishers.

Stone, D. (1984). *The Disabled State*. London and Hampshire: Macmillan.

Traustadottir, R. (1991). Mothers who care: gender, disability, and family life. *Journal of Family Issues*, 12(2), 211-228.

UPIAS (Union of Physically Impaired Against Segregation). (1976). *Fundamental Principles of Disability*. London: Union of Physically Impaired Against Segregation.

Vandenbroucke, F. (2002). Foreword: sustainable social Justice and 'open co-ordination' in Europe. In G. Esping-Andersen, D. Gallie, A. Hemerijck, & J. Myles (eds.), *Why We Need a New Welfare State* (pp. viii-xxiv). Oxford: Oxford University Press.

第3章
障礙模型發展與核心概念

王國羽

本章內容部分改寫自王國羽、林昭吟、張恒豪主編（2012）《障礙研究：理論與政策運用》（高雄市：巨流出版）第二章與部分第三章內容。此次調整內容，將細部 ICF 內容，移到下一章處理。

案例一：大偉今年18歲，兩歲時被診斷出是高階功能自閉症，喜歡各種各式各樣的車子，進入大學後念書主要問題是無法真正的瞭解抽象概念與意義，但是與同學相處良好適應大學生活不成問題。

案例二：貝先生今年80歲，十幾年前開始雙腳膝蓋出現退化性關節炎，尤其是右膝蓋，前幾年還可以走路，最近則無法久坐後起身、久站、及自行走一段長路，出門需要有人陪伴，或需要使用輔具，兩個膝蓋的軟骨組織也已經磨損。生活上愈來愈依賴他的外勞幫忙。

案例三：蘭女士今年60歲，之前擔任秘書工作。大約30歲左右她開始發現自己眼睛有黑點，逐漸地視力愈來愈模糊。經醫師診斷是先天性視網膜退化性黃斑症，她勉強工作到可以退休的年紀。在被診斷出她的眼睛問題之後，她有段時間無法面對自己將逐漸失去視力的問題，非常沮喪。

第一節　損傷、障礙、功能限制與互動關係

　　本章主要內容分為三個部分，第一部分介紹障礙模型的演進與主要核心概念，第二部分討論不同模型的發展與論述，最後探討台灣發展與人權模型在台灣的適用。研究障礙概念與定義模型自1980年代開始，由世界衛生組織、英國與美國等國家與國際組織開始針對模型論述與如何測量與收集資料等進行討論。從早期世界衛生組織的ICIDH，相同時期的英國社會模型與美國學者提出對模型的測量與論述，直到2001年WHO大會通過並推出ICF模型，整合過去三十年間各種不同研究障礙概念且修正ICIDH模型不足之處。2006年聯合國大會則在通過的《身心障礙者權利公約》中提及障礙之人權模型。身心障礙模型發展歷史橫跨四十年，不同國家與地區的學者以及國際組織都對此領域有知識與論述的貢獻。本節首

先介紹障礙模型的幾個基本概念；不同障礙模型的差異，在於概念上對主要元素之間動態關係的解釋與討論。

開頭三個個案的故事與舉例，說明我們身體或身心理的狀態是隨時間推移而改變。第一個案例，是個典型高功能自閉症的孩童，隨著生理系統成熟與心智隨著年齡增長改變，長大後與小時候的狀況可能判若兩人。第二個案例說明隨著人口老化，愈來愈多人在進入老年期後，身體產生變化而影響日常生活行走、上下樓梯、舉重物、購物外出等生活功能而逐漸需要依賴輔具或他人協助。第三個案例說明身體系統有些不可逆的變化，如視力退化，最終可能導致失明，由正常視力逐漸往眼盲的狀態移動。

一、基本概念

本段針對障礙模型的基本概念與重要研究者的貢獻作基本介紹。雖然對障礙經驗原因的解釋在不同模式之間有所差異，無論是哪個模型，都須從身體生理本質開始討論障礙經驗與相關概念間的差異。

（一）障礙

障礙（disability）是指個人無法或不能完全執行某些動作、事情或與同年齡他人相比的各種社會、職業、生活等各種功能。例如前面第一個個案，小時候被診斷為高階自閉症兒童，與同年齡兒童在學習與理解與他人互動等部分，需要較長時間內化，但是各種生活功能都能自行完成，例如穿衣、上下樓梯、洗澡、外出與室內移動等。第二個案例則是因為老年身體機能退化，雖然無任何損傷但是行走、移動等逐漸無法完全自行完成而需要行走輔具。第三例視力損傷是逐漸產生，失去視力之後需要重新學習定位、移動與各種生活上的技能等。再舉例來說，有時人們會說自己的方向感很差，無法記住或辨認方向，常常迷路或走錯方向，這些是日常生活辨認位置或方向的問題，但當事人可能並沒有任何的生心理損傷狀態。又如色盲，無法辨認顏色或區辨不同顏色彼此之間細微的差異，雖然完全不

會影響任何生活功能，但是在需要眼睛辨認顏色的特殊狀態時，例如開車過紅綠燈時，就會產生該如何行動的問題。後面這兩個例子，都說明有時某種限制或障礙狀態出現時，也許並不一定伴隨某種身心理系統的外部或內部損傷，但是會影響某種程度的生活功能；因此，邏輯上如圖3-1。假設外部無障礙環境到位，障礙是可以降低的。重點是障礙者是否失去各種功能。

障礙  失去功能

圖3-1　障礙與失去功能之間關係

（二）損傷

損傷（impairment）是指個人的身心理身體器官功能等因疾病、受傷與先天遺傳限制等，而無法或不能完全地發揮應有的功能。例如第三例因為視力神經系統受損，或第二例因為關節機能退化導致膝蓋組織損傷，然而身體機能損傷有時是完全沒有任何疾病狀態，例如第一例的自閉症者，身體外表無明顯損傷，但是人際互動與認知等或有受限。損傷產生與是否會導致障礙狀態之間，有時並不一定是因果關係，不同模型對這兩個因素間的關係有著不同解釋，因而奠定模型間的根本差異。身心理損傷狀態也不一定會導致障礙，如果外部環境改善且能提供足夠支持，則損傷並不絕對造成障礙。

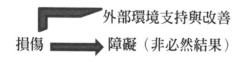

外部環境支持與改善

損傷 ➡ 障礙（非必然結果）

圖3-2　損傷與障礙關係

（三）障礙經驗與過程

障礙經驗與過程（disablement experience and process）：是指障礙者在

與環境或他人互動時所遭受的社會互動經驗與過程。前述三個案例,當他們與外部環境互動時,所經歷的阻礙或不便,就構成「障礙過程」與「障礙經驗」。例如第二例,當外部環境欠缺平坦的無障礙行人走道、電梯、扶手或坡道時,移動對他就是一種障礙經驗;第三例也相同,如果沒人陪伴或導盲犬協助之下,移動、外出、用餐、就業、工作、休閒等都受限。又如第一個案例,如果不瞭解他的人,與他互動時,發現他不敢直視與他互動的人,或不知如何回應各種社交問候等,都會讓人覺得他欠缺社交技巧。但是這三位個案,主觀上也許並不認同自己是個障礙者,而認為自己是與他人不同。障礙經驗與過程、損傷和障礙三個概念之間的關係可以如下圖3-3:外部環境、障礙與損傷狀態是否讓個人角色功能受到限制是個動態過程,且為三個要素間互動的結果。

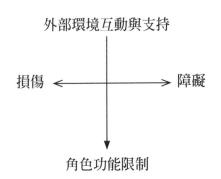

圖3-3　障礙過程與經驗

(四)功能限制

　　功能限制(functional limitation)是指個人身心理損傷狀態如何影響個體的各種角色與功能。將功能概念帶入損傷到障礙經驗的討論,最早是社會安全署委託研究社會學者 Saad, Z. Nagi 所提出。他在1965年提出「功能角色」概念,並帶入障礙與損傷經驗的討論。它包括兩個層次,首先是損傷,他認為損傷是身心理層面,對個人從事各種社會角色的影響,包括職業、家庭、工作與社交(Nagi, 1964)。損傷部位與程度,對個人就業

（gainful employment）的影響則視受傷前後，是否可以繼續原來的工作，或完全無法從事任何工作。因此他提出社會角色功能限制以分析障礙經驗（functional role limitation）（Nagi, 1964）。Nagi 解釋，功能限制是因身心理損傷致使個人在完成生活各種任務，或執行各種角色的能力受到限制。生活任務包括家庭角色、親職角色、社區參與，或工作與受僱者等角色，這些限制讓障礙者無法與一般人享有相同的生活品質。他將功能限制歸納爲四個主要類別，生理、情緒、智力與知覺等功能限制（Nagi, 1976）。他舉過最有名的例子，一位小指頭損傷的人，如果從事的工作不需要使用小指頭，那麼這個部位損傷就不會影響個人工作，但是如果這個人是位鋼琴家，那麼指頭損傷就代表無法繼續工作，甚至失去工作的可能。他在1960年代提出之後，影響後期所有障礙模型的發展與測量（Altman, 2014）。尤其是功能限制的概念，成爲測量障礙程度的重要指標。Nagi 對障礙概念由抽象層次發展至測量操作的貢獻不可忽略。

二、概念互動

前段所描述與解釋的是障礙模型的基本元素及它們之間的互動關係，對彼此之間因果關係的動態解釋，則成爲各國與國際組織在發展障礙定義系統與模型時的主要論述軸線。2001 年出版的 *Handbook of Disability Studies*[1] 中有關障礙概念定義、分類及運用等相關討論內容，與前一節所提及之基本概念在不同模型之間的差異與比較（Altman, 2001）。作者由抽象概念發展至操作層次，討論有關身體功能的幾個主要概念元素，同時以損傷、功能、障礙三個元素，分析不同障礙模式對元素彼此間關係的論證作爲主要內容。前段所述由個人因各種不同原因導致除死亡外的身心理損傷與問題，或身心理機能復原，隨著醫療科技進步，身心理系統損傷對個體

---

[1] Altman, B. M. (2001). Disability Definitions, Models, Classification Schemes and Applications. In G. L. Albrecht, K. D. Seelman, & M. Bury (eds.), *Handbook of Disability Studies*. New York: Sage Publications Ltd.

都會產生程度不等的影響。舉例而言，早期砂眼甚至可能導致失明的嚴重後果，但目前在台灣卻是可以治癒的。當前的視覺損傷有別於非早期的感染，源於其他成因。

　　換句話說，個人因為各種原因所產生的身心理系統的損傷狀態，並不絕對會導致成為障礙者，我們根據上節 Nagi 的論述，損傷、障礙與功能及障礙經驗與過程，可以用下面圖3-4 說明。

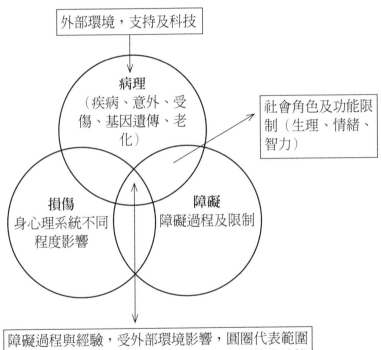

圖3-4　Nagi 功能限制及角色對障礙過程的影響概念圖

　　個人或個體因為各種原因，例如本章前述三個個案，因老化關節退化而走路功能受限，或個案三眼部病變以至於影響視力，或第一個案例影響學習或人際關係功能。在 Nagi 觀點，這些都會讓個人的功能受限，但是並不一定會成為障礙者，在障礙經驗與過程中，每個外部環境所有的支持

或阻礙因素各不相同且程度不一，這些外部環境互動因素，對個人功能產生程度不一的限制與影響，因此障礙的產生要看外部環境所有的是助力或阻力。上述三個圓圈是動態的，外部環境與制度的影響最後才會帶給個體功能限制與障礙。個人如何看待自己的身心理系統的限制與損傷，與外部社會家庭支持等面向，都會影響對自身障礙身分的認同。

第二節　醫療、社會、人權模型

　　本節將介紹當前研究障礙經驗與論述的主要模型。主要模型分為三個，首先是由世界衛生組織在1980年代開始，針對障礙概念定義與測量所發行的一系列報告。其次是影響全世界障礙者運動的英國學者 Mike Oliver 所提出的社會模型，與最近由聯合國在所通過的《身心障礙者權利公約》中所提出的人權模型。以及美國學者及聯邦機構在研究障礙定義系統的出版書籍中所提出的概念。這些不同模型的基本論述，都奠基在前一節與障礙經驗及過程相關的主要概念的關係與其背後的論述。差別在於不同模型的概念選取及動態解釋。

一、醫療模型代表：世界衛生組織系統

（一）世界衛生組織：第一版世界衛生組織障礙定義系統：
International Classification of Impairment, Disabilities and Handicaps
　　世界衛生組織自1980年代開始研究障礙人口定義與分類系統，目的在於預防與瞭解人口老化與疾病型態改變趨勢，作為推動全球醫療衛生工作的基礎。世界衛生組織1980年第一次出版發行的 ICIDH（International Classification of Impairment, Disabilities and Handicaps），第一版本中，採取「疾病後果」對身體影響作為障礙人口定義系統的主要依據。這個模式下，它提出四個主要概念：個體出現異常狀態、有人注意到個體異常、異

常表現在行為與身體上，以及異於一般人導致個人與其他人處於相對不利地位。模式內，對障礙經驗與疾病關係採取因果關係，就是它先有一個所謂「正常身體」的參考典範，這個參考點下，障礙經驗或障礙概念屬於「異常」、「不正常」或「偏離」之特殊群體經驗。例如本章自閉症的案例，他們在語言表達、推理認知與社會互動等方面有些不同於一般人口的行為特質，這些特質讓他們與一般人口不同。WHO 第一版的主要概念與相關概念的因果關係圖如下：

$$\left.\begin{array}{l} \text{Disease} \\ \text{Accident} \\ \text{Abnormality} \end{array}\right\} \rightarrow \text{Impairment} \rightarrow \text{Disability} \rightarrow \text{Handicap}$$

圖3-5　第一版 ICIDH 版本之主要概念圖

　　世界衛生組織第一版 ICIDH 模式，對疾病與障礙之間的關係將障礙概念分為三個元素，第一元素是生心理系統損傷（impairment），損傷部位分類系統是依據世界疾病分類的分類規則與方法（international classification of diseases），將身體依據解剖學由頭到腳分成幾大系統，每個身體部位的疾病都有相對應編碼系統，因此損傷是架構在疾病分類系統下，損傷概念描述身體系統具體的傷害，世界衛生組織將身體損傷部位與世界疾病分類整合在一起，成為第一個概念元素（Duckworth, 1982）。

　　世界衛生組織第一版第二元素是障礙過程（disablement process），認為身心理系統產生損傷，導致個體各種生心理功能與活動功能限制；損傷與障礙（disability）兩個元素互動，世界衛生組織定位為個體因為損傷所產生的身體功能限制（WHO, 1997）。世界衛生組織第一版將損傷對個人的影響分為日常生活功能限制（functional limitation）與活動限制（activity restriction），前者是屬於各種社會、職業、社交參與及教育等，後者屬於自我照顧層面。第一版中，疾病後果對個人功能影響，要看個人生活、社會與職業等角色功能是否受到限制為主（Badley, 1995）。障礙經驗在當年

屬於功能層面的測量，第一版中世界衛生組織並沒有將外部結構因素，帶入對第二層次障礙經驗的討論，只單純地討論個體的障礙經驗。第一版中功能的概念將前面一節 Nagi 的概念納入，將功能分為兩個大類，作為損傷至障礙路徑中，對個體功能影響程度，判定損傷是否對個人造成障礙的後果。

第一版模式的第三個元素是殘障（handicap）概念，這是從社會層次討論障礙者的社會處境，身體系統的損傷造成對個人身心理的障礙，障礙者因外部社會環境對障礙者異於常人的反應或排除與歧視等，讓障礙者處於社會弱勢與不利的地位。因此，它在英文中用 handicap 一詞表示障礙者弱勢社會處境的根源，如果我們看圖 3-5 箭頭方向，箭頭方向是單向、具有層次的。世界衛生組織意識到障礙者社會不利地位是與外部環境互動的結果，但是這個不利地位源頭仍在身心障礙者本人（WHO, 1997）。它採取回推邏輯，就是障礙者的社會弱勢地位導因於障礙與功能限制，功能限制與障礙經驗是因障礙者本人身心理系統的損傷；對障礙過程的解釋，回到障礙者本人的疾病結果，是後來爭議最大的障礙概念與過程的解釋（disability concept and process）。這也是為何許多各國學者認為世界衛生組織第一版的障礙定義模型是屬於醫療／生物模型的主要原因，整個推動的基礎在個人，而外部社會環境當時並沒有扮演很顯著的角色。世界衛生組織第一版對障礙概念的定義與架構，在 1976 年推出之後，受到各方反對，尤其是英國障礙者相關團體的反對與抗議，因此該版本通過之後，世界衛生組織展開改版與修訂。

（二）第二版世界衛生組織障礙定義系統：International Classification of Impairments, Activities and Participation: A Manual of Dimensions of Disablement and Functioning

世界衛生組織在 1997 年出版第二版障礙人口的定義與分類系統，這是一本臨床分類與鑑定手冊，目的在修改與調整第一版的定義架構與理念，同時，第二版中世界衛生組織針對第一版出版後各界所提出問題納入

第二版中並回應，主要改變是將第一版純粹重視疾病結果導致的損傷與障礙經驗，採取健康狀態面向分析（health condition），第二版採用英文中正面且積極的用詞，以活動（activity）、參與（participation）而不是第一版的障礙（disability）與殘障（handicap）描述個人的身心功能狀態。第二版中，納入社會模式論點，不是第一版疾病後果單向因果關係解釋障礙經驗而已（WHO, 1997）。

世界衛生組織第二版定義與分類架構中，採取積極正向名詞，取代第一版負面消極字詞，例如以「活動」取代第一版「障礙」、以「參與」取代「殘障」，以回應社會模式論者對世界衛生組織的抗議與反對。第二版定義與分類系統主要目的是經由該版本的推廣使用，促進不同專業人員彼此之間的溝通與瞭解障礙經驗對個人的影響（WHO, 1997）。世界衛生組織強調健康經驗，而不再是疾病後果，就這點來說，比第一版的概念要廣泛。它將障礙經驗如何限制障礙者的社會參與作為重要的外部環境影響，並帶入第二版的概念與定義系統。因此，第二版架構中，如果障礙者參與社會的機會被剝奪，就屬於所謂「社會層次」的影響（WHO, 1997）。世界衛生組織指出，這套定義系統主要希望用於統計資料收集、研究、臨床診斷與鑑定，以及政策與教育等。如果各國採取相同的定義架構與收集資料系統，才有可能做跨國的障礙人口統計資料比較（WHO, 1997）。世界衛生組織的第二版本中，環境或情境因素中，分為兩種，一種是個人，另外則是環境因素。換句話說，世界衛生組織的看法中，個人身心理特質與限制仍是存在。也就是它並沒有不去處理身體這個因素，但是它將社會模式概念，納入定義與分類系統中，提出操作定義（WHO, 1997）。ICIDH(II) 的架構可如下表：

表3-1 ICIDH(II) 主要概念與元素

	Impairments 損傷	Activities 活動	Participation 參與	Contextual Factors 情境因素
Level of Functioning 功能層次	Body 身體 （body parts）	Person 個人 （person as a whole）	Society 社會 （relationships with society）	Environmental factors 環境因 素（influence on functioning） Personal factors 個 人因素（internal influence on functioning）
Characteristics 特質	Body function 身體功能 Body structure 身體構造	Person's daily activities 個人日常生活	Involvement in the situation 處在情境中	Feature of the physical, social and attitudinal world 外在社會態度與 物質硬體設施
Positive Aspect 正面角度	Functional and structural integrity 功能與身體構 造整合度	Activity 活動	Participation 參與	Facilitators 促進
Negative Aspect 負面角度	Impairment 損傷	Activity limitation 活動限制	Participation restriction 參與受限	Barriers/Hindrance 阻礙與干擾
Qualifiers 向度	Severity 嚴重度 Localization 位置 Duration 持續狀態	Degree of difficulty 困難程度 Assistance duration 需要協助持續時間 Outlook 展望	Extent of participation facilitators of barriers in environment 環境中阻礙 參與或促進 參與	None

資料來源：World Health Organization (1997). *International Classification of Impairments, Activities and Participation*, p14.

　　修改過的第二版，是後來第三版 ICF 的雛型，奠定 ICF 整個架構的基礎，第一版到第二版的最大改變是強調功能限制與測量，將障礙經驗建構在功能限制層面做具體測量。功能分為身體功能，例如呼吸系統功能、消化系統功能、循環系統功能或免疫系統功能，這些身體系統功能，我們

無法從外部觀察，只能依賴各種的檢測。另外是生活功能，例如拿、握、舉等動作，這些動作都有個具體的目標，例如拿東西吃、拿起袋子等這些活動都在日常生活中，我們每天在做。身體部位的損傷，有時並不一定會帶來上述這些活動的限制，例如缺少一根腳趾的人，他還是可以走路，並沒有限制走路這個動作；但有時的狀況是有功能限制但是沒有具體的身體系統損傷，例如色盲者無法分辨某些顏色，但是身體系統卻沒有任何的損傷。因此，在第二版本中，世界衛生組織將「損傷」、「障礙」、「功能限制」與「活動限制」等概念看成獨立的變項，各自分開處理它們的操作化定義（Bickenbach et al., 1999）。

（三）世界衛生組織身心障礙人口定義系統第三版：International Classification of Functioning, Disability and Health（ICF）

世界衛生組織在2001年世界衛生組織會員國大會中通過最新版障礙人口的定義與分類系統，簡稱 ICF（International Classification of Functioning, Disability and Health）。這個版本延續世界衛生組織過去二十年的立場，重新建構障礙人口的定義與分類系統，第三個版本最大的不同是將障礙經驗視為普同健康經驗，在這個論點下，可同時將醫療角度與社會角度包括在內。普同經驗論述下，障礙經驗是動態的過程，人生任何階段都有可能發生障礙狀態，而未來社會人口老化趨勢下，障礙人口的本質也會產生變化，長期或終生之障礙人口會因為預防與早期介入而逐漸減少，因疾病、意外、災害與老化等產生障礙的人口數量將逐漸上升，障礙者不再是社會中少數群體或特殊團體，同時會因各國社會與醫療資源不同，障礙者的社會經驗也不盡相同。

世界衛生組織 ICF 版本，以「功能限制」取代以往「障礙」概念，以身體系統損傷與限制為第一部分，第二部分是以社會參與角度測量障礙狀態，ICF 架構是以健康狀態作為討論健康與其結果對人的影響作為核心（WHO, 2001）。世界衛生組織說明 ICF 特色是普遍適用，它不僅是身心障礙定義而已，它可適用廣泛人口群，它所採用的障礙經驗觀點是「普同」

身體經驗的論述，不只障礙者，任何人都有可能在人生的任何階段，因為各種原因遇到障礙經驗，就這點來說，世界衛生組織作為一個倡導健康維護的國際組織，ICF 模式背後哲學信念的改變是這次最重要突破（WHO, 2001；Bickenbach et al., 1999）。

第三版以「功能」概念為核心，作為障礙人口定義與分類系統的架構，與第二版將英文書名中障礙一詞移除的做法不同，第三版英文書名保留障礙一詞，但是用「功能」取代或表示這版定義系統中所要傳達的意義。世界衛生組織將 ICF 分為兩個主要部分，每個部分再分為兩個向度。第一個部分是功能與障礙，第二個部分是情境因素。在這個兩個部分之下，它再依據五個面向加以分為四個層次（身體功能與構造、活動參與、環境因素、個人因素），五個面向分別是：第一組成要素，第二主要領域，第三結構，第四正面向度，第五是負面向度。第一部分可以說延續世界衛生組織一直以來的立場，以個體身體系統與功能為主，第二部分將社會模式的情境因素擴大，與第二版相比，第三版情境因素分為環境與個人習性，同時每個元素分為五個面向，以利於給予操作化指標與具體的編碼。

這套 ICF 系統適用於任何年齡及需要功能評估的人口群，這個版本不再將「身心障礙」經驗侷限於少數團體，而是人類普同的人生經驗，以「功能評估」取代自第一版以來的損傷，新版中損傷程度與影響範圍是以個體的身體系統與功能受限制的狀態作為判准依據。而障礙是指身心障礙者參與社會的限制，將社會模式的論點納入第三版架構。ICF 架構圖如圖 3-6。

在 2001 年 ICF 系統之前，定義障礙概念的模型就已經被許多國家的學者提出或討論，但是 2001 年世界衛生組織提出 ICF 模型之後，國際上開始採取「功能」觀點，取代之前疾病對個人身體產生影響的醫療概念。對 ICF 在台灣推動的詳細情形，我們將在下章處理[2]。以國際組織來說，世

---

[2] 台灣在 2007 年《身心障礙者權益保障法》中正式將 ICF 納入，詳細狀況將在本書第四章說明。

界衛生組織在障礙定義與相關操作手冊的具體測量方面，貢獻最爲顯著，它的模型是目前爲止唯一提出具體測量與方法的單位（WHO, 2001）。世界衛生組織自上世紀80年代開始，積極投入有關障礙概念與定義系統的研究與推廣，它所出版發表的一系列研究報告逐漸產生影響力。在障礙研究領域的定位，世界衛生組織的定義系統由個體的健康經驗出發，因此它的版本與模型被納入醫療模型。它的模型與架構在瞭解個體層面的疾病、損傷與障礙和功能的動態關係上，是最具代表性的醫療模型。

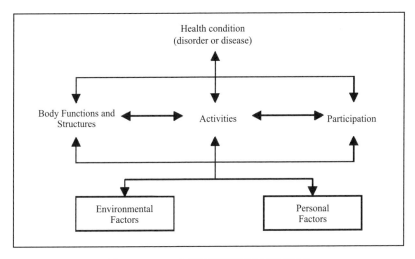

圖3-6 ICF主要架構元素互動關係

資料來源：World Health Organization (2001). *International Classification of Functioning, Disability and Health*.

二、社會模型代表：英國貢獻

1976年在英國建立的「肢體障礙者反隔離聯盟」UPIAS（The Union of the Physically Impaired Against Segregation）開啓英國障礙者權利運動。1970年代開始，英國健康與社會福利部開始深入瞭解英國障礙者的所得收入狀態，企圖解決障礙者的貧窮問題，UPIAS認爲英國障礙者的貧窮問題並非來自於障礙者本身的身體障礙，而是源自社會結構與外部組織長期

以來對障礙者公民權利的忽視、冷漠與壓迫。這個組織最重要的代表人物是 Vic Finkelstein，他是第一個以社會結構解釋障礙經驗，社會模式最早就是由他提出來（UPIAS, 1976）。正式將社會模式論述寫成著作的是英國的社會學者 Michael Oliver，他在 1996 年將他之前的著作與論文集結出版成 *Understanding Disability: From Theory to Practice* 一書（Oliver, 1996）。換句話說，Finkelstein 由障礙者權利運動觀點倡導改善外部制度與社會結構等作為降低或減輕障礙者被社會排除的開始，而將他的論點提出社會學理論層次分析的是英國社會學家 Oliver，這兩位成為最早倡導英國社會模式論的主要代表人物。

英國社會模型論述影響各國身心障礙運動的發展與擴散，而英國社會模型的原始出發點是對當時英國福利國家制度的批評，Oliver 教授從個人的角度討論障礙經驗，他採取社會學理論對個人經驗和社會結構互動的過程，解釋分析障礙經驗與社會環境之間的關係。他認為近代社會，障礙經驗與分類的出現與資本主義社會的工作安排有關，障礙者無法順利進入受薪市場工作，問題在於障礙者長期處於教育不足、社會參與不足與外部環境不友善的設計等因素中。社會結構造成障礙者無法順利融入資本主義社會的生產邏輯與社會制度安排，但障礙者與其他所有的公民一樣享有相同的公民權利與地位，因此改善外部結構環境與制度是首要之務（Oliver, 1996）。社會模式論者認為障礙者的障礙經驗來自社會結構安排不當，例如，他們認為無法行走是個人的生理特質，但是無法外出購物、上課與休閒等是因為環境沒有提供無障礙設施，因此，無法走路是個人損傷問題，但是「障礙」經驗卻是來自環境，而不是個人的錯，也不是個人的問題，社會模式論者認為排除這樣障礙的經驗是社會責任，而不是需要個人去調整與適應這樣不合宜的社會安排（Barnes & Mercer, 2004）。

社會結構除物理環境之外，社會模式論者認為，所謂能力、正常、常模等都是社會所建構，規範與制度本身隱含對社會的想像，障礙人口在這些想像與規範之下，被歸類為「異常」、「偏離」與「不正常」等範疇的人口，因此社會化過程中，障礙經驗成為個體不斷被強迫去適應外在環境、

制度、規範與規則等，障礙者被動需要調適自己適應外部不友善環境，讓障礙者逐漸被社會邊緣化，進而與社會疏離，或被送進機構中與社會隔離。社會模式論者的主要貢獻在於倡導障礙者的基本公民權利，尤其強調平等公民權，認為身心障礙者被社會排除是來自外在社會，而不是個人不幸或損傷（Barnes & Mercer, 2004）。社會模式的論述與概念影響英國去機構化運動、就業、社區照顧與自立生活運動等議題。因此，社會模式對英國障礙者的相關服務與體制的改革影響深遠，尤其是英國的去機構化運動，與社區服務和其他以個人為主的服務，都是社會模式在英國運用與發展的具體例子。

　　英國的社會模式提出對障礙概念的定義，只有損傷與障礙兩個層次的解釋，主要放在第二層次「障礙」經驗的解釋，他們認為障礙經驗來自外部社會環境，例如道路不平或無障礙設施不足，導致行動不便者無法出門或出門遇到困難，因此，障礙者社會參與的阻礙來自外部社會環境，而不是障礙者個人的身體損傷所導致的問題。障礙經驗源自外部環境而不是障礙者個人。例如，目前公共場所的資訊提供是以聽人為主，聾人或聽障礙者無法吸收資訊、瞭解外部環境資訊，或是盲人因為無法看見路上的各種阻礙，這些都是外部環境的阻礙與問題，各種具有身心理困難與限制的人，無法在平等基礎上參與各種社會、政治、文化與體育活動，並不是他們的身心理狀態造成，而是因為外部環境不友善。因此，在社會模型論述中，他們只提出兩個層次的概念。因為他們的重點在個體與環境互動的外部環境，因此被稱為社會模型。外部社會因素導致障礙者的各種隔離與不便，需要改變的是外部環境，而不是個人。

　　損傷（impairment）：是指個人身體欠缺肢體，或部分肢體或身體器官與相關身體系統機能不足或有所欠缺。

　　障礙（disability）：是指當代社會因欠缺將障礙者融入各種社會組織與活動的機制，以至於損傷者處於社會不利地位或造成他們社會參與機會受到限制，讓損傷者被社會隔離與排除（UPIAS, 1976）。社會模型對障礙界定的主要概念圖如下：

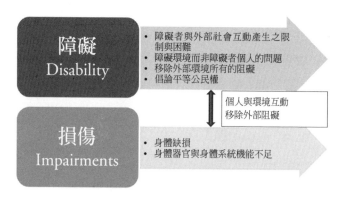

圖3-7　社會模型概念圖

　　社會模型提出至今，影響全世界的障礙者倡議運動，移除外部環境與社會制度等對障礙者的各種阻礙因素，成為重要政策目標。社會模型也啓發障礙者的平權意識，以及政策上要求透過反歧視法移除英國社會各種不合理的制度與做法。在1970到1980年代之間，此階段世界衛生組織推動它的版本，而英國學者與障礙團體倡導他們提出的社會模式，為突顯與世界衛生組織模式不同的論點，英國社會模式論者首先將兩個模式採取二元對立論述法。對比醫療模式與社會模式的不同，他們認為醫療模式是以「個人」為分析單位，由疾病後果的角度分析障礙經驗，假設障礙者是病人，需要治療、處置等各種醫療措施協助恢復或維持障礙狀態不再惡化。而社會模式的分析單位是「外部社會結構」，認為障礙者的障礙經驗是來自外部結構的阻礙，障礙者除本身的損傷狀態外，他個人障礙經驗是社會造成的。兩個模式對障礙者障礙經驗的解釋南轅北轍。因此，英國社會模型倡議者首先提出醫療與社會模式的論點比較。

　　醫療模式下，障礙者是依賴醫師專業知識決定生活、治療等各種人生機會的「醫療體系依賴者」。社會模式將障礙經驗放到社會層面，以結構層次解釋為何障礙人口會處於社會邊緣與不利地位，例如他們認為社會傳統對所謂「美醜」、「正常」或「不正常」對健常身體的刻板印象，遇到障礙者時，這些不易說出口的偏見與歧視基礎，反映在制度、社會安排、態

度等造成障礙者的社會弱勢地位的根源。因此,障礙經驗是來自外部社會環境而不是障礙者個人。由結構面分析障礙經驗,成為社會模式過去將近三十年研究障礙經驗的理論基礎。醫療模式是以個人為主,社會模式則企圖改變政策與相關立法,因此兩個模式的立論與運用各不相同。

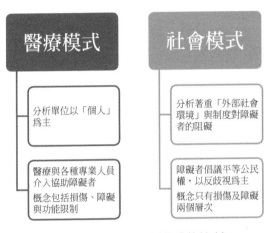

圖3-8 醫療與社會模式的比較

三、人權模型代表：聯合國身心障礙權利公約（Convention on Rights of Persons with Disability, CRPD）

聯合國在 2006 年通過《身心障礙者權利公約》,公約中提出所謂障礙的人權模型（Degener, 2016）。人權模式成為最新的障礙模式。人權模型觀點認為,無論個體損傷程度與類別、無論其條件與狀態,只要是「人」,都享有基本的人權。障礙者作為權利的主體,並不受到損傷狀態限制。在人權模型之下的障礙模型,強調個體經驗的差異,需要不同程度的外部支持與協助,即使障礙者身心理損傷程度與樣態有所不同,仍有相等的權利基礎。舉例而言,障礙者外出參與社會活動之能力（或移動能力）,對不同身體損傷者,所需要的外部協助與支持不同且程度不一。例如行動不便者,需要輔具、交通設施改善或無障礙設備,聽覺障礙者需要

視覺提示系統，視覺障礙者需要語音提示系統，心智障礙者需要簡單易懂之指引系統等。不同損傷或障礙經驗者，需要的支持與協助都不相同且程度不一，社會模型的抽象論述無法細緻地區分不同身體經驗所受到的限制程度，這些身體限制或損傷及障礙經驗不一定屬於醫療模型，但卻是絕對個別化的損傷經驗（Degener, 2016）。

　　人權模型之下，無論個體損傷程度與類別，只要是人，無論其條件與狀態，都應平等的享有基本人權（Mannan, MacLachlan, & McVeigh, 2012）。以往各種人權宣言，障礙者並不直接適用，主要是過往人權宣言是以抽象的自由權利保障為主，對國家政府角色是被動與規範者，但是障礙的人權模式進一步提出，無論每個人的不同損傷經驗，需要他人協助的密度與強度不同且非常個人化，這些身心理條件的限制都不應該成為享有平等人權的阻礙因素。但是國家政府的角色，由以往的被動轉向積極的肩負義務與責任，提供障礙者個別化的支持與服務。人權模式觀點，重視人的多樣性與多元性，例如公約特別提到年齡與性別角度分析障礙者的處境，障礙者不僅是損傷的程度與差異，障礙者本身也因為性別，在外部支持與服務上，就須將性別角度納入。同樣的，障礙兒童與一般兒童都應享有相同的發展機會，障礙兒童的權利應與一般兒童相同，享有參與及個體發展、學習與成長的機會（Broderick, 2017）。

　　這是最新的障礙模型，主要的基礎建構在社會模型，但是它提出人類多樣性與多元性的概念，認為障礙者也是人類多元性中的一種，就如同種族、膚色等，身心理的差異狀態不因成為享有平等公民權的理由。因此人權取向的障礙模型，是最新的障礙模型概念，某種程度是社會模型的進階版本。但是不同於社會模型，人權模型強調損傷經驗的多元與多樣性，強調障礙人口內部的差異特質（Degener, 2017）。不同狀態與功能受限的障礙者都應享有平等的待遇。人權模型與社會模型的比較如下圖3-9：

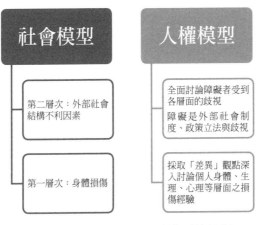

圖3-9　社會模型與人權模型的比較

　　首先，兩個模型對障礙經驗的詮釋都是兩層次概念。社會模型觀點下，認為身心障礙概念只有兩個層次，第一層次是個體損傷（impairment）經驗，第二層次是障礙（disability）（Oliver & Barnes, 2004）。社會模型論點，認為障礙者的障礙經驗來自外部環境的不友善，而非個人身體損傷的問題，強調移除外部環境各種阻礙障礙者享有平等權利的因素，例如環境、政策與服務等（Hughes, 2007；Smith, 2005）。社會模型主要論點是採取改善與移除外部社會結構不利因素，作為促進與提升障礙者平權的基礎。社會模型倡議者提出時，以建立反歧視立法與各項民權法案改革為主。這點與人權模型的觀點相同，而 CRPD 所強調的人權模式觀點，在條文中具體指出外部社會結構系統改革，除反歧視法外，更重視障礙者各層面權利的積極保障與簽約國政府的積極作為，相較於社會模型，人權模型提倡的是更為全面的制度性改革，例如無障礙環境、資訊、溝通方式，或在政治、經濟、文化生活等各層面促進障礙者的平等公民權利（Celik, 2017）。換句話說，人權模型超越社會模式的反歧視立法，而在公約條文中，較完整地提出各個社會結構系統需要改變的面向。在公約第三條，列出人權模式推動的主要七項原則，其中最重要的公約精神就是平等與非歧視，而 CRPD 是第一個具體對歧視定義的人權公約，就障礙者基本權利

來說，拒絕提供合理調整，就被視爲是歧視（Fina, 2017）。因此，聯合國身心障礙權利委員會，在第五號一般性意見書中補充說明何謂平等不歧視，讓簽約各國具體訂出逐步消除外部社會各種阻礙因素的時程。

透過具體條約內容，讓簽約國能依時改善及調整。在人權模式下，身心障礙者是權利主體，也是行動者。如上節所述，因爲人權取向的障礙模式，權利行使不受限於障礙者的損傷程度與類型。相對的，身心障礙者群體之中，有些次群體可能面臨多重與多樣的歧視與社會排除經驗，女性障礙者雙重不利與交織歧視經驗就是明顯的例子（Garland-Thomson, 2005）。例如提供給所有婦女使用的健康檢查設施與篩選程序，讓不同女性障礙者無法使用，如欠缺手語翻譯、文字過小不利閱讀或檢查檯過高，或醫護人員不知如何協助女性障礙者等，都讓女性障礙者的健康平權受到威脅。人權模式的重要性在於它透過國際公約向簽約國傳遞國際組織對障礙者的價值與立場，藉由公約簽署及實施，對該國障礙者相關的立法政策有約束力。因此，人權模式雖是最晚，但是影響卻是全球化與全面的。

由最初的醫療模式到社會模式再到人權模式，隨著社會發展、國際社會及組織和身心障礙團體的倡議與努力，障礙者被對待與研究的角度也逐漸多元化。本節內容將目前有關障礙概念的模式做整體簡單的介紹，每個模式在發展過程中都有其歷史背景與脈絡，不同模型提供我們瞭解障礙人口是複雜且多元的現象。因此，如何收集障礙人口資料與其方法等都是各國面臨的挑戰。

第三節　測量層次與統計資料收集

本節內容由前面第一節的抽象層次到如何測量「障礙」概念。各國政府如何在統計資料中，呈現身心障礙人口數量呢（Kostanjsek et al., 2013）？要回答這個問題，基本上要先定義我們所要收集對象的功能與障礙面向，例如個案二，因爲老化及身體機能退化而導致行走能力逐漸衰

退，測量上，如果可以面對面評估這位老先生的走路功能，將是最佳的收集資料方式，但是如果無法面對面評估的話，目前各國的做法都是採取問答方式收集資料。

聯合國於2001年在美國華盛頓設置障礙統計研究中心 Washington Group 華盛頓小組（簡稱 WG），以發展障礙測量與統計資料收集，目前該中心是全世界對障礙人口統計與測量工具發展研究等最重要的資料研究單位。過去十七年，它先後提出 WG-SS（Washington Group Short Set on Functioning）與進階詳細版本的障礙人口統計調查問題。在問卷中主要是以「功能評估」為主，由第一節 Nagi 早期提出的四個功能面向逐漸發展出目前的項目與內容。

WG 首先提出的是六個主要問題，如圖3-10，每個問題都有四個選項，如果回答者在上述至少六個問題中有一個以上的問題回答有困難，即是所謂障礙者。這六個問題，目前已發展出較為完整的版本，深入收集回答者更為仔細的各種功能限制面向的問題（Altman, 2014）。

The Washington Group Short Set on Functioning (WG-SS)

Introduction: The next questions ask about difficulties you may have doing certain activities because of a HEALTH PROBLEM.
 1. Do you have difficulty seeing, even if wearing glasses?
 2. Do you have difficulty hearing, even if using a hearing aid?
 3. Do you have difficulty walking or climbing steps?
 4. Do you have difficulty remembering or concentrating?
 5. Do you have difficulty (with self-care such as) washing all over or dressing?
 6. Using your usual language, do you have difficulty communicating. (for example understanding or being understood by others)?

Each question has four response categories, which are read after each question.
 1. No. no difficulty   3. Yes, a lot of difficulty
 2. Yes, some difficulty   4. Cannot do it at all

Disability is determined, according to the WG-SS, as anyone having *at least 'a lot of difficulty'* on *at least one of the six questions.*

圖3-10　WGSS 題目與功能界定

概念上，WG 收集的資料主要是以身體功能為主，六個問題代表六個主要功能面向，包含知覺（聽、看）、移動、認知、自我照顧，以及溝通功能，針對各項身體功能收集資料。不同於目前台灣對障礙者採取的類別概念，WG 的問題主要是以障礙者本身回答為主，例如前面第二個案例，那位老人可能會回答行動有困難，但是主觀認知上，他可能不認為自己是

障礙者，但是統計上他會算入障礙人口的行動功能困難統計數量中。但是這位老人主觀上，卻不見得會取領台灣的障礙者身分證明，因此他也許不會出現在台灣身心障礙手冊的統計資料中。這說明收集障礙人口統計數量的困難（Altman & Gulley, 2009）。障礙者實際的功能限制與主觀對自己障礙身分的認同，這兩者之間有極大的差距。

世界衛生組織在2001年會通過 ICF 系統（International Classification of Functioning, Disability and Health），重新建構障礙人口的定義與分類系統。ICF 最大的不同是將障礙經驗視為人類普遍的健康經驗，在這個觀點下，任何人都可能在人生階段產生功能限制與不足，且這個架構下，將醫療與社會兩個面向包括在模型內。障礙經驗是動態過程，人生任何階段都有可能發生障礙狀態，未來社會人口老化趨勢，障礙人口的本質也會產生變化，長期終生障礙者的人口會因為預防與早期介入使得平均壽命延長。因疾病、意外、災害、老化等原因而發生功能障礙的人口數量將逐漸上升，障礙者不再是社會中少數或特殊團體，同時各國會因本身社會與醫療資源不同，障礙者的社會經驗也不盡相同（Altman, Rasch, & Madans, 2006）。

ICF 採取的是正面描述個人身體受限制的情形，接著以個人在身體功能受限下，與外部環境互動時所遇到的困難為主。因此 ICF 除身體功能外，也收集外部社會環境各種資訊。ICF 在主要功能限制的問題與評估也採用 WGSS 的問題以篩選出整體人口中，執行各種身心理動作與功能的困難情形，這些問題是由本人回答或由主要照顧者回答，上述六個問題中任何一個或以上，回答者選填有困難，即被篩選到的障礙狀態。換句話說，WGSS 的問題用在 ICF 的臨床功能評估問項，考慮執行評估的時間與各國的資源狀態，簡單且可篩選的問題比複雜且問項多的篩選工具較實用。

舉例來說，世界銀行在2011年出版一本世界障礙報告（*World Report on Disability 2011*），在報告中估計全球障礙人口約為總人口的15%（World Bank, 2011）。這個15%的意思是指整體人口中，回答上述六個問題至少有一個或一個以上有困難者的數據。而人口統計資料收集，最困難的就是收集各國的障礙人口資料，因為各國是否採用一致的問題、訪員是否

受過嚴格訓練等，這些都影響各國身心障礙人口的盛行率高低（Altman & Gulley, 2009）。

另外如美國出版的最新資料，在聯邦政府 National Institute on Disability, Independent Living and Rehabilitation Research 資助下，由美國新罕布什爾大學所收集的美國各州障礙人口統計與報告（New Hampshire, 2017）。報告資料以 2015 年底為主，出版時為 2017。當年美國全國的障礙人口比例約為 12%，五十州的障礙人口比率都不相同，最低是猶他州（9.9%），最高是西維吉尼亞州（19.4%）（Kraus, 2017）。各州需要採取相同的測量問題與收集資料過程，才能估計出各州的障礙人口比例（Kraus, 2017）[3]。

聯合國統計部門，發展出建議各國收集障礙人口資料的表單，聯合國表單分為幾個大項目，知覺系統（看、聽、說）三個主要項目，移動問題（身體移動或手部動作問題），及認知心理、學習及行為困難。聯合國表單簡單列出主要功能項目，每個主要項目建議或說明具體內容，例如視力是以戴上眼鏡也無法看清楚。聯合國的每個建議項目都反映出我們身體功能狀態，在這個架構下，各國收集與建立障礙人口與功能統計資料收集方式。聯合國所建議收集的六個主要面向與 WG-SS 項目類似，但是聯合國的項目內容將認知功能分為三個面向。兩個組織建議的內容類似，有利於跨國資料的比較與分析。

---

[3] Institute on Disability（UCED）是美國聯邦復健研究 NIDILRR（National Institute on Disability, Independent Living and Rehabilitation Research）所資助在大學設立的研究中心，這個在 University of New Hampshire 所設立的中心其研究焦點是以收集美國障礙者相關統計資料為主。這次發布的報告是 2015 年底的美國各州與全國資料，主要是以居住在家中且在六個問題中回答一或一個以上有困難者為主。

表3-2　聯合國統計局建議各國收集之障礙人口統計資料

Types of disability 障礙類型	Disability types for which the United Nations Statistical Division recommends collecting censes data 聯合國統計局建議收集障礙人口統計資料
Seeing Difficulty 看見有困難	即使戴上眼鏡也有困難（even with glasses, if worn）
Hearing Difficulty 聽有困難	聽不清楚或需要近距離才聽得到，或單耳聽不清楚或背景聲音干擾等
Speaking Difficulty 說話有困難	talking 說話（說話的生理機能例如喉頭缺損、聲帶受傷、舌頭、發音等）
Moving Mobility 移動能力	walking, climbing stairs, standing 行走、爬樓梯、站立
Body movement Difficulty 身體移動困難	reaching, crouching, keeling 身體伸出去拿東西或伸展、捲縮（身體彎起來、身體蹲下或起來）、膝蓋伸直的能力
Gripping/Holding Difficulty 抓握有困難	using fingers to grasp of handle object 用手指拿或抓、握東西
Learning Difficulty 學習困難	intellectual difficulty, retardation 智力障礙或智能不足
Behavior Difficulty 行為困難或問題	psychological, emotional problem 心理或情緒問題
Personal Difficulty 個人照顧困難	bathing, dressing, feeding 洗澡、穿衣、進食
Others 其他	不屬於上述問題之外的其他問題

資料來源：Hendershot (2006).

第四節　台灣身心障礙人口資料與架構

　　目前台灣的身心障礙人口統計，主要是以障礙者申請政府補助且經過團隊評估者為主，既不是障礙者人口的盛行率統計，只能說是障礙者的自我報告率。這個數量一定會低於實際社會具有功能限制的人口數，也不是整體障礙人口的出現率。當我們解讀台灣障礙人口的統計資料與數量時，

須瞭解這只是登記的人口數量，這個登記制度中包括所有不同時間點登記的身心障礙人口，屬於每季定時記錄的數量，當障礙人口異動時，這個制度是沒有辦法真正地反映及時的動態過程。我國身心障礙人口定義制度與福利資格連接的特性，造成定義系統注定無法擺脫政治操作命運，所謂政治操作是指各類特殊團體可經由政治的運作、修改法令，而成為制度中有限社會福利服務的受益人口群。這樣的統計資料特質，讓台灣的身心障礙人口統計呈現出的數字是「有意願且經過鑑定」程序的障礙者人口數，既不是盛行率，也無法反映出實際上各種身心理功能有限制的人數。這個趨勢在各國都類似，政府各種補助或行政統計上能收集到的數量都低於障礙人口盛行率，除非台灣像美國一樣設立常設的國家統計資料收集單位，採取一致且長期的資料收集，否則很難獲得整體的面貌。

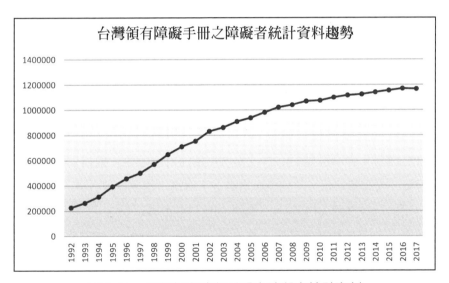

圖3-11　台灣領有障礙證明之障礙者統計資料

　　過去將近三十年的身心障礙者相關政策與法規的修訂，企圖在制度上能將外部政治力干預降低至最小，例如目前《身心障礙者權利保障法》，

就在法規中明定我國的障礙者鑑定制度採取ICF架構[4]，也就是依據世界衛生組織的架構，作爲臨床上障礙者功能評估的基準，因此新制完全實施是在2007年開始，理論上2012年之後，完全採取新的評估鑑定制度給予身心障礙證明。

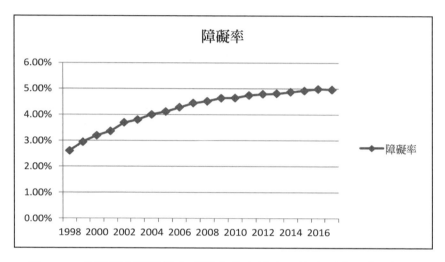

圖3-12　台灣領有障礙鑑定手冊人數占總人口比率（實際觀測值）

註：本圖採取兩年爲一分析單位，而非每年爲單位。

2017年，台灣簽屬 CRPD 之後，根據《身心障礙者權利公約施行法》辦理第一次的國家報告及國際專家審查，會議中提出爲何台灣的身心障礙人口比率只有整體人口的5%，顯然低估目前的身心障礙人口數量。國際專家所看到的數量就是最核心且人數比例最低的部分，而圖中的中圈人口數量的收集，需要上節內容所說，採取家戶調查方法、運用 WGSS 問題，並長期收集資料才有辦法獲得較爲接近的障礙人口數量。

---

[4] 台灣採取世界衛生組織的 ICF 系統作爲障礙人口評估功能限制的依據，是全世界第一個將該項制度入法的國家，雖然台灣不是聯合國的會員國。自2012之後，新制鑑定將完全取代原有的定義系統。請參考相關的網站資料。

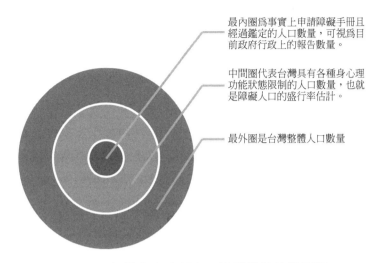

最內圈為事實上申請障礙手冊且經過鑑定的人口數量，可視為目前政府行政上的報告數量。

中間圈代表台灣具有各種身心理功能狀態限制的人口數量，也就是障礙人口的盛行率估計。

最外圈是台灣整體人口數量

圖 3-13　台灣身心障礙人口統計數量落差圖示

　　台灣障礙人口數量雖然增加，但是這個登記數量一定小於整體人口的障礙功能盛行率，未來隨著人口老化趨勢發展，上述個案二的老人人數一定會增加，但是這些老人卻不一定會申請政府的障礙證明。因此，整體人口中具有各式各樣功能障礙的人數會高於向政府登記與鑑定人數。目前這筆依據登記資料的統計數字，是目前唯一可以瞭解我國身心障礙人口訊息的統計資料。除非政府在未來的全國人口普查時，採用 WGSS 的問題或其他更細緻的功能限制問項來收集資料，如此才有辦法取得整體功能障礙者統計資料，以作為國際比較之用。

問題與討論

1. 請問各國如何收集身心障礙人口統計資料。

2. 請討論不同時間提出的障礙模型與各模型彼此之間的差異。

3. 請討論功能限制、障礙與損傷之間的關係與不同模型的論述差異。

參考文獻

Altman, B. M. (2001). Disability Definitions, Models, Classification Schemes and Applications. In G. L. Albrecht, K. D. Seelman, & M. Bury (eds.), *Handbook of Disability Studies*. New York: Sage Publications Ltd.

Altman, B. M. (2014). Definitions, concepts, and measures of disability. *Annals of Epidemiology*, 24(1), 2-7.

Altman, B. M., & S. P. Gulley (2009). Convergence and divergence: Differences in disability prevalence estimates in the United States and Canada based on four health survey instruments. *Social Science & Medicine*, 69(4), 543-552.

Altman, B. M., E. K. Rasch, & J. H. Madans (2006). Disability Measurement Matrix:A tool for the coordination of measurement purpose and instrument development. In B. M. Altman & S. N. Barnartt (eds.), *International Views on Disability Measures: Moving toward comparative measurement. (Research in Social Science and Disability)*. New York: Elsevier Ltd.

Badley, E. M. (1995). The genesis of handicap: definition, models of disablement and role of external factors. *Disability and Rehabilitation*, 17(2), 53-62.

Barnes, C., & G. Mercer (2004). *Disability: Key Concept*. Cambridge: Polity Press.

Bickenbach, J. E., S. Chatterji, E. M. Badley, & T. B. Ustun (1999). Models of Disablement, universalism, and the international classification of impairments, disabilities and handicaps. *Social Science and Medicine*, 48, 1173-1187.

Broderick, A. (2017). Article 7 [Children with Disabilities]. In V. Della Fina, R. Cera, & G. Palmisano (eds.), *The United Nations Convention on the Rights of Persons with Disabilities: A Commentary* (pp. 195-212). Cham: Springer International Publishing.

Celik, E. (2017). The role of CRPD in rethinking the subject of human rights. *The International Journal of Human Rights*, 21(7), 933-955.

Degener, T. (2016). Disability in a Human Rights Context. *Laws*, 5(3), 35.

Degener, T. (2017). 10 years of Convention on the Rights of Persons with Disabilities. *Netherlands Quarterly of Human Rights*, 35(3), 152-157.

Duckworth, D. (1982). *The Classification and Measurement of Disablement. Department of Health and Social Security: Social Research Branch, Research Report No. 10*. London: Her Majesty's Stationery Office.

Fina, V. D. (2017). Article 3 [General Principles]. In V. Della Fina, R. Cera, & G. Palmisano (eds.), *The United Nations Convention on the Rights of Persons with*

Disabilities: A Commentary (pp. 119-136). Cham: Springer International Publishing.

Garland-Thomson, R. (2005). Feminist Disability Studies. *Signs*, 30(2), 1557-1587.

Hendershot, G. (2006). Survey Measure of Disability: A Review of International Activities and Recommendations. In B. M. Alman, & S. N. Barnartt (eds), *International Views on Disability Measures: Moving Toward Comparative Measurement. Research in Social Science and Disability*, 4, 17-40. Amsterdam: Elsevier.

Hughes, B. (2007). Being disabled: towards a critical social ontology for disability studies. *Disability & Society*, 22(7), 673-684.

Kostanjsek, N., A. Good, R. H. Madden, T. B. Üstün, S. Chatterji, C. D. Mathers, & A. Officer (2013). Counting disability: global and national estimation. *Disability & Rehabilitation*, 35(13), 1065-1069.

Kraus, L. (2017). *2016 Disability Statistics Annual Report.* Durham, NH: University of New Hampshire.

Mannan, H., M. MacLachlan, & J. McVeigh (2012). Core concepts of human rights and inclusion of vulnerable groups in the United Nations Convention on the rights of persons with disabilities. *ALTER- European Journal of Disability Research / Revue Européenne de Recherche sur le Handicap*, 6(3), 159-177.

Nagi, S. Z. (1964). A study in the evaluation of disability and rehabilitation potential: concepts, methods, and procedures. *American Journal of Public Health*, 54 (9), 1568-1578.

Nagi, S. Z. (1965). Some conceptual issues in disability and rehabilitation. In M. Sussman (ed.), *Sociology and Rehabilitation* (pp. 100-113). Washington D. C.: American Sociological Association.

Nagi, S. Z. (1969). *Disability and rehabilitation: Legal, clinical, and self-concepts and measurement.* Columbus: Ohio State University Press.

Nagi, S. Z. (1976). An epidemiology of disability among adults in the United States. *Milbank Memorial Fund Quarterly: Health and Society*, 54 (4), 439-467.

Nagi, S. Z. (1991). Disability concepts revisited: implications for Prevention. In A. M. Pope, & A. R. Tarlov (eds.), *Disability in America: Toward a National Agenda for Prevention* (pp. 309-327). Washington, D. C.: National Academy Press.

Nagi, S. Z. (1999). Social categories: meaning, functions and implications. Paper prepared for the seminar on Social Categories in Population Health. Cairo, Egypt.

Oliver, M. (1996). *Understanding Disability: From Theory to Practice.* London: Macmillan.

Oliver, M., & C. Barnes (2004). *The Social Model of Disability-Theory and Research.* UK: Lessds University.

Smith, S. R. (2005). Equality, identity and the Disability Rights Movement: from policy to practice and from Kant to Nietzsche in more than one uneasy move. *Critical Social Policy*, 25(4), 554-576.

UPIAS. (1976). Constitution, Aims and Objects. Adopted: 03, 12, 1974. Amended: 09. 08, 1976.

World Health Organization. (1980). *International Classification of Impairments, Disabilities and Handicaps*. Geneva: WHO.

World Health Organization. (1997). *International Classification of Impairments, Activities and Participation: A Manual of Dimensions of Disablement and Functioning*. Geneva: WHO.

World Health Organization. (2001). *International Classification of Functioning, Disability and Health*. Geneva: WHO.

World Health Organization. (2011). *World Report on Disability*. Geneva: WHO.

第 **4** 章
世界衛生組織健康、功能與障礙分類及台灣身心障礙者鑑定制度設計

嚴嘉楓、王國羽

　　本章將分成三小節來說明世界衛生組織於國際分類家族（WHO Family of International Classification, WHO-FIC）[1] 中所發展之「健康、功能與障礙分類」（International Classification of Functioning, Disability and Health, ICF）之架構、意涵及其對障礙測量的影響，並介紹我國如何應用 ICF 於障礙政策。

第一節　世界衛生組織健康、功能與障礙分類（International Classification of Functioning, Disability and Health, ICF）系統

　　案例一：個案是一位肌肉萎縮症的患者，在國中體育課時，常常無緣由的因為腳部肌肉無力而跌倒，在醫師建議下做全身檢查，發現本身及其家庭帶有肌肉萎縮症的基因。個案開始逐漸呈現全身退化性的狀態，失去走路能力，需要依靠輔具才能行走。

　　案例二：個案是位腦性麻痺者，出生時母親難產，以致腦部缺氧。父母親直到案主大約五個月才發現不對。無法語言，但是懂得溝通，最喜歡聽古典音樂。不高興時，會將門關起來。生活上大小事都需要他人協助。

　　案例三：個案也是位腦性麻痺患者，智力水準表現屬於正常以上，喜愛用繪畫方式表達自己，溝通時需要使用溝通板或吃力地用口語表達。

---

[1] 國際分類家族（WHO Family of International Classification, WHO-FIC）為世界衛生組織於 1970 年成立之組織合作中心，此網絡為非政府組織和選定專家所組成，自 1970 年以來成立，以支持世衛組織的國際分類工作，其中國際疾病分類（ICD）及世界衛生組織健康、功能與障礙分類（ICF）為此家族之主要核心分類系統。

　　以上三位案例都是我們在日常生活中常遇到的障礙者，每位健康特性及生活功能與限制皆不同，想要解決的生活困境也不一樣。前章介紹的各種障礙模型與取向，都希望能捕捉這三位不同樣態障礙者的特性與需要協助的狀態。

　　本章節將延續上一章有關障礙模型的介紹，說明世界衛生組織在2001 年大會所通過的健康、功能與障礙分類系統，簡稱 ICF（International Classification of Functioning, Disability and Health），此分類系統，對於「障礙」的詮釋，具有概念突破、具體測量與方法上的貢獻。前章介紹的各種障礙模型，例如其中的社會模型，提出論述的主要觀點在於認為障礙者的障礙經驗本身是來自外部環境的不友善與歧視，或 Nagi 提出社會角色的執行及功能限制等（Masala & Petretto, 2008），都對世界衛生組織在發展本身的定義系統過程中，產生影響與貢獻，因此在 ICF 概念中，將障礙經驗本身視為個人與環境互動的結果，理論上已經將社會模型最核心的概念納入這個架構中，且具體地呈現在它對功能限制編碼的原則上。

　　例如上述個案一，在世界衛生組織的 ICF 架構中，屬於因疾病造成的行動能力逐漸衰退的個案。但是他的狀態需要更為密集的定期評估，以瞭解個案的變化。如果外部環境沒有提供支持、服務或輔具，則第一位個案的行動功能限制將會是屬於最嚴重等級的。第二位個案屬於 ICF 中第一大類身體功能構造之損傷，需要生活各種面向上的支持與協助，例如吃飯、上下廁所、行動、穿脫衣服、外出或與人溝通等等。第三位個案雖然與個案二都屬於第一類的身體功能構造損傷，也需要各種的移動與溝通協助，但是第三位個案在智力表現及學習等面向並無困難，只是需要溝通與移動方面的協助。第二位個案與第三位個案，都需要外部不等的支持與協助，若以 ICF 架構來看，這三位個案之活動及參與整體生活功能限制程度，將受到外部支持協助之程度差異而有所不同。

　　世界衛生組織 ICF 版本，以「功能限制」取代以往「障礙」概念，以身體功能構造系統損傷與限制為第一部分，第二部分是以社會參與角度測量障礙狀態。

　　ICF 架構是以健康狀態作爲討論健康與其結果對人的影響作爲核心
（WHO, 2001）。上述三個個案在 ICF 架構下，功能限制都不相同且程度不
一，如果外部環境愈友善，這三位個案愈可以適得其所，無論是在就業或
自我實現。

　　世界衛生組織說明 ICF 特色是普遍適用，它不僅可應用於身心障礙，
亦可適用於廣泛人口群，它採取障礙經驗論述觀點是「普同」身體經驗論
述，不止障礙者，任何人都有可能在人生的任何階段，因爲各種原因遇到
障礙經驗，就這點來說，世界衛生組織作爲一個倡導健康維護的國際組
織，ICF 概念模式背後之哲學信念的改變是最重要的突破（WHO, 2001；
Bickenbach, et al., 1999）。

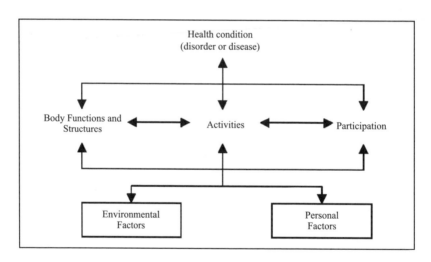

圖4-1　ICF主要架構元素互動關係

資料來源：World Health Organization (2001). *International Classification of Functioning, Disability and Health.*

　　圖4-1 中 ICF 架構更細緻化處理活動與參與概念。它在第一部分（圖
的左邊）處理身體功能與構造，第二部分則是（圖的中間）是身體功能與
構造如何對生活領域產生實質影響，例如生活功能、行動限制或活動等。
而最後一部分（圖右邊）是以社會各面向之參與爲主體，上述三個主要元

素彼此是互動且息息相關；因此，它用雙箭頭表示，彼此有增強、削弱等相互影響之關係。而圖最下面的環境與個人因素，透過動態的關係影響上面的三個主要元素。在這個圖中，採取動態關係描述健康狀態與個人之間的互動。

　　實際運用部分，ICF 使用了英文字母與數字設計一套編碼系統。字母「b」代表身體功能，「s」代表身體構造，「d」代表活動／參與，「e」代表環境因素，隨後的數字碼為各章所編排之標題數字碼（各一位），以下說明：ICF 將身體功能區分為八個章節，代表編碼為 b1-b8，每個章節代表一種身心理功能；相對應的身體構造編碼也有八個，代表編碼為 s1-s8；活動參與部分它分為九個部分編碼，編碼代號為 d1-d9；外部環境部分則被分為五個部分編碼，代碼是 e1-e5。上述 b、s、d、e 四個章節屬於第一層次分類，而各章節之下根據各項生理功能及構造、活動參與環境面向接續給予第二至第四級編碼，編碼邏輯由淺入深，由廣入窄，所以編碼級數愈高代表其分類愈細。由以下圖 4-2 之編碼舉例說明，圖 4-2 為 s73020：以 s 為字首代表此編碼之主成分為「構造」，7 代表第七章肌肉骨骼；30 為第二層編碼，代表上肢；2 為第三層編碼為手部之意；0 為第四層編碼，意思為骨骼，整體 s73020 即為上肢手部骨骼構造。

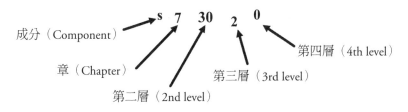

圖 4-2　ICF 編碼說明

　　特別注意的是在每章的第一層次中，皆有一般性功能評估（global function）與特定功能或非特定功能（specified function or non-specified function）兩項編碼。總而言之，ICF 編碼系統總共包含四大層次的描述。那 ICF 如何進一步表達該身心功能的限制帶給個體多大程度的影響呢？

ICF 針對每個層次的各種評估向度，給予通用限定值，來代表該功能的限制或困難程度。通用限定值以數值0（沒有問題）到 4（完全問題）。環境則以正 (+) 及負 (-) 來代表阻礙因子與促進因子，若個人環境對其整體活動參與能力是支持性因子，則在環境編碼後給予正 (+) 之限定值，若其環境因子造成個人障礙或阻礙其活動參與整體狀況，則給予負 (-) 之限定值。這些編碼的目的除了作爲個人介入成效評估之用也可作爲統計資料收集應用與跨國資料比較之用（WHO, 2001）。

世界衛生組織在活動參與部分之編碼代號爲 d，就是「障礙」的意思，換句話說，它在這個層次算是眞正進入「障礙」的測量。WHO 將上述架構內的要素（個人身體功能構造及活動社會參與）納入衡量個人障礙與否的依據，在這點上，世界衛生組織將社會模式的概念進一步地具體化了，也以編碼表示個人的外部環境因素（代碼是 e）對個人障礙的影響，在環境限定值的編碼上，進一步以「+」來表示環境給予整體功能表現的是助力。上述這四個部分（b、s、d、e）互動結果，才是完整身心障礙之動態過程；歷經三十年，世界衛生組織具體地將社會因素納入環境編碼，同時對障礙的概念，採取個人與外部環境動態結果，以解釋障礙經驗。

WHO 同時在 ICF 手冊中，舉例說明損傷、功能限制與障礙等之間的關係。例如痲瘋患者的臉部缺陷，臉部雖有損傷，但是並不代表能力有限制（with impairment, without limitation of capacity）。又如許多疾病帶來日常生活功能的下降，卻沒有明顯的損傷，例如 HIV 帶原者或已經復原的康復病友，雖然有表現問題（performance problem）卻沒有損傷或能力限制，或有些行動不便者，雖有行動能力限制，但是給予輔具或其他協助，就可以四處行走；或居住在機構時間太久失去社會技巧，屬於個案經歷某種程度能力的下降，是因爲之前無法逆轉的機構居住經驗（WHO, 2001）。這些個案在世界衛生組織的 ICF 概念架構下，都可以被相關概念如損傷、障礙、功能與活動限制或能力與表現等解釋清楚，在邏輯上亦可區分彼此關係。在 ICF 版本中，徹底將上述這些概念脫離疾病因果關係，而以「功能限制」爲區別彼此之間關係的主要關鍵（WHO, 2001）。

第二節　世界衛生組織健康、功能與障礙分類──兒童及青少年版（International Classification of Functioning, Disability and Health─Children and Youth Version, ICF-CY）

　　根據聯合國於 2001 年所公布之 ICF 分類系統之說明，其內容各章節僅適用於 18 歲以上成年人，尚未周全性考量 18 歲以下嬰幼兒、兒童及青少年特性，為適應嬰幼兒、兒童及青少年之生理功能特性與其發展經驗，世界衛生組織立刻著手發展適合發展期的兒童及青少年版本的 ICF（Simeonsson, 2009），並於 2007 年單獨出版 ICF-CY 版本，但 ICF-CY 在本質上是成人版的擴充與周延，整體互動模式邏輯是與成人版相同（圖 4-1），僅在評估項目上比成人更為細緻，活動參與及環境上的評估內還納入了更多遊戲、安全及他人支持等概念的評估編碼，所以 WHO 又於 2012 年公布，將 ICF-CY 併入 ICF 中，所以目前從世界衛生組織網站所公布的版本是為全齡人口皆適用，使用者可以選擇適切的各編碼進行評估分類。但由於 18 歲以下嬰幼兒、兒童及青少年在生理及心理發展上還尚未充分獨立，故在此節加以說明。

　　ICF-CY 主要針對嬰幼兒及青少年發展階段特性進行調整，兒童成長與成熟速度與成人不同，除了評估期間需要更為密集外，所使用的編碼也不同於成人編碼。但其原始概念與 ICF 版本相同，都是以健康狀態為主要的前提條件，ICF-CY 僅是增加及擴充適合評估嬰幼兒、兒童及青少年成長的編碼，而非另外一套編碼系統。在發展兒童與青少年版本過程中，理論上是以兒童發展為基礎。這個系統的目的是以能捕捉兒童的成長曲線差異之處，或兒童需要在哪個方向的介入以提升其功能（Pan, Hwang, Simeonsson, Lu, & Liao, 2015）。舉例而言，在 ICF 版本中，注意力的編碼是 1400，兒童部分增加 1401（持續）與 1402（容易分心或無法專注），新的編碼就比較能反映出兒童發展期的注意力問題或注意力問題的方向，這種編碼的增加是以建構在兒童發展的歷程之上；ICF 和 ICF-CY 一樣，皆

可以用來評估兩個時間點，該項編碼的程度改變，利用小數點後的數字，即是前一節所提到的限定值，代表限制大小或困難程度，其變動可以代表介入方案或教育訓練後，孩子的進步或改變，ICF-CY 的編碼增加後，能夠更細緻評估到幼兒及青少年獨特的成長或發展歷程的特性。

ICF-CY 重要的意義是記錄兒童發展階段的改變方向、面向或程度。同時也可以記錄孩子在期間內變化的趨勢與狀態（Adolfsson et al., 2011；Simeonsson, 2009）。例如小孩最重要的發展任務是語言及與人溝通（Simeonsson, Björck-Åkessön, & Lollar, 2012），在兒童還小時，溝通的方式屬於非語言的各種反應、動作與回應等，語言溝通能力或口語溝通能力的發展是兒童期重要的發展里程碑。但是如何區辨兒童溝通能力遲緩是兒童本身的生心理因素或外部環境的因素，例如家庭內使用多種語言與小孩溝通，或欠缺鼓勵與外部刺激等都有可能讓孩子口語能力與發展遲緩。ICF-CY 編碼系統，可以協助父母、教師或治療師能夠更全面記錄孩子的變化。因此，ICF-CY 在各國的兒童發展相關的評量、教育與早期介入等各領域之中亦逐漸廣泛地被運用（Sanches-Ferreira, Silveira-Maia, Alves, & Simeonsson, 2018）。

第三節　台灣身心障礙鑑定與需求評估政策：世界衛生組織健康、功能與障礙分類之應用歷程

第一、二節簡要說明了 ICF 及 ICF-CY 的模式要素，以及社會模式放入障礙測量的具體化過程，並進一步介紹其評估編碼方式，本節將著重於台灣如何將 ICF 應用於我國身心障礙鑑定及需求評估政策中。

一、台灣身心障礙鑑定制度之改革與 ICF 架構

台灣身心障礙權益保障法於民國 97 年修法公布，最重要的變革之一

即是修正我國實施已久的「身心障礙者鑑定之醫療模式制度」，期望將 ICF 的障礙概念納入鑑定制度，其具體作為可歸納為：（1）以 ICF 中之身體功能及構造分類作為我國身障分類依據，邏輯上希望是以生理功能及構造系統進行分類，而不是以疾病或症狀作為分類導向；（2）除了醫療鑑定之外還必須要納入活動參與功能評估，並期待採用專業團隊之評估模式；（3）服務的提供必須依據活動參與及環境現況之評估結果，故發展了需求評估機制。上述三項目標的具體實踐過程經歷了我國分別主責鑑定之照護司及福利服務輸送之社家署多次討論與協調，讓整體身心障礙鑑定之資格認定程序及服務提供定案，其中最重要的原則在於：必須包含「醫療」及「活動參與功能」評估兩階段才能取得身障資格；個案要先取得身障資格後，再根據個案意願，由縣政府之社政機關（社會局處）之社工提供到宅的需求評估，根據現況需求，核給個人及家庭支持等服務。

在實施進程當中分為幾個時期：（1）政策準備前置期：民國 97 年至 102 年，共計五年，其間進行的工作，包含創造及發展以 ICF 為基礎之鑑定及評估工具、多次國內外經驗交流、活動參與功能評估人員資格認定及教育訓練課程、小規模及全國新制試辦期、需求評估工具及流程設計、需求評估教育課程等；（2）正式實施初期：民國 102 年至 107 年，針對新申請鑑定個案及屆期換證之障礙者之評估、各鑑定醫院之巡迴輔導、活動參與功能評估工具之改版與功能評估專員資格及相關教育訓練、需求評估工具改版及各地方政府之需求評估人員之教育訓練，主要對象為社工；（3）全面換證及政策執行之滾動性修正：此時期並無明確分野，僅確定要在 108 年底必須完成持有永久效期之身心障礙手冊之換證及重鑑個案全面換證。

在應用 ICF 作為我國身心障礙者政策主軸的最大重點工作，即是將 ICF 對於障礙的整合模式納入我國身心障礙者鑑定中，也就是整個鑑定標準（即障礙的認定）必須涵蓋 ICF 架構所提到的身體功能（b）、構造（s）、活動與參與（d）及環境（e），所以在整個鑑定流程與評估工具的設計必須兼顧醫療評估、活動參與功能以及環境評估，且這個評估結果不僅

要能夠將「正常」與「障礙」進行區分，還要將全體身心障礙障礙等級進行分級，分成輕、中、重與極重度四級，以滿足身心障礙各項補助及福利服務提供之依據的前提下，造就了我國目前身心障礙鑑定及需求評估制度。

　　從第一、二節之 ICF 的介紹，我們可以瞭解 ICF 的編碼系統著重於障礙的連續性，所以其目的並不是將正常與障礙分野，也無法將所有障礙放在同一個水平排序成四級，所以台灣最後僅採用 ICF 概念去設計整體鑑定流程，並以世界衛生組織在 2001 年根據 ICF 之活動參與功能（d）內容，另外發展的障礙評估手冊（WHO Disability Assessment Schedule 2.0）作為成人活動參與功能（18 歲以上）之評估範本，它涵蓋認知、行動、自我照顧、與人相處、日常生活功能（包含就學、就業）及社區參與等六個領域的綜合性評估（廖華芳等，2015），此評估工具與 ICF 分類系統相較下，較可以流暢性地瞭解個體活動參與功能的表現情形，並在符合實證研究原則下將個體活動參與功能困難程度在群體間進行排序，符合我國將身心障礙者之障礙程度進行分級之目的。在兒童版的活動參與評估工具上（6-18 歲適用）則根據「兒童與家庭追蹤調查表」（Child and Family Follow-up Survey，簡稱 CFFS）為基礎（Bedell, 2004），經原著同意編製及增修後成為我國身心障礙兒童活動參與功能評估工具，主要收集兒童在過去六個月內之活動、參與及環境因素狀況。然而，整體而言鑑定制度因受限於鑑定地點，必須於鑑定醫療院所完成，所以制度上最大的限制就在於環境（e）的評估與應用，所以政策上以「需求評估」彌補了鑑定無法做到的環境評估，這個部分會在以下段落進行說明。

　　將整個身障鑑定與需求評估流程設計，對應於 ICF 模式 b, s, d, e 要素時，我們可以發現在臨床評估階段，醫師角色主責於身體功能與結構部分的評估（b, s），而在活動與參與部分的評估（d, WHODAS 2.0）時，則需要不同專業背景的人參與，例如各種治療師參與評估，如聽力、語言能力、視力、心理、特教、社工與職業評估等專業人員來因應不同障礙者的特性，整個身心障礙鑑定過程納入個體生活各層面能力的評估，因此醫療

專業不再是唯一可以作判斷的人。

　　根據世界衛生組織 ICF 的內涵及編碼，除了硬體環境，健康照護、法律、社會政策及人的態度等因素，皆屬於外在環境因素，因此，整體的 ICF 分類系統的操作必須涵蓋各種專業人員的參與，除了上述有提到的各類治療師、社工、特教及職評等，在瑞士脊髓損傷中心更將建築設計師、汽車設計師、城市設計及人工智慧納入 ICF 評估團隊，如此才能全面的關照整個外部制度對身心障礙人口的不利因素，進而改善或增加環境給予障礙或健康的正面效益（WHO, 2001）。

二、身心障礙者鑑定與需求評估──案例說明

　　若依據 WHO 之 ICF 系統編碼邏輯，以智能障礙個案為例，首先個案給予心智功能（mental function）編碼為（b110-139），評估過程可能需要臨床醫師與相關心理師專業，依據心理功能及 DSM 第五版給予各種層面的評估，包含特殊心智功能如注意力功能、記憶功能、直到其他無法區辨的心智功能等十四個部分心智功能。接著即是針對身體構造（s）部分，身體構造第一部分腦部構造（s110），腦部與中樞神經系統相對應之構造部分。第二部分進入障礙評估，包括學習與應用知識等各方面的障礙（編碼為 d110-129）與基礎學習（d130-159）和知識應用（d160-d179）等評估，最後部分是外在環境評估，例如各種科技、輔具、環境支持、態度等都列入第四個部分環境評估編碼為（e110）。因此，同一個案，不同向度編碼代表他的身體功能、身體構造、障礙（活動參與功能）和外部環境等四個面向評估結果（WHO, 2001）。本章前面的三個個案，除第一個之外，其他兩個都類似這樣的過程，差別的地方在於個案二與個案三兩個人的智力表現不同，需要的外部協助與支持密度不同。

　　但上述相同之智能障礙者案例，在台灣目前福利制度下，若想要獲得政府相關補助、支持與福利服務，就要先具備有身心障礙者身分，故必須於個案戶籍所在地之鄉鎮區公所提出申請身心障礙者鑑定及需求評估；

隨即就可以於全國鑑定醫院接受鑑定（由個案自行決定），若爲初次鑑定者，會根據醫療就診紀錄之科別，由該專科醫師擔任其鑑定醫師，視個案特性需求可以跨科別，由專科醫師負責身體功能及構造之鑑定（bs），但並不是針對 WHO 所公布之 ICF 所有編碼進行評估，其醫療評估內容是以政府所公布的鑑定表爲主，鑑定項目符合 ICF 編碼原則的第一大層次，但在編碼項目上僅針對符合鑑定目的之編碼而已，也就是在醫療面向上認爲該身體功能損傷情形可以達到政府補助支持標準之障礙的編碼，例如 ICF 內的禿頭、性功能等就沒有納入鑑定項目內。在完成醫療評估後，必須再完成活動參與功能量表的評估（兒童版及成人版）（Functioning Scale of Disability Evaluation System—Adult version/Child version, FUNDES—Adult version/Child version），這個部分相當於 ICF 之活動參與及障礙的評估章節（d），其評估結果會以0-100分來顯示，分數愈高代表其受限情形愈嚴重或愈困難；在第1-9版的 FUNDES 都有針對部分的環境編碼（e）進行評估，但在資料收集上是以詢問方式（個案自行作答）爲主，並非眞正進入個案生活場域評估其環境之助力與阻力，在實務應用上並無眞正的價值。完成醫療評估（bs）與活動參與量表評估（FUNDES）之後，就可以決定個案是否具有身心障礙資格及其障礙等級（綜合等級）。

在完成上述鑑定程序後，個案若已取得資格及綜合等級，則個案就可獲得第一階段的一般性福利服務，如各種現金補助（生活補助費、全日型住宿補助費、勞健保保費減免、稅金減免等）及身障年金等資格，而一般性福利包含障礙者專用停車位、牌照稅、風景區優惠及大眾運輸搭乘優惠等；但在個人各項生活及家庭支持福利服務上，則必須再經過戶籍所在地之縣市政府社會局處之「需求評估」才會核定，此需求評估內容與前面所提及之鑑定表單完全不同，需求評估表單設計完全依據 ICF 之 d 碼九大章進行評估，經由社工員至個案生活主要場域進行，其中環境編碼（e）的評估概念也包含在需求表單內，但是以質性紀錄爲主，包含個案家系圖、家庭狀況等等資訊之收集，將該資料收集回來後，各縣政府會以此召開專業團隊會議核定相關服務。

　　上述流程即爲我國將 ICF 概念應用於身心障礙鑑定及需求評估制度之體現，根據政策執行初步研究發現，通過身障鑑定者，取得身分後，僅有約十分之一的身障人口選擇接受最後階段的需求評估，也就是能夠眞正落實環境評估者約占了所有身障人口群的十分之一（Yen, 2016），這中間的原因是需要政府深入探究，究竟是障礙者本身不瞭解需求評估內容而不接受，還是需求評估之後續福利服務未能滿足眞正需求，抑或是大多身障者只要取得身分資格，維持其福利身分等等，這些資訊的收集將有助於落實 ICF 的精神，達到以改善外部環境提升障礙者活動參與的可近性、降低障礙。

問題與討論

1. 請問 ICF 編碼如何呈現個體障礙情形的變化，動態的變化情形。

2. 請問我國身心障礙者鑑定制度若以 ICF 分類系統作為鑑定工具時，會有什麼問題或限制。

參考文獻

Adolfsson, M., J. Malmqvist, M. Pless, & M. Granuld, (2011). Identifying child functioning from an ICF-CY perspective: Everyday life situations explored in measures of participation. *Disability and Rehabilitation*, 33(13-14), 1230-1244.

Bickenbach, J. E., S. Chatterji, E. M. Badley, & T. B. Üstün (1999). Models of disablement, universalism and the international classification of impairments, disabilities and handicaps. *Social Science & Medicine*, 48(9), 1173-1187.

Hwang, A.-W., C.-F. Yen, T.-H. Liou, G. Bedell, M. Granlund, S.-W. Teng, ... , & H.-F. Liao, (2015). Development and validation of the ICF-CY-Based Functioning Scale of the Disability Evaluation System—Child Version in Taiwan. *Journal of the Formosan Medical Association*, 114(12), 1170-1180.

Masala, C., & D. R. Petretto (2008). From disablement to enablement: conceptual models of disability in the 20th century. *Disability and Rehabilitation*, 30(17), 1233-44.

Pan, Y.-L., A.-W. Hwang, R. J. Simeonsson, L. Lu, & H.-F. Liao, (2015). ICF-CY code set for infants with early delay and disabilities (EDD Code Set) for interdisciplinary assessment: a global experts survey. *Disability and Rehabilitation*, 37(12), 1044-1054.

Sanches-Ferreira, M., M. Silveira-Maia, S. Alves, & R. J. Simeonsson (2018). Conditions for Implementing the ICF-CY in Education: The Experience in Portugal. *Frontiers in Education*, 3(20), 1-12.

Simeonsson, R. J. (2009). ICF-CY: A Universal Tool for Documentation of Disability. *Journal of Policy and Practice in Intellectual Disabilities*, 6(2), 70-72.

Simeonsson, R. J., E. Björck-Åkessön, & D. J. Lollar (2012). Communication, Disability, and the ICF-CY. *Augmentative and Alternative Communication*, 28(1), 3-10.

WHO (2001). International Classification of Functioning, Disability and Health (ICF). Retrieved Apr. 15, 2019, from https://www.who.int/classifications/icf/en/.

Yen, Chia-Feng (2016). The Profile of the Social Services in Needs Assessment for People with Disability in Taiwan. Oral Presentation at 32nd Annual Pacific Rim International Confer-ence on Disability and Diversity. (2016/4/25-26)

第 5 章

障礙立法發展與法律權益

林昭吟、張恒豪、蘇峰山

本章修訂自林昭吟、張恒豪、蘇峰山（2012）。第四章〈障礙立法發展與法律權益〉。收錄於王國羽、林昭吟、張恒豪主編《障礙研究：理論與政策應用》，頁101-128。高雄市：巨流出版。此外，感謝東吳大學社會系周怡君教授以及日本立命館大學先端總合學術研究科高雅郁博士生關於德日障礙立法發展的寶貴意見。

第一節　前言

　　各國早期對於障礙者並沒有特別的立法規定，而是將之視為需要協助的對象，一併納入社會救助、特殊教育或衛生醫療等相關法規的適用對象之中。但隨著對於障礙者的觀點與思維的改變，障礙者的權益逐漸受到重視，並進而以立法加以保障。然而，各國因其發展背景不同，故衍生出的法律規定及相關措施也不盡相同。另由於跨國組織的興起與各國資訊的流通，來自國際組織的影響力（例如聯合國、世界衛生組織、國際勞工組織、歐盟等等）也日漸顯著。此外，攸關障礙者權益的立法，並不僅見於以其為名的特定法律，亦散見於各種相關法律之中，例如憲法、民法、特殊教育法或就業服務法，關於障礙者權益保障之法律議題，應可由更大的法律架構來探討。因此，本章首先將介紹聯合國與主要國家的障礙立法發展，其次介紹我國障礙立法發展及其演變過程，第三部分則討論與障礙者權益有關的法律議題，例如我國民法、精神衛生法、特殊教育法等等於障礙領域的意涵。

第二節　國際組織與主要國家之障礙立法

　　各國障礙立法乃基於各國對於障礙政策的看法。法律學者 Waddington & Diller（2000）認為障礙政策模式，可分為社會福利模式（the social welfare model of disability）與公民權利模式（the civil rights model of disability）。障礙的社會福利模式認為障礙即意味著缺陷（defect），使得個人無法以慣常的方式在社會上工作或生活；一般的社會環境或制度是為非障礙者而設計的；因此，障礙者的活動，例如教育、交通、就業等等，必須以另外的管道來提供。然而，這並不代表障礙者完全被這個社會所漠視、排除，障礙者仍享有部分福利措施，例如公共救助、年金、住宅、就學以及工作名額保障等；有時候，非障礙者甚至認為這些措施相當優厚，而想要取得障

礙者的身分來享有這些福利。

　　障礙的公民權利模式，則顛覆社會福利模式的基本假設，主張障礙是社會排除的後果，並非個人身心缺陷自然而成的結果。依公民權利模式的架構，現代社會必須回應一般人的生存與社會權利需求，但社會環境或制度往往未能回應障礙者的需求，因此也就長期忽視障礙者該享有的基本公民權利。公民權利的倡導者認為，社會環境或制度往往因為有意或無意地對障礙者的反感而不願回應障礙者的需求，所以，問題是來自於「歧視」，而不是障礙者本身的生理或心理限制。在公民權利模式的架構下，障礙政策的目標在於改革主流的社會制度，使之能接納融入障礙者，而不是持續將他們置於例外的制度來處理。在無歧視的環境下，若一般人與障礙者的互動增加，一般人對於障礙者的偏見或許會減弱，而無需事事以法律介入來保障障礙者生存的條件與權利。

　　就上述觀點來看，有些國家偏向於福利基礎（welfare-based）的障礙立法，例如德國與日本；有些國家則是偏向於權利基礎（right-based）的障礙立法，例如美國與英國。在國際組織方面，無論是聯合國還是歐盟，則多主張以權利為基礎的障礙反歧視公約或規章，進而影響其會員國對於該國障礙立法的修正；只是各國因其歷史背景及社經條件的差異，朝向障礙反歧視立法的進程也不盡相同。以下將先介紹國際組織的相關法令規章，接著探討不同國家的障礙立法。

一、國際組織之障礙權益相關規章

　　不論在國內或國際上，行動主義者與權利倡議組織持續地推動障礙政治。他們在聯合國經濟與社會組織推動了許多障礙者權利法案，比如說1975年的《聯合國障礙者權利宣言》（Declaration on the Rights of Disabled Persons）（United Nations, 1975）。聯合國大會於1976年宣示1981年為「聯合國國際身心障礙者年」（The International Year of Disabled People），引發各國對於障礙者權益的重視。緊接著，聯合國亦於1982年公布《世

界障礙者行動綱領》，將1983-1992年訂為「聯合國之障礙者十年」，並於
1993年公布《障礙者機會平等準則》（The Standard Rules on Equalization of
Opportunities for Persons with Disabilities）。該準則的前言即指出希望能協
助各國發展有效的措施，以達到身心障礙的預防及復健，並促使身心障
礙者能全面、平等地參與社會生活及發展。邁入21世紀，聯合國於2006
年以人權觀點發表第一份《身心障礙者權利公約》（The Convention on the
Rights of Persons with Disabilities），並於2008年達到多國簽署而生效（廖
福特，2017）。就研究人權的學者來說，這份公約代表聯合國接受並主張
身心障礙者作為世界公民的一份子，他們的人權保障特殊性與女性、少數
群體等相同，都需要聯合國會員國家採取必要的措施給予協助。這份公約
並未替障礙者創造出新的權利，而是意識到障礙者在健常人為多數的世界
中是如何的相形弱勢，因此需要更多的保障以確保他們的基本權利得到適
當的滿足（Mergret, 2008，引自王國羽，2009）。此公約亦較以往的行動方
案或準則更具有約束力。此公約採用國際人權宣言的監督機制；在此機制
下，會員國的角色由以往消極地定期報告障礙者處境，轉向積極地權利保
障。同時，會員國也需要依公約的內容調整國內的相關法令、政策與制度
（王國羽，2009；周月清，2009）。以下茲將聯合國和關懷障礙者人權機構
所推動的法令政策及年代，臚列於表5-1。

表5-1　由聯合國和關懷障礙者人權機構所推動的法令政策及年代

年代	法令政策
1948	國際人權宣言 （Universal Declaration of Human Rights）
1971	聯合國心智障礙者權利宣言 （Declaration on the Rights of Mentally Retarded Persons）
1975	聯合國障礙者權利宣言 （Declaration on the Rights of Disabled Persons）
1979	聯合國聽覺、視覺障礙者權利宣言 （Declaration on the Rights of Deaf-Blind Persons）
1981	聯合國國際身心障礙者年

1982	世界障礙者行動綱領 （World Programme of Action Concerning Disabled Persons）
1983~92	聯合國之障礙者十年
1984	聯合國首次障礙特別議程報告
1993	障礙者機會平等準則 （Standard Rules on the Equalization of Opportunities for Persons with Disabilities）
1998	聯合國人權委員會通過一系列決議，強調人權與障礙人士（公民身分）的關係。
2002	設置一個特別委員會，探討聯合國障礙者權利與尊嚴公約
2006	聯合國身心障礙者權利公約 （Convention on the Rights of Persons with Disabilities）

資料來源：Human Rights Education Associates(hrea.org), http://www.hrea.org/index.php?doc_id=416.

二、主要國家之障礙立法：德、日的社會福利模式

（一）德國

　　德國對於障礙者的照顧可追溯至19世紀末俾斯麥所建構的社會安全體制，當時對於障礙者提供一些財務上的給付；然而，當代德國障礙立法的發展實際源起於對於為國征戰而導致障礙的退伍軍人的事後支持與照顧（Geist, Pertermann, & Widhammer, 2005）。早在1917年，德國議會即決議僱用一定人數的單位，每僱用50位受僱者中，須強制僱用一位因戰爭致障的障礙者。然而，在1933-1945年的國家社會主義時代（The Period of National Socialism），障礙者被視為對社會無用的人口而受到壓迫，例如採取節育措施，以減少德國的障礙人口數；唯一可以倖免的障礙族群，還是因戰爭致障的退伍軍人。二次大戰後，德國首先於1953年通過《因戰爭及公務致障之障礙者法》（Act for Severely Handicapped People due to War and Public Service），該法重點仍在於處理因戰爭或是公務致障的障礙者，而忽視其他原因所致之障礙者。直到1974年通過《重度障礙人士法》

（Severely Handicapped Persons Act）[1]，才眞正將大部分的障礙者納入國家保障範圍，而不管其障礙類型或致障原因（Thornton, 1998）。概括而言，上述德國障礙立法的變革，仍在於保障障礙者的物質生活達到一定的水準，特別是透過各項復健措施以及定額僱用制度。然而，2001 年德國社會法第 9 部（The Book 9 of the Social Code）的修正，對於其障礙立法產生典範的轉移（Geist, Pertermann, & Widhammer, 2005）。

1994 年德國修正憲法第 3 條，其中包含禁止因障礙而產生歧視，此條文內容影響後來的障礙立法精神與方向。2001 年德國社會法第 9 部將德國憲法條文第 3 條更具體化，代表著德國障礙立法的決定性轉移——從對於障礙者的物質生活保障，到重視障礙者在社會、工作、生活上平等、自決地參與。此法強調應將障礙者整合入一般勞動市場中，而非特別安置於專爲障礙者規劃的庇護工作場所；此法也強調手語的推廣、障礙兒童與婦女的社會整合措施等等。此外，周怡君（2016：5-10）引用 Maschke（2008）的障礙政策分類——補償取向（compensation-oriented）、復健取向（rehabilitation-oriented）與參與取向（participation-oriented），主張德國採「復健取向」障礙政策，傾向預防障礙的發生，一旦障礙發生，則將障礙者視爲勞動力減弱的勞動者，並透過醫療、生活、職業復健等措施，促進障礙者重返職場與社會。

（二）日本

日本的障礙立法以 1970 年的《障礙者基本法》（The Basic Law for Persons with Disabilities）爲主，並配合其他相關法令，例如與就業有關的《身體障害者雇用促進法》。然而，受到國際組織的影響，日本於 1987 年

---

[1] 德國失能程度的鑑定係透過醫療程序衡量障礙者的功能損失情形，並以失能的百分比方式呈現。民眾可以志願地到特定獨立機構接受鑑定；若失能達到一定程度，則公共福利機構（*Hauptfuersorgestellen*）可決定此人是否適用重度障礙人士法案。該法案所涵蓋的「重度障礙者」係指失能程度在 50%（含）以上；或失能程度在 30% 以上，但其障礙爲造成其無法找到或維持既有工作的主因（Lechner & Vazquez-Alvarez, 2003）。

呼應1981年聯合國的身心障礙者年，將上述《身體障害者雇用促進法》
修改並更名為《障害者雇用促進法》，且該法適用對象由原本僅限身體障
礙者擴及至智能障礙者與精神障礙者（Hasegawa, 2010）。1990年代國際
間逐漸興起身心障礙者反歧視立法的觀念；同時推動草擬聯合國《身心障
礙者權利公約》；在這些國際因素的影響下，日本亦試圖在2000年將《障
礙者基本法》更名為《身心障礙者反歧視法》，然而這樣大幅度的修法更
名在當時並未於議會中通過。2000年之後日本的相關法令有許多修改與
變化，包含因應要簽署CRPD，為完整日本國內法規，由民間障礙團體聯
合要求政府制定的《障害者差別解消法（反歧視法）》，該法於2013年通
過。此外，2005年制定的《障害者自立支援法》亦於2012年修改為《障
害者總合支援法》[2]。

三、主要國家之障礙立法：美、英的公民權利模式

（一）美國

　　美國是最早採取身心障礙者反歧視法案的國家之一。依循其1964年
《民權法案》（Civil Rights Act）的脈絡，任何基於種族、膚色、宗教、性
別及原國籍的歧視理由，都不應被接受。此法案引發許多障礙者及立法者
以類似的觀點看待障礙者的處境，並積極地促成身心障礙者反歧視法的
出現。首先出現的相關法案是1973年的《復健法》（Rehabilitation Act），
該法第5章提到消弭對障礙者的就業歧視，具體做法為要求聯邦政府以及
所有接受聯邦經費補助的方案或活動（此意味著幾乎包含所有的醫院與
學校，以及與聯邦政府有契約關係的廠商），都應受到該法的約束。繼復
健法通過後，障礙權利倡議者更進一步監督該法的落實，以及促成該法
的反歧視原則擴及到私部門；而這些努力也促成了1990年《美國身心障

---

[2] 日本內閣府將障礙者相關的法規及白皮書公告於網站，讀者可做進一步的查詢。
https://www8.cao.go.jp/shougai/whitepaper/h29hakusho/zenbun/siryo_01.html; https://www8.
cao.go.jp/shougai/whitepaper/index-w.html 。

礙者法》（Americans with Disabilities Act，以下簡稱為 ADA）的出現。ADA 不僅將反歧視原則擴展到僱用 15 位以上員工之私部門，亦擴展到其他領域，例如住宅、公共設施、教育、交通、溝通、休閒、制度、健康服務、投票以及公共服務等等。因此，ADA 涵蓋的面向相當廣，也指出了障礙歧視可能出現在社會上各個不同的層面，並不是一些片斷零碎的規定就能處理的（Waddington, 1996: 74）。

另外，美國障礙者權益的倡導者──Justin Dart，則由經濟的觀點詮釋 ADA 的出現。Dart（1990）認為將數百萬的障礙者排除於美國的工作主流生活之外，將會是每年 3,000 億元的損失。若沒有 ADA 的立法，會使得更多的障礙者成為失業人口，以及增加他們對於福利體系的依賴。然而，確實執行 ADA 會使障礙者免於依賴，並進而使他們能成為受僱者、納稅人以及消費者，這亦可節省政府每年大量的福利支出，並使企業與個人直接受益。

（二）英國

英國是歷史悠久的福利國家，其對於障礙者的觀點自 1601 年濟貧法到 1945 年戰後的福利國家沒有太大的改變；基本上仍在「福利父權主義」（welfare paternalism）的框架下，障礙者被視為有特殊需求的人口，而不是有權利充分參與社會主流的公民。英國的障礙團體逐漸意識到這樣的困境，並開始發聲表達其不滿；他們認為障礙的原因不是來自於他們的身體狀態，而是來自於社會結構的歧視與排除；他們不需要那些將障礙者視為有特殊需求族群的立法，而是希望法律能將阻礙他們參與一般生活的環境或社會障礙，視為不合法並應移除之。換言之，障礙團體要的是一個能確保障礙者公民權利或去除歧視的法律架構（Davis, 1995）。

英國障礙立法的發展係由福利基礎走向權利基礎。戰後第一個與障礙者有關的法案是 1944 年的《障礙者（就業）法》（Disabled Persons [Employment] Act），要求雇主凡僱用 20 人以上，其中必須要僱用 3% 的障礙者；但由於缺乏強制力與有效監督，執行成效並不佳（Waddington &

Diller, 2000），而於 1995 年由《障礙者反歧視法》（Disability Discrimination Act，以下簡稱為 DDA）所取代。其間尚通過 1973 年的《慢性病與障礙者法案》（Chronically Sick and Disabled Persons Act）以及 1986 年的《障礙者（服務、諮詢與代表）法案》（Disabled Persons [Services, Consultation and Representation] Act），兩者均與障礙者的支持照顧及服務提供有關（Oliver & Sapey, 1999）。

　　英國的《障礙者反歧視法》，歷經 15 次的立法提案，終於在 1995 年通過，這是英國第一個障礙者反歧視法案（Davis, 1995: 132）。該法前言即指出：本法對於障礙者在就業、貨物設施及服務提供、建築處置或管理等領域所遭受到的歧視，視為不合法；本法目的在於促進障礙者就業；本法亦成立全國障礙者委員會（Disability Discrimination Act, 1995）。2005 年《障礙者反歧視法》進行修正，加入有關公共機構（public authorities）的規定，亦即公共機構於執行其業務時，不得對於障礙者加以歧視，同時亦有義務為障礙者做適當的調整（Disability Discrimination Act, 2005）。2010 年《平等法案》（Equality Act）通過，相當程度地取代了 DDA，但 DDA 中關於維護障礙權益之義務的規定仍繼續適用。此法案將英國以往許多反歧視法案整合為一個單一法案，以達到簡化與一致性。該法案列出 9 種特殊屬性，例如年齡、障礙、性別、宗教信仰等等；任何人若具有其中一項或一項以上的屬性，即為該法保障的對象（Equality Act, 2010）。2010 年《平等法案》指出對於障礙者若有直接或間接的歧視、騷擾、加害或不為其做合理的調整，均是不合法的。該法亦禁止在工作場所、在提供貨物、設施及服務時、在執行公務時、在建築處置或管理方面、在教育或社團內，對於受保障對象有不公平的對待。此外，該法亦擴及對於與障礙者有關之非障礙者的保障，例如障礙者的家屬或照顧者或被誤認為障礙者的非障礙者（Equality Act 2010 Guidance）。

　　根據上述的討論，反歧視立法主要施行於英語系國家，例如美國、英國、澳洲、加拿大等等（Klosse et al., 1998；Hasegawa, 2007）；而歐陸國家以及日本則偏向於以立法方式直接保障或提供服務給障礙者，例如經濟補

助或工作機會。然而，在歐盟的規範下，歐陸國家也逐步地採納公民權利思維的障礙政策與立法。此外，關於障礙法案的落實，社會福利模式的國家偏向於透過行政體系，例如對於未達法律規定標準的公私部門單位，予以罰鍰或行政懲處。而公民權利模式的國家則偏向於透過司法體系，例如若障礙者認為其權益受損，可依法向就業法庭（employment tribunals）或地方法院（county courts）提告並請求賠償，而法院的判決也會形成案例，影響日後相關爭議的處理（Woodhams & Corby, 2003）。

第三節　我國之障礙立法：從慈善邁向權利

1980 年代以前，台灣幾乎沒有障礙政策，障礙者被排除在公共政策之外。障礙者的教養，大多依靠私人、家庭、宗教團體或是慈善團體的力量。直到 1980 年的初期，《殘障福利法》的制定與倡導障礙權利之民間團體的成立，才開始促成國家對相關社會福利政策的落實與修訂（謝宗學，1996；蕭新煌、孫志慧，2000；Chang, 2007）。我們可以把台灣障礙福利發展和台灣國家社會關係的轉變分為三個階段：

一、障礙者權利的拓荒期（1980 ～ 1986）：教育零拒絕與社區居住

聯合國在 1975 年公布了《障礙者權利宣言》，開始將障礙者的權利議題定義為人權議題。台灣因 1970 年代末期的政治擾動，如中美斷交、中壢事件與美麗島事件等，國民黨政府為維持其統治正當性，響應新國際趨勢，紛紛通過社會福利法規。《殘障福利法》就是在這樣的時空條件下在 1980 年通過（林萬億，2006；Chang & Tsai, 1986）。當時的《殘障福利法》被障礙倡議者戲稱為「殘障」的福利法。因為《殘障福利法》並沒有執行細則，宣示意味大於實質用處。然而，法案的頒布提供台灣障礙

權益倡導的合法性基礎以及政策倡導的對口單位（蔡依倫，2010；Chang, 2007）。同時，《殘障福利法》的出現也使社政單位、醫師與教育工作者同時參與我國第一次的全國殘障者鑑定（鄭玉疊，1982）。

　　權利的實質內容是在歷史發展中透過社會事件、權利倡導與政策介入不斷互動所定義出來的。1980 年開始，障礙者權利開始納入國家體制。在障礙者權利的拓荒期，主要的福利服務提供者還是民間。然而，民間團體要正式成立專業的服務單位是充滿阻礙的。除了財政資源上的匱乏以及政府單位嚴苛的規定以外，最困難的挑戰是來自社區民眾的抵抗。1983年的楓橋社區事件顯示了當時台灣社會對障礙者與其社區居住的歧視與排斥。

　　楓橋事件是社區居民以暴力抵制發展遲緩兒童日間照護中心的一連串抗議行動，包含阻撓日照中心的建築工程、不讓第一兒童發展中心的工作人員進入社區、破壞中心的設備甚至恐嚇威脅工作人員們的生命安全等。此事件充分顯示當時台灣社會對障礙者的歧視與排斥。為了回應社區的強烈抵抗，七位日照中心家長代表帶著超過 500 人連署的請願書向當時的蔣經國總統請願，要求政府保障他們孩子的權利（聯合報，1983/06/23），這是台灣第一次由智能障礙者家長爭取障礙者權利的公開集體行動。楓橋事件對台灣的障礙者權利運動有深遠的影響，障礙者的受教權與社區居住的權利開始變成公眾議題。家長們的請願書成為第一個為障礙者爭取權利的政治行動，由家長要求國家介入處理社區對障礙者的歧視與排除，同時爭取障礙者參與社區生活的權利。

　　楓橋事件的爭議不僅來自社區的排斥，更是源自於過去義務教育體制對障礙學童的排除。因此，1984 年，幾個啟智機構的家長連結總共 500 名家長的簽名陳情書，前往立法院陳情，希望修訂國民教育法並制定特殊教育法，以保障智能障礙兒童的受教權並做到「教育零拒絕」。當時國民教育法的強迫入學條例准許障礙兒童能夠選擇就學、進入特殊教育機構受教或者在家自行教育。而在實際操作上，這意謂國家不需實質保障障礙兒童的受教權，學校可以輕易拒絕學童入學，使得大多數心智障礙的兒童被迫

在家教養。在請願提出後，相關法規的修訂與特殊教育法的制定才使得障礙學童的受教權受到法律的保障（馬家蕙，1995）。

二、從慈善到權利：工作權、參政權與無障礙環境（1987～1990代中期）

楓橋事件引發了社會大眾對障礙者受教權與社區居住議題的關注，1987年的愛國獎券事件則進一步挑戰障礙者的工作權與生存權。「愛國獎券」是台灣經濟發展初期為了增加政府稅收而發行的彩券。在當時的時空環境之下，對障礙者而言，賣彩券是極少數選擇下的工作機會。因此，許多彩券商都是由障礙者所經營。然而，1980年代中期興起的非法賭博「大家樂」和愛國獎券的開獎號碼連結，蔚為風潮，政府因此考慮終止發行彩券以抑止賭博風氣，卻也引發1987年一連串的請願與抗議。政府最終仍在1988年1月19日突然宣布停止發行彩券，讓以賣愛國獎券維生的人，包括大量的障礙者，在一夜之間失業。

愛國獎券事件暴露了障礙者長期被剝奪的工作權與生存權，同時引發其他障礙者權利相關議題的討論。關注障礙權益的民間團體在1987到1990年間，展開一連串的抗爭請願，要求修正《殘障福利法》，希望國家積極介入以回應各種障礙者權利的訴求，包括：大學聯考對障礙生不合理的報考限制、公共設施和大眾交通工具的使用權以及工作場域的歧視（邱慶雄，1998；陳俊良，1992；謝宗學，1996；謝東儒、張嘉玲、黃珉蓉，2005）。請願、抗爭與遊行一方面促成障礙團體進一步的結合，成立中華民國殘障聯盟。在當時的政治氣氛下，殘盟開始考慮提名自己的候選人參選立法委員，於是決定推派伊甸基金會的創辦人，全國文學獎得主——劉俠參選。然而，因當時參選立委有學歷限制，過去教育制度的歧視將許多障礙者排除在教育體制外，劉俠並沒有國中文憑。因此，學歷的資格限制等於實際上剝奪了失學障礙者的被選舉權。殘盟於是利用「投票給輪椅作家進入立法院」的事件進一步顯示出歧視障礙者的社會政治環境。也將障

礙者的權利議題從教育權、工作權移轉到政治權。

　　一連串的社會運動與政治協商，造成了實質的修法行動，特別是1990年殘障福利法案的修正案，包括擴大原法適用範圍，使顏面傷殘、植物人、老人癡呆症和自閉症患者得以進入福利保障中；制定障礙者的定額僱用制度，保障障礙者的就業，私部門必須僱用至少百分之一的障礙者，公部門百分之二。邱慶雄（1998）指出這是台灣第一個在體制上保護障礙就業的立法，藉以保障障礙者的工作權與生存權。

　　同時，《殘障福利法》也意識到需針對無障礙設施做出相關規範，例如交通工具、公共建築、活動場所、公共設施的無障礙規範等。在修正案第23條便明確規範「各項新建公共設施、建築物、活動場所及交通工具，應設置便於殘障者行動及使用之設備、設施……」（許榮宗，1990）。而大學聯考對障礙生不合理的報考限制方面，在一連串行動後，終使聯招會在1989年招生時放寬病殘限制（萬育維，1998）。然而某些科系，甚至公職人員考試的資格限制至今仍然歧視、排除障礙者。

三、邁向權利模式：福利體制的公辦民營與制度化的障礙者公眾參與（1997～2010）

　　1990年代可說是社會福利的「黃金十年」，障礙者或家屬以納稅人的身分要求政府供給更好的福利服務，許多重要的障礙法案亦在這段期間完成立法。最重要的是1997年將《殘障福利法》修法更名為《身心障礙者保護法》。該法試圖對於障礙者的實質權利給予保障，並且明確地界定出相對應的行政職責機關。修法之後，障礙福利才正式的成為勞委會與教育部行政上必須作為的業務（王國羽，1997），同時在中央與地方政府都需要成立「身心障礙者權利保障委員」。自此，障礙者才能依法開始採取積極要求權利保障的立場，推動爭取障礙者權利相關政策的落實。在此之前關於障礙者的權利，例如教育權、工作權、福利權、健康權與交通權等課題，相關部會若不作為也不會受到懲罰（王國羽，2002）。

　　再者，在1990年中期之後，政府再造與社福民營化政策的帶動下，公辦民營成為我國目前服務輸送的主要模式之一。1994年內政部的《政府委託民間辦理障礙福利服務實施要點》可以說是社會福利民營化的起點（陳武雄，1997）。同年通過的《社會福利政策綱領》中的「政府應該結合學術與民間組織，共同發展合作模式的服務輸送體系」，隨後的《社會福利政策綱領實施方案》亦將「採取補助、委辦、公設民營等方式，並充分運用志願服務人力，由政府支援經費及措施，透過民間組織提供多樣化及合適性的服務」列入條文（黃慶讚，2000：305），成為社會福利服務公辦民營化的基礎。

　　1997年，由政府、學者專家、民間相關機構團體代表討論後頒訂的「推動社會福利民營化實施要點契約書範本」成為落實台灣公辦民營政策的依據。公辦民營政策正式成為台灣社會福利體制的方向（黃慶讚，2000）。1998年，《政府採購法》正式通過，政府逐漸從「公共行政」（public administration）轉變負責規劃、管理、監督與評鑑的「公共管理」（public management）角色（蔡依倫，2010：81）；政府以資源提供者的角度「購買」身心障礙非營利組織所能提供的福利服務方式正式成型（Tsai & Ho, 2010）。整體來說，在政策的帶領與障礙者及其家屬對服務品質的要求下，障礙社會福利的公辦民營成為我國目前主要的服務模式，政府與障礙團體或組織逐漸轉為合作及夥伴關係（Tsai & Ho, 2010）。

　　最後，障礙團體逐漸加入福利體制亦是1990年代我國福利發展的重要轉變。例如殘障聯盟（現改名為「中華民國身心障礙聯盟」）在1995年便參與內政部障礙福利政策的制定，障礙民間團體在政策研訂過程漸有一席之地（Tsai & Ho, 2010: 112）。1997年修訂且更名的《身心障礙者保護法》第7條更規定中央與地方主管機關應設立身心障礙者保護委員會，其中「身心障礙者或其監護人代表、民意代表及民間相關機構、團體代表等，不得少於三分之一」，也代表障礙團體獲得參與政策制定過程的實質權利（Tsai & Ho, 2010: 113）。整體來看，障礙團體在1990年代同時扮演政府公辦民營福利政策的承包者與國家障礙政策、法律的挑戰者角色。障

礙團體已進入國家體制，成為政策決定過程甚至執行的一環（Tsai & Ho, 2010；張恒豪，2011）。

　　回顧我國過去近三十年來的障礙福利立法、修法與政策的變遷。我們可以看到台灣對障礙者人權保障的進步：從拓荒期對基本教育權、免於社區歧視的保障，轉型期積極的促進工作權、建構無障礙環境、廢除大學聯考對障礙者的歧視，到近年來在政府體制中納入障礙團體的聲音，公辦民營的方式實際提供不同的障礙福利服務。障礙者的福利已經漸漸從被動的補助，轉變為積極的支持。就預算而言，1991 年，內政部與地方政府的障礙福利經費約有23 億，2000 年增加為200 億，2008 年更有超過300 億元的福利經費，足見國家福利資源的明顯增長（蔡依倫，2010）。2007 年身保法更進一步修訂，改名為《身心障礙者權益保障法》，試圖修正過去醫療觀點的障礙福利模式並進一步朝向權利模式邁進。近年來隨著人權意識的高漲，對於身心障礙者的人權保障亦更加重視，我國亦於2014 年 8 月 20 日由總統令公布《身心障礙者權利公約施行法》，以落實聯合國2006 年通過的《身心障礙者權利公約》，維護身心障礙者權益，保障其平等參與社會、政治、經濟、文化等之機會，促進其自立及發展。此為將聯合國《身心障礙者權利公約》國內法化的第一步。2015 年更於行政院層級成立「身心障礙者權益推動小組」，並於2017 年舉辦「身心障礙者權利公約初次國家報告國際審查會議」，會後提出多項結論性意見作為未來推動工作的方向[3]。

---

[3] 我國有關《身心障礙者權利公約》的條文內容、國家報告、審查會議、委託研究、會議紀錄、教育宣導及相關活動等訊息，已由衛生福利部社會及家庭署公布於網站，參見 https://crpd.sfaa.gov.tw/ 。另有關《身心障礙者權利公約》之主要概念及條文闡釋，可參閱孫迺翊、廖福特（編），《身心障礙者權利公約》。台北市：台灣新世紀文教基金會。

第四節　障礙者權益之相關法律議題

　　《身心障礙者權益保障法》是關於障礙者權利規定的根本法律，但與障礙者身分與權利相關的法律並不是只有《身心障礙者權益保障法》。與障礙者有關的法律還散見於教育、勞政、衛政、社福及民刑法等法律中，《身心障礙者權益保障法》往往被視為只是社會福利相關法規，但我們更應該將《身心障礙者權益保障法》視為障礙者權利的基本法，就如《教育基本法》是規定及維護國民教育權利的基本法。只是依現實法律關係及執行實務來看，《身心障礙者權益保障法》似乎並不被視為障礙者權利的基本法，也就是依公民權利的角度來規範障礙者身分及權利的精神，在現行法規及相關法律上，並未完全落實。其中關鍵在於《身心障礙者權益保障法》並非只是延續傳統《殘障福利法》的內容與精神，而是反映了國際關於障礙者權利思想的革新。只是這樣的革新還是被放在社會福利的角度來思考，而關於障礙者身分的界定，雖然已有社會模式思考的影響，但醫療衛生的角度仍是主導力量。此外，其他相關法規大多先於《身心障礙者權益保障法》就已制定了，並未隨著新法修訂而重新修訂，因此，《身心障礙者權益保障法》也就難以成為障礙者權利保護的基本法。

　　在民法與刑法裡，並沒有關於障礙者的直接法條，唯一有的是《民法》第14條與第15條，關於監護宣告與輔助宣告的法條。只是受監護宣告之人為無行為能力，但無行為能力者未必就是身心障礙者，而身心障礙者也不全然是無行為能力者。因此針對無行為能力者的監護宣告並非專門針對身心障礙者而設的。直接相關的法規是《民事訴訟法》的第207條、208條，以及《刑事訴訟法》第27條、35條。民事訴訟法的第207條第2款規定：「參與辯論如為聾啞人，法院應用通譯。但亦得以文字發問或使其以文字陳述。」這項規定維護聽障者與視障者在法庭上陳述意見的權利。第208條規定當事人欠缺陳述能力者，法院得禁止其陳述，同條第2款規定，除有訴訟代理人或輔佐人同時到場外，應延展辯論期日。所謂欠缺陳述能力往往適用於智能障礙者，規定未有訴訟人或輔佐人在場，不

得進行法庭辯論程序。刑事訴訟法第27條第3項規定「被告或犯罪嫌疑人因智能障礙無法爲完全之陳述者，應通知前項之人得爲被告或犯罪嫌疑人選任辯護人。但不能通知者，不在此限」，保護智能障礙者免於在法庭上因無法理解程序或敘述而置自身於訴訟不利之地位，但對於無法定代理人、配偶、直系或三親等內旁系血親或家長、家屬之智能障礙者或是其他障礙者則沒有相對應之保護措施。在《身心障礙者權益保障法》的保護專章中，亦爲身心障礙者設計了偵訊的輔佐制度及一定程序，這些都是身心障礙者在面對法律事件時，所該得到的基本保障。

　　民事訴訟法與刑事訴訟法中，規定了身心障礙爲法律事件當事人所獲得的權利保障。除此之外，勞政相關法規也規定了身心障礙者狀態所應取得的權益。其主要相關法規在《勞動基準法》第59條、《就業服務法》第24條、勞工保險失能給付標準，以及勞工保險被保險人離職退保後如診斷罹有職業病者請領職業災害保險殘廢給付辦法等。就業服務法第24條規定主管機關對於身心障礙者，應訂定計畫，致力促進其就業；必要時，得發給相關津貼或補助金。除此之外，其他勞政相關法規大都是涉及身心障礙者的殘廢或失能給付規定，也就是原本非障礙者的勞工，因工作或職業災害導致失能或障礙狀態，其所應該取得的補償。

　　與障礙者息息相關的另一項法規是《精神衛生法》，障礙者並非都是智能障礙或精神障礙，但罹有精神疾病者可能會被鑑定爲身心障礙者，因此精神衛生法可說是對特定障礙者（精神障礙者）的處置辦法。就如其第1條所規定，「爲促進國民心理健康，預防及治療精神疾病，保障病人權益，支持並協助病人於社區生活，特制定本法。」全部共爲7章63條法規，論及精神衛生體系，病人之保護及權益保障等相關課題。其中第2章第15條規定了精神疾病強制住院、強制社區治療有關事項，某種程度賦與精神衛生體系限制精神病患自由的權利，更可能影響公民的基本人權。

　　《特殊教育法》是相當特殊的法規，根據該法第1條所述，「爲使身心障礙及資賦優異之國民，均有接受適性教育之權利，充分發展身心潛能，培養健全人格，增進服務社會能力，特制定本法。」也就是說特殊教育的

對象，不只是身心障礙者，亦包括資賦優異者。特殊教育法並非只是界定和保護身心障礙者學習權利的法規。特殊教育法共分為4章50條，第3條明定身心障礙的意義及其類別，以區分其所需要之教育資源及協助。第11條則明定特殊教育班的三種方式：集中式特殊教育班、分散式資源班及巡迴輔導班。但這三種班級形式並非只是用於身心障礙者教育，同樣也適用於資優教育。第18條則特別指出特殊教育與相關服務措施之提供及設施之設置，應符合適性化、個別化、社區化、無障礙及融合精神，也就是凸顯融合教育的重要性。

綜言之，在社福、勞政與教育三個部門中，依其不同目的，對於障礙者的身分與權利各有不同的規定。依政策與立法目的不同，而有不同身分分類，這是必要的，或是可以進一步整合，也是我們可以進一步探討的課題。

第五節　結論

從《殘障福利法》到《身心障礙者保護法》，再到《身心障礙者權益保障法》，這是台灣關於障礙者權益與福利法規的根本演變。從「殘障」到「身心障礙者」，從福利到保護到權益保障，其中改變的並不只是名詞稱謂而已，而是在國際思潮的影響下──由保護到反歧視原則、由慈善到權利模式，重新思考且界定障礙者的身分、權利以及障礙者與社會的關係。就《身心障礙者權益保障法》的內容及立法精神來看，我國關於障礙者的立法堪稱進步，只是立法上的進步是否足以帶動整體制度、社會及文化價值上的根本變革，這是尚待觀察，甚至是還須努力的方向。就政策執行與社會互動層面來觀察，現實上對障礙者身分的尊重與權利的維護還是趕不上立法的精神。雖然《身心障礙者權益保障法》的立法精神是依循WHO在2003年的ICF架構，試圖以某種程度的社會模式障礙觀來界定障礙者身分，以及障礙者和社會的關係，並且從公民身分（citizenship）

及公民權利（civil right）的角度，重新審視障礙者權利。然而社會大眾、行政執行機構、甚至醫療衛生人員，卻未必能以此理念架構及價值態度與障礙者互動。因此，立法進步在多大程度可以改變障礙者的社會地位與權利，是值得持續關注的課題。此外，《身心障礙者權益保障法》的法律位階及其與其他相關法律的競合問題，也是需要關注的重點。

問題與討論

1. 若由障礙立法的角度來看，何謂「公民權利」模式？何謂「社會福利」模式？試討論台灣的障礙立法偏向於哪種模式？理由為何？

2. 請說明我國障礙立法的過程，並探討影響各階段障礙立法的主要因素為何，例如國際組織、利益團體等等？而這些因素與立法結果的關聯性為何？

3. 我國關於障礙者法律權益保障，除了本章所提到的《精神衛生法》與《特殊教育法》，還有哪些法律規章或辦法可能影響障礙者的權益？如何影響？

4. 心智障礙者與一般人一樣有權利結婚。然而，報上人蛇集團騙取心智障礙者身分證以假結婚的方式偷渡外籍人士入籍台灣的新聞時有所聞。從法律保障的立場，國家政策應該如何同時保障心智障礙者自由選擇婚配的權利，又要避免心智障礙者被人蛇集團所利用？

5. 特教法雖然規定了教育零拒絕的精神。然而，校園內的無障礙環境與支持系統卻造成許多能力不同的學生的就學障礙。甚至曾經不止一次發生因為無障礙環境不足，支持人力不夠而使得使用輪椅的學生摔傷甚至致死的憾事。從權利保障的觀點，我們該如何定義與理解教育「零拒絕」與「無障礙」？讓身心障礙生入學，但是沒有提供相關的無障礙就學環境是零拒絕嗎？如果針對障礙生改進校園環境與授課方式會不會影響一般學生的權利？

參考文獻

王國羽（1997）。〈論第二次修正的殘障福利法——政府未來可能的挑戰與困境〉。《研考雙月刊》，21（2），39-43。

王國羽（2002）。〈我國身心障礙福利政策與體系：身心障礙者保護法的分析〉。《社區發展季刊》，97，115-127。

王國羽（2009）。〈聯合國身心障礙者權利公約對我國的啟示〉。《社區發展季刊》，123，106-116。

周月清（2009）。〈2006年身心障礙者權利公約〉。《社區發展季刊》，123，79-83。

周怡君（2016）。〈德國與臺灣身心障礙者政策與失能者長照政策的比較分析：復健模式的觀點〉。《臺大社會工作學刊》，34，1-40。

林萬億（2006）。《台灣的社會福利——歷史經驗與制度分析》。台北：五南。

邱慶雄（1998）。〈我國身心障礙者工作權運動與發展〉。論文發表於台大社會系（主辦），《台灣社會福利運動的回顧與展望研討會》（民國87年12月18至19日）。舉辦地點：台北，台大思亮館。

馬家蕙（1995）。《台灣地區智障者家長團體之發展：兼論其與社工專業之互動》。國立台灣大學社會學研究所應用社會學組碩士論文，台北市。

張恒豪（2011）。〈障礙者權利運動的策略與組織變遷：提供服務作為社會運動的手段？〉。在何明修、林秀幸（合編），《社會運動的年代：晚近二十年來的台灣行動主義》，頁129-169。台北：群學。

許榮宗（1990）。〈從殘障福利法修正案談殘障福利服務未來發展的重點方向〉。《社會福利》，88，3-5。

陳武雄（1997）。〈我國推動社會福利民營化的具體作法與政策發展〉。《社區發展季刊》，80，4-9。

陳俊良（1992）。〈殘障福利運動〉。《社會工作學刊》，2，177-198。

黃慶讚（2000）。〈從社會福利的發展看非營利機構與政府之間的互動〉。在蕭新煌（編），《非營利部門——組織與運作》，頁292-313。台北：巨流。

萬育維（1998）。〈由殘障福利法的修訂檢視臺灣地區殘障福利政策未來應有的方向〉。《現代化研究》，14，37-45。

廖福特（2017）。〈歷史發展及權利內涵〉。在孫迺翊、廖福特（合編），《身心障礙者權利公約》，頁423-438。台北：台灣新世紀文教基金會。

蔡依倫（2010）。《從非營利到社會企業？台灣非營利身心障礙組織場域制度變遷之研究》。國立中山大學企業管理學系博士論文，高雄市。

鄭玉疊（1982）。〈參加殘障鑑定有感——兼談父母對殘障的預防與教育〉。《特教季刊》，6，12-15。

蕭新煌、孫志慧（2000）。〈一九八〇年代以來台灣社會福利運動的發展：演變與傳承〉。在蕭新煌、林國明（合編），《台灣的社會福利運動》，頁33-70。台北：巨流。

聯合報（1983）。〈政府強化福利政治 決制定殘障福利法 將採適當措施扶助自力更生 使殘障者成爲社會有用之才〉。資料檢索日期：2010年12月10日。

謝宗學（1996）。《我國殘障政策發展之分析：國家，公民與政策網絡》。國立政治大學公共政策研究所碩士論文，台北市。

謝東儒、張嘉玲、黃珉蓉（2005）。〈殘障聯盟發展史〉。《社區發展季刊》，109，300-310。

Chang, Heng-hao (2007). Social Change and the Disability Rights Movement in Taiwan: 1980-2002. *The Review of Disability Studies: An International Journal*, 3 (1&2), 3-19.

Chang, Ly-Yun, & Wen-hui Tsai (1986). Politics, ideology, and social welfare programs: A critical evaluation of social welfare legislation in Taiwan. *National Taiwan University Journal of Sociology*, 17, 233-262.

Dart, J. (1990). Editorial. *Congressional Task Force on the Rights and Empowerment of American with Disabilities*, Library 7, Rights and Legislation, Disabilities Forum, Compuserve.

Davis, K. (1995). Disability and Legislation: rights and equality. In G. Hales (ed.), *Beyond Disability: towards an enabling society*. London: Sage.

Equality Act 2010. Retrieved March 3, 2012, from http://www.direct.gov.uk/en/DisabledPeople/RightsAndObligations/DisabilityRights/DG_4001068.

Geist, F., B. Petermann., & V. Widhammer (2005). Disability Law in Germany. *Comparative Law and Policy Journal*, 24(4), 563-608.

Hasegawa, T. (2007). Equality of Opportunity or Employment Quotas? –A comparison of Japanese and American Employment Policies for the Disabled. *Social Science Japan Journal*, 10(1), 41-57.

Hasegawa, T. (2010). Japan's employment measures for persons with disabilities: centered on quota system of Act on Employment Promotion of Persons with Disabilities. *Japan Labor Review*, 7(2), 26-42.

Klosse, S., S. den Uijl, T. Bahlman, & J. Schippers (eds.) (1998). *Rehabilitation of Partially Disabled People: an international perspective*. Amsterdam: Thesis Publishers.

Lechner, M., & R. Vazquez-Alvarez (2003). *The Effect of Disability on Labour Market Outcomes in Germany: Evidence from Matching* (IZA DP No. 967). Germany: Institute for the Study of Labour.

Maschke, M. (2008). *Beindertenpolitik in der Europäischen Union: Lenendssituation behinderter Menschen und nationale Behinderten politik in 15 Mitgliedstaaten.* Wiesbaden, Germany: VS Verlag für Sozialwissenschaften.

Megret, F. (2008). The Disabilities Convention: Human Rights of Persons with Disabilities or Disability Rights? *Human Rights Quarterly*, 30, 494-516.

Oliver, M., & B. Sapey (1999). *Social Work with Disabled People (2nd Edition).* Hampshire: Macmillan Press Ltd.

Thronton, P. (1998). Employment Quotas, Levies and National Rehabilitation Funds for Persons with Disabilities: Pointers for Policy and Practice. Retrieved September 17, 2011, from http://digitalcommons.ilr.cornell.edu/gladnetcollect/84.

Tsai, I-lun, & Ming-sho Ho (2010). An Institutionalist Ezplanation of the Evolution of Taiwan's Disability Movement: From the Charity Model to the Social Model. *Journal of Current Chinese Affairs*, 39(3), 87-123.

United Nation (1975). Declaration on the Rights of Disabled Persons, Proclaimed by General Assembly resolution 3447 (XXX) of 9 December 1975. Retrieved Jan. 20, 2006, from http://www.unhchr.ch/html/menu3/b/72.htm.

Waddington, L, & M. Diller (2000). Tensions and Coherence in Disability Policy: The uneasy relationship between social welfare and civil rights models of disability in American, European and International Employment Law. paper presented at *the International Disability Law and Policy Symposium*, Disability Rights Education & Defense Fund, Berkeley, October 2000.

Waddington, L. (1996). Reassessing the Employment of People with Disabilities in Europe: from quotas to anti-discrimination laws. *Comparative Labor Law Journal*, 18, 62-101.

Woodhams, C., & S. Corby (2003). Defining Disability in Theory and Practice: A Critique of the British Disability Discrimination Act 1995. *Journal of Social Policy*, 32(2), 159-178.

第6章
無障礙環境

邱大昕

本章修訂自邱大昕（2012）。第九章〈無障礙環境與輔具〉。收錄於王國羽、林昭吟、張恒豪主編《障礙研究：理論與政策應用》，頁263-280。高雄市：巨流出版。

在無障礙環境勘檢人員培訓講習中，一位學員問道：「現代科技這麼進步，爲什麼我們要花這麼多的錢來改造環境，而不是去買台 iBot 那種能夠爬樓梯的電動輪椅給肢體障礙者使用呢？」

另一位本身是視障的老師卻有不同看法，他說：「引進昂貴的輔具只是圖利少數的廠商和維修人員。爲什麼我們不多僱用個人助理或幫傭，在國內創造更多工作機會呢？」

到底什麼方式才是達到無障礙最好的途徑呢？

第一節　前言

我們日常生活充滿各式各樣的障礙，從建築空間、交通工具、設備設施、制度規章到虛擬網路等，都存在著對我們行動的限制與阻礙。爲什麼會有這些障礙？這些障礙是如何產生的？而我們該用何種方式來克服和解決這些障礙？科技的進步真的可以帶給我們更好的生活嗎？如何才能讓所有的人都能共同參與社會活動？這些都是本章所要探討的主題。

2007 年《身心障礙者權益保障法》公布實施，該法規定將全面改採世界衛生組織所頒訂之「國際健康功能與身心障礙分類系統」（ICF）的分類架構，作爲身心障礙鑑定與分類的基礎。ICF 分類架構將人的功能和障礙視爲身體功能和構造、活動及參與、環境背景及個人因素動態交互作用的結果。其中的環境因素包括產品與科技、自然環境與人爲改造、支持與關係、態度、服務政策制度等。因此同樣身體損傷是否會造成障礙，是由許多人與非人因素所造成。根據內政部營建署（2017）的定義，無障礙環境是「建立在諸種設備設施的綜合性、連續性的系統，良好環境的建構可以減少障礙者對他人或社會福利的依賴」。因此，無障礙環境可以說就是要科技產品與環境改造，來增加我們獨立行動的能力。

　　本章首先將先介紹與無障礙相關的幾個基本概念，包括無障礙設計、通用設計與融合設計；接著將回顧台灣無障礙相關法規從技術規則到技術規範的演變過程，以及合理調整的意涵。最後再由科技與社會變遷的角度，討論無障礙設計與法規背後的核心問題。

第二節　基本概念

　　無障礙環境設計的內涵和適用對象不斷在改變，從早期針對肢體與感官障礙者的「無障礙設計」，到老人、孕婦、身體不適者、心智或精神障礙者等的「通用設計」，再到現在把所有人類感官都考慮在內的「融合設計」。這幾種設計理念的來源和目的不同，但還是常被歸類在「無障礙環境」這個範疇裡。本節將介紹這幾個常見的基本概念，並比較探討彼此間的異同。

一、無障礙設計

　　「無障礙設計」（barrier-free environment design）最早是針對身心障礙者提出，其中包含兩個重要概念：「可及性」（accessibility）和「可用性」（usability）。「可及性」包括物理空間的可及性、資訊的可及性，以及社會活動或服務的可及性。不過許多環境的規劃與設計偏重在物理空間的可及性，導致障礙者雖然可以獨立到達和進出某個場所，卻無法使用裡面設施的結果。比方公園裡的導盲磚引導視覺障礙者到廁所門口後，就再無其他的引導設施，視障者無從得知究竟哪邊是男廁女廁，因而造成使用上的不便。或者建築物雖然設有點字版的室內配置圖，但卻沒有任何指引讓視障者知道點字地圖的存在，使得點字地圖如同虛設。另外像是建築物前設有斜坡道方便輪椅使用者進入，但是內部卻沒有合適高度的電話、電梯與飲水機等。這些無障礙設計都只考慮到讓使用者能夠進入建物，至於進去之後能做什麼就沒有周全考慮。

「可用性」指的是能否有效、令人滿意地在某個特定環境達成特定的目標，是較為主觀的評斷。比方有些建物雖然設有斜坡道或電梯，這些無障礙通道卻是設在邊門、旁門，或後門。身心障礙者若要使用這些設施，不僅必須繞比較遠的路，且會有種受到隔離、不公平態度的感覺。這些設施的設置方式彷彿在告訴大眾這些通道的使用者是「不正常的」或「不受歡迎的」，因而容易加深社會對使用者的刻板印象。雖然現在許多人開始瞭解到，人的一生中許多時候都會處於行動不便的狀態，無論是嬰兒、老人、孕婦、病人或身心障礙者，都亟需要友善的無障礙環境及生活空間。但由於台灣過去無障礙環境主要是在身心障礙相關法律下推動，因此一般仍多以身心障礙者的需求為主要考量。

二、通用設計

「通用設計」（Universal Design，簡稱 UD）指在設計之初就將不同使用者的情況及需求都考慮在內，因此讓所有人——不論性別、年齡、身體特徵、生活型態——都可以使用的產品、環境及通訊方式。如果說無障礙設計是消極性的被動式作為，僅是去除人為造成的障礙因素，採取修補式的設計；通用設計則是屬於積極性的主動思考，是屬於一種預防式、包容性及關懷性的設計行為，注重社會的多元價值，基於公平、彈性使用的立場來考量所有人的需求。根據美國北卡州立大學（North Carolina State University）「通用設計中心」（The Center for Universal Design）的說明，通用設計至少包括七大原則：

1. 公平使用（Equitable Use）：讓多數人可以有公平使用的機會。比方冰箱長條型的把手，或落地長條型的尿斗方便不同高度的使用者；游泳池旁的斜坡，讓初學游泳者或行動不便者都可以輕易進入泳池；將電梯設置在樓梯旁，避免使用電梯者有受到區隔的感受，或者讓入口處完全平坦，而不需再另外加裝斜坡道或電梯。

2. 靈活彈性（Flexibility in Use）：操作方式要有選擇性，適應使用者不同的喜好和能力等。比方電視機提供觀眾選擇是否需要字幕，門兩側都有手把讓慣用左手或右手者都可以輕易開門，流理臺可以機械式的調整高度方便輪椅使用者利用。

3. 簡易操作（Simple and Intuitive Use）：不論使用者過去的經驗、知識、語言能力，或使用時的專注程度都可以很容易地瞭解與使用。比方遙控器或按鈕上面用圖示而不是文字，產品組裝說明用清楚的圖說來讓使用者輕易瞭解組裝步驟。

4. 資訊辨識（Perceptible Information）：考慮使用者不同的感官能力，透過視覺、聽覺和觸覺等不同溝通介面，有效傳達必要的資訊。比方會議中心大廳的噴泉聲音提供視障者辨認位置的線索，或者網站提供純文字頁面供視障者可以透過語音或點字來瞭解網頁內容。

5. 容許錯誤（Tolerance for Error）：提供必要的保護措施，萬一發生意外或錯誤時的危害與負面後果也要降到最低。比方電熨斗如果超過五分鐘不動就會自動斷電，或者割草機手一放開手把就會停止的設計。

6. 操作省力（Low Physical Effort）：讓使用者可以有效、舒適、不費力地操作或使用。比方行李箱加裝輪子以方便在平面地面拖行，汽車的定速裝置可以讓開車者不用一直控制油門，或者像公園內多設座椅方便行人休息。

7. 尺度合宜（Size and Space for Approach and Use）：提供適當的尺寸和空間，方便不同體格、姿勢與移動能力者使用。比方櫃臺高度、車門或門框寬度、廁所空間大小都必須考慮到不同使用者的需要。

社會高齡化是通用設計背後一個的重要推力，「我們都會老」或「我們都會用到」是通用設計支持者常會提到的理由。隨著年紀變大，手的握

力、眼睛視力、牙齒咬合力都會減弱，日常生活中原本很容易的事情開始
出現困難。指紋變淡、皮膚變乾燥，使得書本翻閱變得不容易，而耳規管
平衡感降低則容易跌倒。如果一開始設計就盡可能考慮到最困難的使用
者，這樣大部分的人使用上就不會出現問題，且日後也不用再去做特別的
修改。

三、融合設計

「融合設計」（Inclusive Design，簡稱 ID），有時也被翻譯為「共融設
計」或「和合設計」。共融設計和通用設計一樣都希望能夠讓更多使用者
被納入，不同的是共融設計強調的是透過設計讓更多的感官能參與活動，
藉以豐富和拓展人類的身體經驗。現代以視覺為中心的文化導致人們過於
依賴視覺，而忽略聽覺、觸覺、嗅覺與味覺等感官經驗的重要性。許多建
築設計只重視視覺美感，不僅造成障礙者無法接近使用，也讓人們失去
了許多本來可以有的體驗。博物館或美術館的展示也多以視覺為主，因此
我們常會看到「請勿觸摸」這類的標誌，工作人員的主要工作似乎就是在
提醒參觀者不要靠近。用眼睛取得資訊速度雖然比較快，可以在短時間內
取得大量資訊，但是這種訊息的傳遞是單向的，是由設計者單向傳遞給參
觀者。這種單向被動的訊息接收方式，對我們的想像力和創造力其實是有
害的。反過來說，用手摸不論就數量還是速度來說都是比較沒有效率的方
式，可是觸覺所得到的溫度和質感是視覺所無法得到的感受。這種方式得
到的體驗與知識，不是設計者單向對參觀者的傳遞，而是參觀者與物件雙
向互動所得到的結果。

習慣用視覺獲得訊息的人，其他感官就像處於「睡眠狀態」，需要透
過不同展式媒介來「喚醒」參觀者的感官。透過內在各種感官經驗的「創
造」和「開啓」，可以讓我們以新的角度認識外在世界，重新省思以視覺
為主的現代文明（Hirose, 2009: 77-80）。我們可以將展場的燈光弄暗，讓
參觀者戴上眼罩或閉上眼睛來體驗，先由點狀的觸摸開始，然後前後移動

形成面，再到立體三度空間。透過手指移動來開啟觸覺的世界，重新評估那些在現代化過程中被淘汰，或被現代文明所遺忘的「看不見」的東西，參觀者的心靈將更爲開放。有些博物館會針對視障者等提供點字或語音導覽，然而這只是把觸覺和聽覺當作視覺訊息的替代品，這是屬於「無障礙設計」的做法，並不符合「融合設計」的理想。另外有些博物館開放特別時段，讓視障者可以觸摸館內部分立體的展示品，但如果只有視障者可以觸摸展示品，非視障者就不可以觸摸的話，就會變成一種「反向歧視」（邱大昕，2016）。「融合設計」的展示是要對所有的人開放，讓所有的人都可以用不同感官去體驗。唯有我們不過於依賴某種感官，該感官功能降低時才不會完全被社會隔離，因爲失去功能的感官只是我們賴以認識世界的管道之一。當我們從「融合設計」來思考設計時，不僅可以增進我們對「觸覺文化」的瞭解，也可以減少對視覺障礙的刻板印象。

第三節　無障礙相關法規

　　台灣推動無障礙建築環境已有很長的一段時間，從1980 年《殘障福利法》公告實施，到2013 年實施建築物全面無障礙化，法規逐漸完善涵蓋範圍也越來越廣。這段時間從中央機關至地方政府皆投入不少人力、物力，以期能更符合行動不便使用者之需求。爲瞭解無障礙概念的實踐與法規變遷過程，本節將針對相關的重要法規依序說明之。

一、技術規則

　　1980 年《殘障福利法》正式公告實施開始，台灣的身心障礙福利逐漸邁向對身心障礙公民的權利保障。殘障福利法第22 條規定「政府對各項公共建築物及活動場所，應設置便於殘障者行動之設備」，這是台灣法規中最早出現無障礙環境規定。不過當時並未規定應有哪些設備及如何設

置，如果沒有設置也不會受罰，因此實際效果不大。1988 年內政部營建署於《建築技術規則》中，增列〈公共建築物殘障者使用設備〉一章，對無障礙設備設施提出原則性的規範，讓業者能夠因地制宜設計出適合的無障礙空間。該章主要內容包括引導用的「導盲磚」、增設「斜坡道」，以及廁所設置「扶手」等的圖例，但無詳細形狀尺寸坡度之規定。

　　1990 年《殘障福利法》修訂時加入罰則，於第 23 條規定「各項新建公共設施、建築物、活動場所及交通工具，應設置便於殘障者行動及使用之設備、設施；未符合規定者，不得核發建築執照。……舊有公共設備與設施不符前項之規定者，各級政府應編訂年度預算，逐年改善。但本法公布施行 5 年後，尚未改善者，應撤銷其使用執照」。不過撤銷公共建築物使用執照茲事體大，且不太可能因某一處不符合規定，就要將整棟建築物的使用執照撤銷掉。1996 年〈公共建築物殘障者使用設備〉一章，更名修訂為〈公共建築物行動不便者使用設施〉。1997 年修訂《身心障礙者保護法》，既有建築物之改善因特殊情形限制，設置無障礙設備與設施確有困難者，得由所有權人或管理機關負責人提具替代改善計畫，申報各級目的事業主管機關核備並核定改善期限。此外，交通工具車、船、飛機、公園與綠帶[1] 等無有所謂的使用執照，因此無從撤銷也難以要求改善。

二、設計規範

　　2005 年《憲法》增修條文第 10 條第 7 項規定：「國家對於身心障礙者之保險與就醫、無障礙環境之建構、教育訓練與就業輔導及生活維護與救助，應予保障，並扶助其自立與發展。」宣示了無障礙環境之建構為國家基本國策。2007 年《身心障礙者權益保障法》公布實施，其中第 57 條[2]

---

[1] 綠帶（green ribbon）指沿著天然線性地景構造的延伸所呈現的綠地景觀，或是人為規劃設計的帶狀綠地。

[2]《身心障礙者權益保護法》第 57 條規定：「新建公共建築物及活動場所，應規劃設置便於各類身心障礙者行動與使用之設施及設備。未符合規定者，不得核發建築執照或

及第88條[3]規定成爲目前台灣公共建築物應改善無障礙設施的主要法源依據。2008年公布之《建築物無障礙設施設計規範》，訂定比原來的《建築技術規則》詳細許多的規定。規範的強制性規定是建築物完成時該有的，也就是無障礙環境的最基本要求標準，而參考性規定則是作爲建物完成後可以參酌增加的項目。當然符合這些規定並不表示該建物就是完美的，有些無障礙需求量大的建物如交通場站、醫療機構，這時無障礙設施的數量就要增加，而不能以爲符合規範的基本要求就夠了。

在身權法之前，建物取得建照執照後就完全合法。但身權法規定連既有建物也要依規定改善。如果已取得建照執照而難以符合修正法規之公共建築物，或者修建可能造成結構性問題者，內政部公布《已領得建築執照之公共建築物無障礙設備與設施提具替代改善計畫作業程序及認定原則》，以明確規定既有公共建築物如何適用。比方規定廁所迴轉空間直徑150公分，放寬爲120公分仍不行時，可以改爲人員引導至「適當距離範圍」無障礙廁所。如果說規範要求的是滿分一百分，替代方案大概是及格分數。

2009年《身心障礙者權益保障白皮書》總目標規定，身心障礙者所

對外開放使用。公共建築物及活動場所應至少於其室外通路、避難層坡道及扶手、避難層出入口、室內出入口、室內通路走廊、樓梯、升降設備、哺（集）乳室、廁所盥洗室、浴室、輪椅觀眾席位周邊、停車場等其他必要處設置無障礙設備及設施。其項目與規格，由中央目的事業主管機關於其相關法令定之。公共建築物及活動場所之無障礙設備及設施不符合前項規定者，各級目的事業主管機關應令其所有權人或管理機關負責人改善。但因軍事管制、古蹟維護、自然環境因素、建築物構造或設備限制等特殊情形，設置無障礙設備及設施確有困難者，得由所有權人或管理機關負責人提具替代改善計畫，申報各級目的事業主管機關核定，並核定改善期限。」

[3]《身心障礙者權益保護法》第88條規定：「違反第57條第3項規定未改善或未提具替代改善計畫或未依核定改善計畫之期限改善完成者，各級目的事業主管機關除得勒令停止其使用外，處其所有權人或管理機關負責人新臺幣6萬元以上30萬元以下罰鍰，並限期改善；屆期未改善者，得按次處罰至其改善完成爲止。必要時得停止供水、供電或封閉、強制拆除。」

有的服務與措施應遵循「全面排除環境無障礙並減輕甚至消弭個人身心障礙的情形」（內政部編印，2009：4），此「全面排除環境無障礙」的項目即包括建築物的無障礙化。2011年6月《身心障礙者權益保障法》修正公布，增訂公共建築物及活動場所應設置無障礙設備及設施之種類。2012年10月1日內政部修正公布《建築技術規則》第10章無障礙建築物專章，規定新建及增建建築物（不再限於過去規定的公共建築物範圍）必須全面無障礙化，此後私人經營之旅館、餐廳、寺廟、教堂與殯儀館等也屬於公共建築物。

　　2012年5月修正公布《既有公共建築物無障礙設施替代改善計畫作業程序及認定原則》。如果建築師有更好的構想，能夠符合「獨立到達、進出、使用」之基本原則，可以提出申請。由於設備設施不斷推陳出新，工程技術改善，復健重建觀念改變，輔具、生活形態不斷改變，各國法規都必須不斷更新。由於法規不斷與時俱進，建物竣工後取得建照執照前法規又做修改，爲避免建築業者無所適從，將改爲規定每年1月1日和7月1日公布實施。2012年10月1日內政部修正公布《建築技術規則》第10章無障礙建築物專章，規定新建及增建建築物（不再限於過去規定的公共建築物範圍）必須全面無障礙化，此後私人經營之旅館、餐廳、寺廟、教堂與殯儀館等也屬於公共建築物。

三、合理調整

　　2014年8月台灣公布《身心障礙者權利公約施行法》（簡稱 CRPD 施行法），將 CRPD 國內法化使其相關規定具有國內法律之效力。CRPD 爲確保身心障礙者能在與其他人平等基礎上，享有或行使各種人權及基本自由，除了第9條的「無障礙／可及性」（accessibility）外，尚有第2條第3項之「合理調整」（reasonable accommodation）之規定。所謂的「合理調整」是指「根據具體需要，在不造成『過度或不當負擔』（undue burden）之情況下，進行必要及適當之修改與調整」。「無障礙／可及性」是由整體

來設計規劃，是職場在聘用員工之前就該有的；可是有些身心障礙者的需求較為特殊，是「無障礙／可及性」的標準沒有考慮到的，這時便需要「合理調整」來為特定員工到任後的需要做個別調整。「無障礙／可及性」是無條件的，雇主不能以任何理由不提供滿足標準的環境；但是「合理調整」可以考慮不同群體間利害平衡，只有在不會對雇主造成「過度或不當負擔」才需要提供。

「合理調整」包括物理空間設備設施，或工作流程、內容或時間上的調整。物理空間設施的調整，比較常見的像是提升或降低工作臺高度、安裝斜坡、提供較佳的照明或隔音設備，或工作站的人因工程[4]的改善。工作內容的調整包含的範圍很廣，比方一位智能障礙者在負責內部收發的工作，常會把張協理和張副理的信搞混。這時雇主可以要求將全名寫出來，以避免信件被送錯。又比方一位肢體障礙的清潔人員，平常行走沒有問題，但是爬樓梯時會很辛苦。這時可以做工作上的重新分配，用其他能完成的工作來取代樓梯部分的打掃。此外，彈性工時也是一種合理調整，像是准許員工較晚開始上班，或早點離開、兼職、休假。比方精神障礙者服藥後可能有段時間因為副作用而心情低落，或者上班時間需要回診或復健。假如這不會造成雇主「過度負擔」的話，雇主便應該允許工作時間上的調整。

「合理調整」不像「無障礙環境」一樣可以有清楚的尺寸或標準做法，而是需要和身心障礙員工討論，以找到經濟有效的調整方式。同樣的調整方式對某甲適用，可能對同障別的某乙就不合適，需要考慮的因素很多，過程中需要相當多的磨合和創意。比方一位身心障礙員工希望在家工作時，雇主可以先檢視該職位有哪些主要工作要完成，如果主要工作項目是無法在家裡完成的，身心障礙雇員便不能要求在家工作。如果只有次要或邊緣工作是無法在家完成的，雇主便可以將這些工作轉給其他員工，並將其他人可以在家完成的工作交給該員工，如此在家工作便是一種可以

---

[4]　人因工程主要在研究人、機器和環境間的相互作用，以及如何達到健康、安全、舒適與效率等目標的學科。

考慮的合理調整。當然這裡還有很多其他因素要考慮，比方雇主能否監督在家工作的員工，工作需要的資料能否帶離工作場所，或者工作所需設備器材能否搬回家裡等。一種折衷方式是員工部分時間在家工作，部分時間在公司。比方需要和客戶面對面溝通時才到公司，整理客戶資料或寫報告時就可以在家裡完成。但需要多少時間在公司，多少時間在家裡，則是由雇主和員工討論來決定。雇主不需要因為身心障礙員工在家工作而降低產量，或者降低標準。因此雙方也要討論在家工作的員工，工作時間如何接受上司監督。

第四節　科技與社會變遷

　　社會參與的障礙究竟是如何產生的？我們該用何種方式來解決？科技的進步真的可以帶給我們更好的生活嗎？不同的設計理念以及法律規範背後，對這些問題都有不同的立場和答案。本節將由科技社會的變遷的角度，來瞭解人與環境的關係，及思考什麼才是理想的無障礙環境。

一、獨立自主的追求

　　傳統社會環境變動不大，工作地點以家庭或社區為主，勞動型態重視團體合作。因此身心障礙者即使未能完全參與社會生產活動，但基本上不會被隔離於社會之外。美國人類學家 Steve Wilcox 曾經在非洲 Bangwaland 進行田野研究，當地人雖然沒有現代輔助科技和無障礙設施，可是他們的失能老人仍然能夠保持活力，積極活躍參與社交和專業活動，並獲得社會普遍尊敬。然而進入工業社會後，快速的工廠步調、嚴格的紀律管理與獨立的機器操作等以非身心障礙者為主的生產工具和生產關係，都使得現代身心障礙者再也難以參與生產活動。資本主義社會重視生產力、效率與競爭，不能符合資本生產效率的人被歸為身心障礙者。個人主義的意識型態

使得身心障礙者更加受到孤立與排除。身心障礙在這時候開始成為社會問題，救濟院、收容所、特殊學校等機構才相繼出現。不過台灣由於工業化步調較西方慢，傳統家庭的支持功能相對西方來得強，因此許多身心障礙者長期由家人協助照顧。

然而傳統家庭支持可能不是最理想的照顧方式，因為人和人有太多微妙的互動關係，為了得到人的輔助通常需要花費很多時間經營感情。對家人的依賴也容易形成不平等的關係，受助者有時必須委曲求全，配合他人的時間或情緒。有些父母親會比較有控制慾、對受助者會頤指氣使，甚至造成傷害。有些縣市的社會局會為視障者提供生活輔佐員的服務，協助視障者獲得資訊、家務處理，以及錄音、讀報及文件資料處理，或陪同視障者外出就醫、就學、福利申請、休閒活動與求職等。但生活起居、行動路線完全靠人帶，常會造成視障者缺乏隱私權（遲到早退、購物行為及銀行密碼等）的問題。因此無障礙環境的建構可以說就是在「物質工具」（如無障礙設施或輔具等）或「社會工具」（如陪伴者或照顧者）間尋求平衡，以增進身心障礙者獨立生活的能力，以及平等而有尊嚴地生活在社會之中。

二、技術物的政治性

技術政治論（theory of technological politics）關注的是技術物的特性及其意義，許多障礙並非無心的後果，而是刻意設計來限制人們的行動。權力、權威、自由還是社會正義，經常都是鑲嵌在技術結構之中，透過技術物來強化權力與權威，或者得到自由與正義（Winner 1986a；Winner 1986b）。而美國紐約的長島（Long Island）有兩百多座設計特別低的高架橋，這些高架橋扮演了偏袒使用汽車的中上階層的白人，讓他們可以自由通行。而以公車為主要交通工具的窮人和黑人，就難以使用高架橋外的公園及海灘等遊樂設施。台灣的建築物也有許多類似的設計隔離（design apartheid），像是過去官方建築或廟宇正門口前又長又高的樓梯，除了

可以提高本身的權威與地位外，同時排除某些老弱婦孺身體缺損者的進入。這些為了維持差異而建構出來的空間規劃，一旦完成後便反過來支持並加深既有的社會距離。技術物和法律一樣具有支配性，可以強加一種社會秩序在多數人身上。當某個技術物剛被引進時，這時我們擁有最大的自由度。一旦決定採用某種技術物之後，原有的使用彈性便逐漸消失（Winner, 1986b）。民主社會的法律通常是有許多相關團體參與，透過一連串公聽會與討論後深思熟慮的結果；但比法律更有支配性的技術物，卻反而經常是由少數專家所主導或決定。

我們所居住的空間環境多是為男性、壯年、中上階層、四肢健全的人而設計的。這些擁有權力去界定環境的人，他們的偏好、價值和操作程序不僅具有支配性，透過技術物的設計還會讓大多數人不加懷疑地接受他們所創造的世界秩序。空間的特殊呈現方式引導了空間的實踐，將人群與活動指派到不同的空間，有效達到身體階層（性別、種族與身心障礙等）秩序的建立與維持。無障礙環境的推動就是為了挑戰既有的空間秩序，打破原有正常身體的霸權關係，以維持空間使用的公平性。無障礙環境的推動常會受到成本效益的質疑，然而如果身心障礙者的社會排除是健全身體壓迫的問題，「歧視」的空間便不能單純用經濟的角度來思考。畢竟評估「成本」時不應只是考慮無障礙環境所需的付出代價，還應考慮不採取行動時所要付出社會正義的代價。

三、科技樂觀主義

如果說工業革命時的機械延伸或取代人類的四肢肌肉骨骼系統，資訊科技的發展則延伸或取代人類的感官神經認知系統。Finkelstein（2001）認為工業革命將身心障礙者排除於工業生產之外，現代的電子革命則能讓身心障礙者重新回到職場。這種「科技樂觀主義」在台灣也很常見，媒體經常傳播醫學治療的新技術，或者輔助科技新發展之類的新聞。這類論述強調科技的發展，尤其是資訊革命（像是網路、盲用電腦和 GPS 等），可

以促進身心障礙者交通便利、增加工作機會與融入主流社會等。然而科技演進與身心障礙就業的關係並非如此簡單。

1960 年代資訊科技的發展，給身心障礙者的社會參與帶來新希望與可能性。當時程式寫好後由打字員在卡片上打洞，因此空間組織能力好的盲人也可以勝任程式設計的工作。1980 年代個人電腦出現，程式輸入開始不再需要委託打字員處理，而是由程式設計者自己打字輸入程式。但是初期 IBM 相容電腦是以文字或指令式介面（text-based or command-line）為主的 MS-DOS 為操作系統，因此盲人仍能透過介面轉換的方式來使用電腦。可是當以圖形使用者介面（Graphic user interface, GUI）為主的蘋果電腦和 Windows 系統相繼出現成為主流之後，這些「美觀不單調的視覺訊息」雖然對智能障礙者、學習障礙者或閱讀障礙者或許是個福音，因為對這些障礙者而言圖形比文字更容易理解，但這個改變對視覺障礙者卻是個災難。

又比方我們現在在註冊或登入網站時，經常會看到由一堆歪七扭八的英文字母所組成的「驗證碼機制」，主要功能是用來防止機器人進行灌票、留言與發送垃圾廣告等干擾網站、活動運行等。網路使用者必須通過 CAPTCHA 的測試，才能向伺服器證明自己是人類，而不是那些廣告或駭客所用的機器人。早期電腦無法辨識圖案來解答問題，因此 CAPTCHA 所預設的「人類」是必須具備視覺，以及數字或文字的認知能力，雖然後來也出現語音的 CAPTCHA，但圖案辨識碼仍是最主要的測試方式。然而隨著「光學識別技術」（Optical Character Recognition，簡稱 OCR）或人工智慧（Artificial Intelligence，簡稱 AI）的發展，視障者開始可以辨識圖案的同時，人與機器的界線也再度模糊。為了區別人與機器，電腦程式設計師必須開發更新的 CAPTCHA，讓機器人無法透過 OCR 或 AI 來破解驗證碼，但也同時將視障者再度排除在某些網頁的使用之外。在這場網路隱私與可及的技術競賽中，人與機器的界線不斷在改變，視障者在資訊世界裡的地位也不斷重新被定位。

第五節　結論

　　現代科技並不會自然而然給身心障礙者帶來自由與解放，無障礙環境也不是靠制定法規或購置設備設施就能一勞永逸。無障礙環境是不斷協商和調整的過程，也需要不斷監督與管理才能發揮功能。室內浴廁、戶外走道、坡道除了使用防滑地磚外，平時還需要保持乾燥避免堆放雜物。否則即使花費再多經費購買設備，最後可能因疏於維護與管理而功虧一簣。隨著科技發展與社會制度不斷變遷，新的障礙也會不斷出現，法規也必須不斷修正，各種設備設施也必須跟著調整，以達到公平正義的原則。

　　其次，每個人的障礙經驗不同，克服障礙的方式也有不同偏好。如果個別需求差異過大，難以透過環境改造來滿足，就可以考慮透過輔具或人為協助來彌補。「社會工具」需要休息，會有情緒和不能行使功能的時候；「物質工具」雖然比較容易使喚，但是也會耗損或故障。究竟什麼才是理想的無障礙環境，以及如何達到無障礙環境，並不是單純靠工程技術專家所能回答，而是各種社會文化、經濟與政治力量折衝競逐之後的「動態共識」。因此技術的設計與實作應該民主化，公民應該被賦權來參與社會基本樣貌的形塑。

　　第三，許多設施的設計必須因地制宜，沒有通則可循。無障礙環境不一定要大興土木或添置設施，無障礙建構的最高指導原則其實是在最少改變下，發揮創意讓環境的阻礙變得最少。有些戶外環境的改造與設計，並非不顧一切以「無障礙」為最高指導原則，而必須同時考慮到自然生態維護、身體感官體驗，以及行動不便者的需求之間的平衡。因此設計者或管理者最大的挑戰，就是在各種衝突中找出可以增進「可及性」的辦法。讓老人或身心障礙者能夠自由行走，但又不過度保護以至於失去挑戰與體驗，或者破壞了生態環境。儘量保護原貌與自然融合，並移除不必要的人為設計，但這時就需要設計者的巧思和創意才能達成。

問題與討論

1. 我們在日常生活行動中常會碰到哪些障礙？和身心障礙者、老人、孕婦或小孩討論他們外出時常會碰到的問題。

2. 我們在日常生活中可以扮演什麼樣更積極的角色，讓無障礙環境的建設與推動更順利些？

參考文獻

內政部營建署（2017）。《建築物設置無障礙設施設備勘檢人員培訓講習教材》。台北：內政部營建署。

田蒙潔、劉王賓（2001）。《無障礙環境設計與施工》。台北：營建雜誌社。

李政隆（1986）。《適應殘障者之環境規劃》。台北：大佳。

易君珊（2016）。〈障礙文化與社會正義：博物館無障礙可及性服務的實踐與服務關係中的權力議題〉。《博物館與文化》，12，5-41。

邱大昕（2008）。〈「殘障設施」的由來：視障者行動網絡建構過程分析〉。《科技醫療與社會》，6，21-68。

邱大昕（2012）。〈視障者的輔具，真的讓視障朋友感覺好用？〉。在王文基、王秀雲與郭文華（合編），《意外多重奏：STS 如何重組真相》，頁120-134。台北：行人。

邱大昕（2014）。〈為什麼電梯點字常出錯？〉。在林文源、楊谷洋、陳永平、陳榮泰與駱冠宏（合編），《科技社會人 2：跨領域新挑戰》，頁114-124。新竹：交通大學科技與社會中心。

邱大昕（2016）。〈觸覺的轉向：広瀨浩二郎的展覽理念〉。《博物館與文化》，12，141-156。

邱大昕（2017）。〈CRPD 與「合理調整」〉。《社區發展季刊》，157，236-240。

孫迺翊（2017）。〈概念定義、一般原則與無障礙／可及性之保障〉。在廖福特與孫迺翊（合編），《身心障礙者權利公約》，頁25-58。台北：財團法人台灣新世紀文教基金會台灣聯合國研究中心出版。

畢恆達（2001）。《空間就是權力》。台北：心靈工坊。

曾思瑜（2003）。〈從「無障礙設計」到「通用設計」——美日兩國無障礙環境理念變遷與發展過程〉。《設計學報》8（2），57-76。

黃耀榮（2006）。〈建築物視障者通行環境建構之研究〉。《建築學報》，56，1-26。

Clarkson, J., R. Coleman, S. Keates, & C. Lebbon (2003). *Inclusive Design: Design for the Whole Population.* UK: Springer.

Finkelstein, V. (1980). *Attitudes and Disabled People.* NY: World Rehabilitation Fund.

Finkelstein, V. (2001). A Personal Journey into Disability Politics. Stockholm: Independent Living Institute. Retrieved Mar. 9, 2012, from http://www.independentliving.org/docs3/finkelstein01a.pdf.

Freund, P., & G. Martin (2004). Walking and Mortoring: Fittness and the Social Organisation of Movement. *Sociology of Health & Illness*, 26(3), 273-286.

Gibson, B. E., R. E. G. Upshur, N. L. Young, & P. Mckeever (2007). Disability, Technology, and Place: Social and Ethnical Implications of Long-Term Dependency on Medical Devices. *Ethics, Place and Environment*, 10(1), 7-28.

Gleeson, B. (1998). A Place on Earth: Technology, Space, and Disability. *Journal of Urban Technology*, 5(1), 87-109.

Gleeson, B. (2001). Disability and the Open City. *Urban Studies*, 38(2), 251-265.

Hahn, H. (1986). Disability and the Urban Environment: A Perspective on Los Angeles. *Environment and Planning D: Society and Space*, 4, 273-288.

Hahn, H. (1993). The Political Implications of Disability Definitions and Data. *Journal of Disability Policy Studies*, 4(2), 41-52.

Imrie, R., & M. Kumar (1998). Focusing on Disability and Access in the Built Environment. *Disability & Society*, 13(3), 357-374.

Imrie, R., & P. E. Wells (1993). Disablism, Planning, and the Build Environment. *Environment and Planning C: Government and Policy*, 11(2), 213-231.

Tzeng, Szu-Yu (2014). Evolution of the Public and the Private Sector for Enforcing Barrier-Free Environment in Taiwan. *Architecture Science*, 9, 29-38.

Winner, L. (1986a). *The whale and the reactor: a search for limits in an age of high technology*. Chicago: University of Chicago Press.

Winner, L.（原著），方俊育、林崇熙（合譯）（2004）。〈技術物有政治性嗎？（Do Artifacts Have Politics?）〉。在吳嘉苓、傅大為、雷祥麟（合編），《科技渴望社會》，頁123-150。台北：群學。

Zola, I. K. (1989). Toward the Necessary Universalizing of a Disability Policy. *The Milbank Quarterly*, 67(2), 401-428.

第 **7** 章
交通與行動力

潘佩君

　　本章節介紹身心障礙人口的交通與外出行動力，共分為五個小節：第一小節介紹交通可近性對於身心障礙者生活的重要性。第二小節說明目前國內的交通政策與措施。第三小節為交通可近性對障礙者健康與生活的重要性。第四小節談及《身心障礙者權利公約》（簡稱 CRPD）與交通、行動力相關之條文，以及聯合國國際公約審查委員對第一次國家報告的建議。最後，呈現使用者經驗和可延伸探討之議題。

第一節　前言：交通可近性與交通貧窮的理論內涵

　　身心障礙者在外出的交通與行動力方面的制度，可以視為形塑身心障礙者在社區生活中接近生活各項所需資源的機會，與其個人掌控生活安排的自由度和社會參與的程度，同時，也可以作為檢視社會排除程度的指標之一。

　　交通可近性時常與弱勢人口的貧窮議題相連結。交通貧窮（transport poverty）一詞是由英國於 2003 年提出，為了解決缺乏交通而導致社會排除的社會現象進行研究與政策研擬。當時為增進可近性和降低社會排除，英國政府委託民間單位和學術單位分別進行多項研究。英國交通部在 2003 年的「社會融合的交通運輸面向」委託研究案，其中一項研究目的是尋求障礙者社會融合（social inclusion）的生活，該研究指出社會排除的因素中以交通運輸政策的影響力最大，並將交通可近性低落的情形稱為交通貧窮（transport poverty）（DfT, 2006）。

　　交通可近性和社會排除相關的理論發展已趨成熟，透過交通運輸的改善，增加交通可近性，則可同時改善社會排除的情形，增加社會融合。社會排除的定義可以視為限制個人使用工具或資源接近重要設施的能力（DfT, 2006），但是英國政府透過交通運輸改善社會排除的政策是在近十年才展開。由於社會排除的對象往往是貧窮人口、障礙者和老年人口，早在 1998 年英國的社會排除部門（Social Exclusion Unit，簡稱 SEU）即發

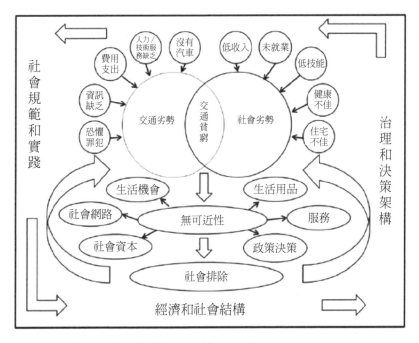

圖7-1 交通劣勢、社會弱勢和社會排除的關係（Lucas, 2012；Titheridge et al., 2014，潘佩君、劉欣怡翻譯）

表一份報告[1]，其中明確指出不適當的交通運輸系統造成貧窮的人更加地被社會排除，有些人口是位於服務無法到達或者根本被當作不存在的區域中。這些人口往往是缺乏私人的交通工具，或者是因為沒有適當的大眾運輸工具，而剝奪他們購物或接近醫療服務的機會，但社會將這種情形視為理所當然（SEU, 1998）。同年，英國交通部門也在交通白皮書中，說明交通運輸政策可能加重特定的族群和社區社會排除的情形（Department of Environment, Transport and the Regions, 1998）。交通部門對此提出改善方針，落實的目標共有五項，其中提到對所有的人都要增進各項每天生活所使用設施的可近性，特別是針對沒有私人交通工具者，以及整合交通運輸的各種形式和使用目的之方案。關於交通障礙與社會排除之相關性，如圖

---

[1] 報告名稱為 Bring Britain Together Report。

7-1 呈現交通劣勢、社會弱勢和社會排除的關係，其中重疊處為交通貧窮人口（Lucas, 2012；Titheridge, et al., 2014）。

目前國內每五年將進行一次全國性身心障礙者生活狀況與需求調查，此調查可以提供我們對身心障礙者的外出交通與行動力現況有初步的瞭解。根據105年度的調查發現，身心障礙者在外出時使用一般交通工具[2]的重要度高於大眾運輸工具，以「親友開車或騎車接送」最多，其次是「自行騎乘機車（含特製機車）」（如圖7-2）。在北部縣市的身心障礙者使用公車和捷運的比例明顯高於其他縣市，顯示大眾運輸設施的普及度和可近性會影響身心障礙者的外出偏好與可選擇的選項。並且，在不同縣市，甚至同一縣市的不同區域，都會因為交通運輸工具的選項不同，而影響其外出習慣的方式，外出方式的不同又會影響其外出頻率與外出。

以身心障礙者人數最多的肢體障礙者中，輪椅使用者占多數，外出時常需要具有升降設備的低底盤公車、復康巴士或是無障礙計程車等交通工具與服務。但是如圖7-3所示[3]，身心障礙者中有搭乘無障礙計程車或復康巴士的比率均不及5%，有搭乘過的身心障礙者指出主要困難皆以「預定或叫不到車」為最多，預定無障礙計程車有困難者占24.61%，預定復康巴士有困難者則高達三成，其次困難因素像是使用無障礙計程車的費用太高者有19.47%。

身心障礙者外出的目的地方面，就醫占相當大的比例。身心障礙者中有七成需要定期就醫，其中又有九成有按時就醫。若是有復健需求者則是有六成會定期復健。雖然身心障礙者有如此高的就醫需求，但是相對於身心障礙者的就醫困難項目方面，發現就醫困難因素前三項（如圖7-4），分別是：「醫療院所距離太遠」（33.73%）、「交通不便」（32.23%）與「沒

---

[2] 105年身心障礙者生活狀況及需求調查報告，一般交通工具包括：親友開車或接送、機車、自行駕駛汽車、坐計程車／無障礙計程車、自行騎乘腳踏車、搭乘復康巴士、使用電動輪椅或代步車（衛生福利部，2018）。

[3] 請參考105身心障礙者生活狀況與需求調查，表63及圖1-1-6、2-3-2（衛生福利部，2018）。

有人可接送」（22.85%），尚有其他困難因素包括：缺乏接駁車往返醫院（16.73%）、缺乏人員陪同就醫（14.67%）、交通費用太高（14.3%）等[4]。

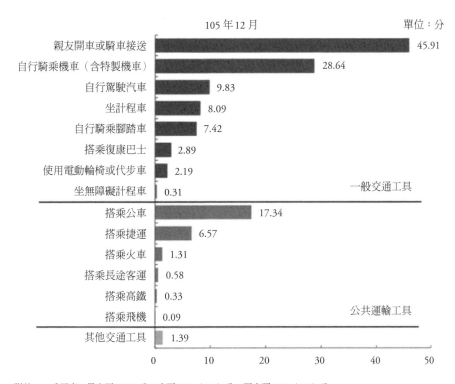

附註：1. 重要度＝最主要 %×1 分＋次要 %×（2/3）分＋再次要 %×（1/3）分。
　　　2. 本題為複選題，已排除植物人。
　　　3. 請參閱統計結果表 63-64。

圖7-2　身心障礙者最近一個月外出時最常使用交通方式之重要度（衛生福利部，2018）

---

[4] 請參考105 身心障礙者生活狀況與需求調查，表 122、133、137 及圖 1-1-9（衛生福利部，2018）。

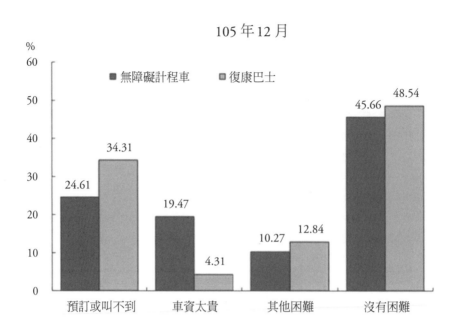

圖7-3　身心障礙者最近三個月搭乘無障礙計程車或復康巴士使用狀況及困難情形（衛生福利部，2018）

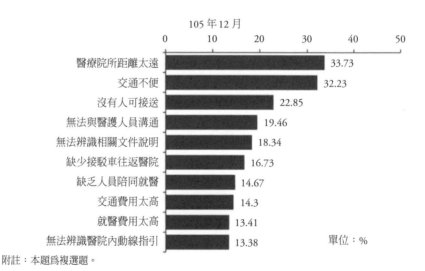

附註：本題為複選題。

圖7-4　有就醫困難身心障礙者之困難項目（衛生福利部，2018）

從費用負擔情況來看，交通費用在支出項目中占據相當大的比例，身心障礙者個人各項費用每月支出金額方面[5]，醫藥費占最高（73.24%），平均支出金額為 2,357 元；支出「交通費」的比率為 68.18% 次之，平均支出金額為 1,553 元。我們從以上全國性的統計數據中，可以瞭解到「外出」這個生活中最普及的行動，需要仰賴一連串的政策與服務設計才能夠支撐與回應身心障礙者在交通上的需求，其中包括合適的無障礙交通工具和可近的大眾運輸系統，尤其需要考量費用負擔，才能夠支持身心障礙者在社區生活與外出行動的需求。

此外，身心障礙者在外出方式的選項中，除了自行外出之外，時常會出現一個陪伴者的角色，不論有無良好的行動輔具或是交通系統，在支持身心障礙者外出的服務措施與政策中，必須將陪同者的負擔與可近性一併考量，這樣在整體交通服務措施上才算是完整。

第二節　現行交通政策、措施、方案介紹

一、中央政府現行相關法規[6]

現行的交通法規方面，主要法規由衛生福利部和交通部主管。身心障礙者的交通權益目前主要是在《身心障礙者權益保障法》中規範，從該法的第 53 條至 60 條，與無障礙環境、交通和行動力相關。並且在身心障礙者個人照顧辦法中明訂需提供復康巴士服務，於該法的 72 條至 77 條，規範復康巴士服務相關事項。

以下為《身心障礙者權益保障法》中相關條目摘要，提醒我們在規劃身心障礙者行動力時，無障礙和可近性的原則皆需融入在交通服務措施中，並且須考量各種交通行動的使用空間（陸、海、空）、各種交通工具

---

[5]　105 年身心障礙者生活狀況及需求調查報告，表 2-5-5（衛生福利部，2018）。

[6]　本小節整理自全國法規資料庫網站。

（載具）、提供的服務人員（服務人力、陪伴者、工作犬）、經費和服務流程等設計。

第 53 條：規範運輸營運者應於所服務之路線、航線或區域內，規劃適當路線、航線、班次、客車（機船）廂（艙），提供無障礙運輸服務。包括大眾運輸工具應規劃設置便於各類身心障礙者行動與使用之無障礙設施及設備。

第 54 條：規範市區道路、人行道及市區道路兩旁建築物之騎樓，應符合中央目的事業主管機關所規定之無障礙相關法規。

第 55 條：有關道路無障礙之標誌、標線、號誌及識別頻率等，由中央目的事業主管機關定之。

第 56 條：公共停車場應保留百分之二停車位，作為行動不便之身心障礙者專用停車位，車位未滿五十個之公共停車場，至少應保留一個身心障礙者專用停車位。非領有專用停車位識別證明者，不得違規占用。

第 57 條：新建公共建築物及活動場所，應規劃設置便於各類身心障礙者行動與使用之設施及設備。未符合規定者，不得核發建築執照或對外開放使用。

第 58 條：身心障礙者搭乘國內大眾運輸工具，憑身心障礙證明，應予半價優待。
身心障礙者經需求評估結果，認需人陪伴者，其必要陪伴者以一人為限，得享有前項之優待措施。

第 58-1 條：直轄市、縣（市）主管機關辦理復康巴士服務，自中華民國一百零一年一月一日起不得有設籍之限制。

第 60 條：視覺、聽覺、肢體功能障礙者由合格導盲犬、導聾犬、肢體輔助犬陪同或導盲犬、導聾犬、肢體輔助犬專業訓練人員於執行訓練時帶同幼犬，得自由出入公共場所、公共建築物、營業場所、大眾運輸工具及其他公共設施。

　　交通部主管業務方面，則是另訂有《身心障礙者搭乘國內大眾運輸工具優待實施辦法》，以及無障礙計程車在民用航空機場的《客運汽車管理辦法》。《身心障礙者搭乘國內大眾運輸工具優待實施辦法》是依據《身心障礙者權益保障法》第 58 條第 5 項規定訂定之。內容主要是為了身心障礙者與其陪同者提供半價優惠的辦法，如該辦法第 2 條所示：國內大眾運輸業者，對於身心障礙者及必要陪伴者一人，就其搭乘國內固定路（航）線、固定班（航）次之國內路（航）段之票價，應予以半價優待並得優先乘坐。在無障礙設施規定方面，2008 年交通部頒布的《大眾運輸工具無障礙設施設置辦法》是第一部規範大眾運輸業者提供無障礙運輸服務之大眾運輸工具，設置無障礙標誌規定、無障礙運輸服務時間標示等，並納入《身心障礙者權益保障法》中共同規範。此外，在無障礙計程車在民用航空機場的《客運汽車管理辦法》中第 13、14、17、20、22、25-1、27 和 28 條規範了無障礙計程車排班登記、駕駛人擔任申請、營運方式與排氣量管制等事宜。

　　在交通與就學權益方面，屬於教育部所主管的業務，依據《特殊教育法》第 33 條第 4 項，訂定身心障礙學生無法自行上下學交通服務實施辦法，其中第 3 條明示「身心障礙學生經專業評估確認無法自行上下學者，由本部參酌身心障礙學生實際需求、學校設施環境及年度預算等因素，補助學校購置無障礙交通車、增設無障礙上下車設備或其他提供交通工具等方式，協助其上下學。依前項規定提供交通服務確有困難者，補助身心障礙學生交通費。」

二、國內大眾交通系統無障礙運輸現況[7]

（一）在低底盤公車的提供方面，交通部透過三期補助計畫，至2018年11月，共協助縣市購置2,580輛無障礙公車，市區公車有無障礙公車路線數於2022年可達73%。但是縣市比例差距很大，以台北市為例，在2017年的低底盤公車數量就已經達到2,810輛，占全市公車八成（交通安全入口網站）。另外，截至目前交通部已補助地方政府修建30座以上轉運站，與3,000座候車亭強化無障礙設施。嘉義和台中設置有BRT公車捷運系統，可以使用無障礙渡板上車。

（二）捷運：捷運站體提供無障礙售票口、無障礙電梯、無障礙廁所、無障礙自動售票機、導盲磚、點狀警示磚、旅客資訊顯示系統、輪椅專屬候車區、無障礙公用電話、指引標誌、無障礙停車位等。捷運車廂內設置有博愛座、輪椅專屬停靠區、無障礙車廂等。

（三）台鐵：台鐵各車站設置有無障礙電梯、售票窗口、無障礙廁所、專用檢票出入口、免費借用輪椅、愛心服務鈴、專人引導服務等。無障礙電梯預計於2020年可完成183站，涵蓋服務旅客總數達98.5%。車廂無階，與月台齊平改善工程預計於2021年完工。視覺障礙者可攜帶導盲犬上車，部分自強號、莒光號和普悠瑪號車廂有提供輪椅旅客座位。

（四）高鐵：於2007年正式營運，高鐵車體在第七節車廂設置無障礙車廂，可停放2輛電動輪椅及2輛摺疊式輪椅。高鐵站體無障礙設施有導盲磚、專用停車位、無障礙坡道、無障礙售票口和專用驗票閘門、無障礙電梯、無障礙廁所等。

（五）復康巴士和長者交通接送服務：各縣市政府皆訂有復康巴士的服務辦法與搭乘須知，復康巴士截至2018年12月底共有2,002輛小復康、28輛中型復康、35輛大復康（衛生福利部社會及家庭署身心障礙服務入口網站）。由於2017年1月1日開辦長期照顧2.0的服務，各縣市陸

---

[7] 本小節主要參考低地板公車運輸服務推動策略之研究（交通運輸研究所，2019a）。

續開辦失能長者交通接送服務。

（六）通用計程車（原名為無障礙計程車）：自2012年交通部開辦以來，截至2017年9月有699輛，成立無障礙計程車隊之縣市包含台北市、新北市、桃園市、台中市、彰化縣、嘉義縣、嘉義市、台南市、高雄市、屏東縣、宜蘭縣、花蓮縣及臺東縣，其中無障礙車輛集中於大台北及高雄地區，台北市約239輛、新北市約177輛、高雄市約93輛（交通運輸研究所，2019b）。

三、偏遠地區的接送服務

由於偏遠地區的大眾運輸服務缺乏，交通部自2016年開始在65個人口密度低於全國平均值1/5的地區，試辦12處以撥召的方式進行需求反應式公共運輸服務（Demand Responsive Transit Services，簡稱 DRTS），包括花蓮、台東、台中市、台南、屏東和金門，提供服務的車輛型態有中、小型巴士，也有計程車（小黃）。另外，尚有「極限村落公車式小黃服務計畫」（交通知識庫網站）針對全台高齡人口超過25%和500公尺內沒有公車站牌，聯外交通不便的偏鄉部落共計34處提供服務。例如：高雄市旗山區中寮里提供交通接駁，每週三天，六輛次的服務，只要提前一天預約，可以享受一段票12元，從中寮里到旗山轉運站，來回48元就可以搭車，65歲以上老人憑敬老卡可以免費搭乘。有急事需下山之民眾也可以透過機動車隊服務下山，改善當地長期外出困境。

交通部於2011年成立無障礙交通環境推動小組，其中學者專家代表4人，身心障礙者團體代表5人，已持續精進改善無障礙運輸環境。交通部在未來推動無障礙運輸之願景以通用化為原則，希望能夠達到空間無障礙、資訊無障礙、時間無障礙和服務無障礙四個面向。

第三節　交通可近性與障礙者健康的關係[8]

一、交通可近性對女性障礙者健康的重要性

　　女性障礙者相較為男性障礙者更容易成為交通貧窮人口，且因為社會文化和環境各種因素影響，在台灣的女性障礙者在行動與依賴情形較男性障礙者的比例高，這部分與國外的研究相符合。當障礙者需要前往購物、銀行、拜訪朋友或至餐廳用餐這些簡單的生活事務，常因為交通和環境的障礙使得他們必須仰賴他人，否則無法獨立行動而犧牲掉處理簡單生活事務與參與社會的機會。交通運具方面，則因為使用汽車和機車的保險費用和維護費太高，大部分的障礙者會傾向使用大眾運輸工具，但是大眾運輸工具通常都是按照一般行動方面自如的人所設計，而非考量整體人口群的需求（Barnes et al.,1999）。因此，在英國身障者所使用的交通方式也一般為親友接送，駕駛自有汽車比例較低。

　　在2017年的身心障礙者生活狀況與需求調查中顯示，女性障礙者有就醫需求者為77.36%，略高於男性障礙者的72.89%；最近一個月外出原因為就醫者，女性障礙者有54.98%，高於男性障礙者的49.52%（衛生福利部，2018）。

　　就醫困難方面，有困難的女性障礙者為34.31%，也高於男性障礙者的29.92%。女性障礙者在就醫困難之項目中，主要是交通不便，其次是醫療院所距離太遠，以及沒有人可以接送等三項（衛生福利部，2018），顯示交通的不便性因素為障礙者主要之就醫阻礙。

　　過往公共衛生與醫療領域中針對病患就醫可近性有相當多探討，目的是為了保障健康的公平性。各研究中對於就醫可近性的影響因素裡，以就醫的便利性（包含交通距離）、門診和住院人次、消費額度、預防服務成效、死亡或健康狀態等相關因素探討最多（陳敏郎和邱政元，2009；廖敏

---

[8] 本小節主要參考身心障礙女性的健康與交通可近性（潘佩君、劉欣怡，2018）。

熒，2008；蔡文正等，2006；郭嘉惠 2006；林金定等，2005；吳依凡，2004；楊貴蘭，2004；邱高忠，2004；蕭正光，1995）。其中就醫的便利性，通常是指距離醫療院所的交通距離，時常為主要就醫阻礙因素，與衛福部2017年的身心障礙者生活需求調查結果一致，可見在有就醫需求時交通的不便性，不論是對於一般民眾或是障礙者皆是主要的阻礙因素。

若參照一般老年女性方面的研究，也與女性障礙者外出就醫情況相同，國內對於偏遠地區醫療利用的可近性研究中，指出老年男性有交通工具至鄉鎮外就醫機率高，但是老年女性方面因為未學習駕駛汽車而較老年男性有較低的醫療可近性，老年女性以搭公車、火車、計程車和步行就醫為主，因此就醫障礙比男性大（楊貴蘭，2004）。顯示女性障礙者在醫療與健康資源的獲取上與交通可近性息息相關，且明顯低於一般人和男性障礙者的交通可近性，位於多重不利的地位。

由以上得知，交通可近性是健康與就醫可近性的重要影響因素，在此稍加探討有關交通可近性對於女性障礙者外出影響的數據，以及交通可近性對於障礙者在健康方面所形成的循環關係。

在2017年的《身心障礙者生活需求調查》中顯示女性障礙者外出就醫和購物項目需求上高於男性障礙者，但是在工作、上學和訪友方面的需求低於男性障礙者。尤其工作方面，外出工作的女性障礙者僅占13.42%，反之，男性障礙者則為24.06%，差距有一成。不僅如此，在交通困難方面，外出需要陪同的女性障礙者有49.42%，明顯高於男性障礙者的36.48%，顯示在無人陪同的狀況下，女性障礙者若要從事戶外設施使用、購物、餐廳用餐、公園、郵局、公家機關洽公等，感到困難者皆比男性障礙者多一成的差距。

最常使用的外出交通工具方面，最主要的外出方式以「親友開車或騎車接送」為主，女性障礙者中有45.84%，男性障礙者則有38.34%。「駕駛自有交通工具」方面，最主要外出方式以騎機車的比例最高，男性障礙者有29.34%，女性障礙者僅有20.04%；選擇駕駛汽車的男性障礙者有10.6%，女性障礙者僅有2.47%，兩項自有交通工具方面女性遠低於男性

障礙者。另外，於「搭乘大眾交通工具」方面，最主要外出方式選擇搭乘
公車的女性障礙者占12.76%，男性則是10.04%。

以上數據呈現身障女性外出目的為就醫的比例高，且需有親友陪同外
出，並近半數仰賴親友接送，約三成的女性障礙者會自行騎機車或搭乘公
車，但是相較於男性障礙者則很少自行開車。此外，身障女性外出從事就
業與就學比例相較障礙男性低，顯示女性障礙者的健康狀態與其他社會面
向彼此息息相關，包括：教育機會、經濟收入和交通方式等。

二、交通可近性對於健康與貧窮之影響循環

在探討如何增進居住於城市中的障礙者可近性方面，2000 年英國國
際發展部（Department for International Development，簡稱 DFID）指出藉
由改善交通可近性以打破貧窮與障礙狀態的循環，並且提升生活品質。如
圖7-5 所示。

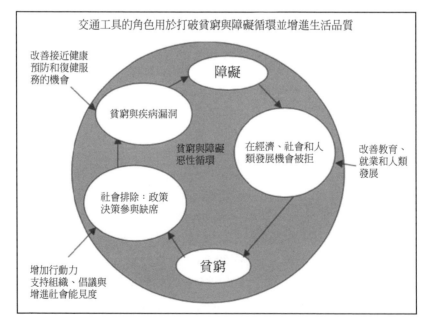

圖7-5　貧窮與障礙循環與交通工具的角色（Venter et al., 2002，潘佩
君、劉欣怡翻譯）

　　若我們要協助女性障礙者脫離健康不利因素，就要協助他們脫離貧窮。協助脫離貧窮與低度健康的過程中，此研究提出交通可近性扮演三個重要的角色，首先是交通可近性提高可以增加接近健康醫療場所的機會，包括健康檢查、就醫和復健，就能使身心維持在健康的狀態（Venter et al., 2002）。

　　其次，健康的障礙者較能從事就學、就業和其他生涯發展的活動，增加在經濟與社會方面的參與，使得障礙者不會因為交通阻礙，被迫拒絕在經濟生產制度之外。提高障礙者的教育程度，使其就業狀況穩定，維持工作收入對於脫離貧窮的機會自然增加（Venter et al., 2002）。

　　國內勞動部2014年《身心障礙者勞動狀況調查統計》中顯示女性障礙者非勞動力所占比重偏高，其中有9成4沒有工作能力或沒意願工作。另外，女性障礙者勞動力參與率僅13.1%、就業率11.8%，遠低於一般女性勞動力參與率50.5%以及就業率48.7%，之間相差將近四倍（勞動部網站）。在2016身心障礙者生活需求調查中也顯示：男性勞動力人數為16萬568人，女性為6萬9,308人；男性就業人數為14萬5,372人，女性為6萬3,414人，男性勞動力參與率為25.27%高於女性之14.11%，男性失業率為9.46%高於女性之8.50%（衛生福利部，2018）。

　　在教育程度方面，《身心障礙者權利公約》首次國家報告專要文件（衛生福利部身心障礙權利公約網站）中指出台灣的女性障礙學生人數一般都少於男性障礙學生。據2011至2015年統計資料顯示，從學前到大專校院障礙男女學生人數年平均比率為67.08%及32.92%，差距為兩倍以上。高中職以上學歷方面，女性障礙者占26.3%，男性障礙者為41.7%。由於教育程度也會使得女性勞動力參與率與就業率比不上男性，同樣面對社會大眾對障礙者的刻板印象，女性障礙者容易被質疑其工作能力。以上數據顯示女性障礙者的就學和就業參與率很明顯已經是多重歧視所造成的結果，不論是與一般女性比較，或是與男性障礙者相較，都遠遠不及。而這些因素在貧窮的循環之中，間接與直接地影響女性障礙者的健康，成為惡性循環。最後，在此循環之中影響深遠的尚有公共事務參與方

面（Venter et al., 2002），交通可近性提高會使障礙者的行動力增加，使得障礙者在參與公共事務上能夠更加便利與頻繁，對於身心障礙者在組織、倡議和其他增加障礙者社會可見度的行動，以及自我決策是相當重要的角色。

第四節　《身心障礙者權利公約》（CRPD）中的交通可近性[9]

在 CRPD 中與交通可近性和行動力相關的條文為第9條無障礙／可近性，和第20條個人行動能力。第9條提到為了能夠自立生活及充分參與生活各個方面，締約國應採取適當措施，確保身心障礙者在與其他人平等基礎上，無障礙地進出物理環境、使用交通工具、利用資訊及通信（包括資訊與通信技術及系統），以及享有於都市與鄉村地區向公眾開放或提供之其他設施及服務。該等措施應包括查明及消除阻礙實現無障礙環境之因素，尤其應適用於：

1. 建築、道路、交通與其他室內外設施，包括學校、住宅、醫療設施及工作場所。
2. 資訊、通信及其他服務，包括電子服務及緊急服務。

第9條無障礙／可近性條文說明通用設計的重要，同樣地在 CRPD 第20條個人行動能力方面，針對確保外出行動能力，包括方式、時間與費用三方面。條文中提到締約國應採取有效措施，確保身心障礙者於最大可能之獨立性下，享有個人行動能力，包括以下四項：

---

[9] 請參考衛生福利部身心障礙者權利公約網站之 CRPD 內容，與國際審查委員審查第一次 CRPD 國家報告的結論性意見。

1. 促進身心障礙者按自己選擇之方式與時間，以其可負擔之費用享有個人行動能力。

2. 促進身心障礙者享有近用優質之行動輔具、用品、輔助技術以及各種形式之現場協助及中介，包括以其可負擔之費用提供之。

3. 提供身心障礙者及與其共事之專業人員行動技能培訓。

4. 鼓勵生產行動輔具、用品與輔助技術之生產者斟酌身心障礙者行動能力之所有面向。

　　從以上兩個條文中說明：可以從身心障礙者是否有充足的外出行動方式的選擇或是時間的選擇，以提高身心障礙者的行動能力。例如：大眾運輸工具的種類和分布圖、副交通工具的數量，或者是私人運具和輔具的種類等。明顯的，在都會區的身心障礙者有較多的外出行動方式選項，例如：捷運系統、低底盤公車、無障礙計程車和 Uber 叫車服務。這些大眾運輸和副運輸工具的分布情況也影響了身心障礙者在時間安排與費用負擔方面的支出情形。若是在偏遠地區的身心障礙者，則必須花費更多的等候公車時間，或是支付更高的交通費用才能夠獲得到市區醫院就診、學校就讀或是接洽社會服務機構服務的機會。

　　因此，在確保外出行動能力上，要從環境的無障礙、交通政策整體的檢視，包括交通工具的種類和提供方式、基礎人行道設施，以及個人行動輔具的提供等。在國內第一次 CRPD 國家報告之聯合國國際審查委員提及 CRPD 第 9 條「目前在無障礙設施上現行無障礙立法及執行措施僅為臨時性質，未妥善解決國家普遍缺乏無障礙環境的問題，建議國家擬訂無障礙環境全面行動計畫，採行一致的標準、監督及執行機制，包括不符規定者的罰則、期程及預算，以確保辦公室、工作場所、基礎設施、人行環境及大眾運輸（包括計程車）均能達到無障礙目標，無論城鄉或公私部門。」

　　國際審查委員針對第 20 條指出，行動輔具的提供情形和駕照規定影響身心障礙者的自立生活和融入社區的機會：「（1）即使現今輔助科技（包括個人行動輔具）日趨先進，但因個人可取得的輔具數量設有限制

（兩年內以四項為限），以及部分負擔規定，仍有許多身心障礙者無法因此受惠，嚴重影響身心障礙者（尤其是多重障礙者）獨立生活及融入社區。以及（2）癲癇患者無法取得駕駛執照。」據此，國際審查委員會建議國家：「（1）必須依個人能力及選擇，為身心障礙者提供可負擔或免費輔具，並進行維護與調整。（2）修訂有關癲癇患者的駕駛執照核發規定。」

　　根據國際審查委員的建議，在個人行動輔具與相關駕照法規上需做修正，以使得身心障礙者能夠適時獲得行動輔具和駕照，才得以擁有與他人同等的基本自行外出條件，方能融入社區生活。在提高身心障礙者的行動能力上，須檢視身心障礙者在行動力上的多樣性需求，提供不同行動能力者在輔具上有所選擇，特別是使用者負擔的費用方面，國際審查委員建議為可負擔或是免費輔具。其實不論是個人行動輔具的購買與維修費用，或是搭乘大眾運輸工具的價格、搭乘計程車的價格等，費用負擔往往是阻礙或是促進外出的關鍵因素之一。因此，在提升行動力的政策中，除了可以針對交通載具、行動輔具的類型做多樣性的研發工作之外，政策面上在價格與取得資格（例如：獲得輔具條件、考駕照條件等）方面，須同時做進一步的研擬，以促進身心障礙者有充分的行動力，提高參與社區生活的機會。

第五節　使用者的外出行動經驗與意見

　　國內已有相當多的法令規章，以及 CRPD 在近年的推行，更提升一般民眾對交通無障礙／可近性和行動力的意識。在現實生活中，輪椅使用者的上路經驗是如何呢？有什麼是在統計數字中看不見的呢？以下就低地板公車與無障礙計程車的使用者意見做說明。

　　在低地板公車方面，身心障礙團體意見認為：路線規劃方面有配車比例、資訊提供與車輛設計等問題。配車比例方面，各縣市比例懸殊、城鄉差異大，以及一條路線配置一台低地板公車的政策，會使得乘客必須配合

低地板公車司機請假、該公車車輛保養或是發車班次，實際上要出門時可能會無車可以搭乘，政策效果不大，整體而言，數量不足是最大的問題。資訊方面則是有部分低地板公車資訊未能顯示在動態即時訊息中，應整合到智慧公車系統。車輛設計與月台設計方面，台灣在2017年之後的車輛有強制規定要有兩個輪椅席次，但是2017年之前的就沒有，並且台灣低地板公車是由中門進出，對司機要停靠是一種挑戰，應該比照香港或是美國從前門停靠。因此，目前要靠司機使用手動斜坡板，對司機是一種工作負擔。整體候車亭都應該要改善，讓司機容易看到輪椅乘客，以減少月台銜接公車處的高低落差（交通運輸研究所，2019）。

中華民國身心障礙聯盟曾經向交通部和立法院陳情多起使用者意見，包括司機見輪椅乘客招手過站不停、服務態度不佳、不清楚或不熟悉車上的輪椅固定設施與斜坡板如何操作、未依照標準作業流程扣上斜坡板安全卡榫與輪椅固定設施等等，都一再造成輪椅使用者搭乘公車的恐懼與傷害。有民眾因公車過站不停只好淋雨回家、上車時遭司機辱罵、上車過程從斜坡板翻落，也有民眾因司機未繫妥輪椅安全帶而在車內摔傷。顯示我們在諸多政策落實層面需加強硬體設計，以及司機和業者對於安全和權利的重視態度（中華民國身心障礙聯盟網站，2019a, b）。

此外，在無障礙計程車方面，監察院於2018年6月提出無障礙計程車在都會區以外的數量尚不普及，並且實際乘載行動不便需求之身心障礙者的比例過低（監察院全球資訊網站）。此外，也有民眾反映時常預約不到，且有未按表收費或加收費用的狀況。交通部在2018年12月26號回覆給衛生福利部（交路字第1075017439號）表示若未來再有此情形，公路主管機關可以開罰9000元以上9萬元以下罰鍰，並得視情節吊扣違規營業車輛牌照1至3個月等（中華民國身心障礙聯盟網站，2019c）。

以上情形讓我們瞭解距離真正落實行動權益的保障還有很長一段路要走，從政策擬定到第一線的服務人員，對於身心障礙者「行」的權益和影響日常生活的層面需有通盤的合作和理解，才能使身心障礙者擁有交通和行動的權利。

問題與討論

本章之交通與行動力議題對身心障礙者的身、心，與社會參與程度影響甚鉅，在此提供以下三方面可繼續進一步探討：

1. 交通可近性 Vs. 軟硬體的搭配

關於交通可近性與身心障礙者行動力的實際生活面，不只是硬體的大眾運輸工具需要一定比例的無障礙空間或是交通工具。在許多被低底盤公車拒絕乘載身心障礙乘客的新聞案例中，司機的理由有嫌棄身心障礙者上下車太麻煩，或者表示斜坡板已經壞掉無法使用，還有車班調度情形等，例如：並不是每一班公車都是低底盤公車。量化的數據背後，我們需要從使用者的每日生活經驗，瞭解硬體設施以外的軟體，例如：資訊傳遞方式、服務流程、態度等的搭配，以促進身心障礙者使用到真正可近的交通設施。

2. 全人口 Vs. 障礙人口的需求

過去時常在提到身心障礙者的交通運輸系統時，似乎都是「特別」為了身心障礙者而設計的一連串法規和制度，但是失能長者的交通接送服務讓我們重新思考障礙和失能的定義，以及需求交通可近性的人數多寡。交通運輸工具和交通系統對於行動不便者而言，在維持社會參與方面和社會資源互動扮演相當重要的角色。像是失能長者的交通接送服務方面，有些長輩不僅是行動不便者，還有合併失智症，但是在具有經驗的志工與專業人員的支持之下，仍然是可以外出的，能夠盡可能地保持長輩原有的人際網絡和生活圈。因此，我們可以思考需要通用性設計，以及具有可近性的交通運輸接送服務或是交通系統的設計，是僅為了少數人的利益而做，還是維持了多數人的利益？交通貧窮的人口有多少是不具有身心障礙證明的呢？

3. 交通政策 Vs. 社福政策

　　身心障礙者的融合交通政策究竟由誰作為主管機關較適合？從其涉及的專業跨領域程度，例如：交通運輸、交通經濟、通用設計、輔具研發、社會福利行政、社會工作等專業，表示從中央到地方皆需要跨部門的合作，不是單一個社會福利服務部門就能夠完成所有的環節。另一方面，交通運輸服務採用通用設計理念時，是否由交通部主導無障礙運輸系統的規劃？復康巴士和無障礙計程車又該歸哪一個中央部會負責呢？

參考文獻

中華民國身心障礙聯盟網站（2019a）。【蘋果日報即時論壇投書】〈身障者不想再上演公車驚魂記〉。資料檢索日期：2019 年 7 月 2 日。網址：https://www.enable.org.tw/issue/item_detail/702。

中華民國身心障礙聯盟網站（2019b）。〈台灣版白手杖法之修訂 ing（105 ～ 108年《道路交通管理處罰條例》部分條文修訂歷程)〉。資料檢索日期：2019 年 7 月 2 日。網址：https://www.enable.org.tw/issue/item_detail/720。

中華民國身心障礙聯盟網站（2019c）。〈有關無障礙計程車（已更名為通用計程車）向身心障礙者加收費用，交通部之處理機制〉。資料檢索日期：2019 年 7 月 2 日。網址：https://www.enable.org.tw/issue/item_detail/706。

交通運輸研究所（2019a）。《低地板公車運輸服務推動策略之研究》。台北市：交通運輸研究所。

交通運輸研究所（2019b）。《預約式無障礙小客車運輸服務之整合研究》。台北市：交通運輸研究所。

吳依凡（2004）。《醫療資源可近性對個人醫療利用的影響：臺灣地區的實證研究》。國立中央大學產業經濟研究所碩士論文，桃園縣。

林金定、嚴嘉楓、李志偉等（2005）。〈Caregivers' Perceptions of Accessibility, Satisfaction and Policy Priorities of Health Care for People with Intellectual Disabilities in Taiwan〉。《醫學研究》，25（5），229-236。

邱高忠（2004）。《病患就醫可近性對醫院經營管理策略之影響——以嘉義長庚醫院為例》。國立中山大學高階經營碩士般碩士論文，高雄市。

郭嘉惠（2006）。《臺南縣醫院歇業對當地民眾醫療可近性之影響》。長榮大學醫務管理學系暨碩士班碩士論文，台南縣

陳俊全（2007）。《身心障礙者平均餘命之分析》。內政部社會司95年度委託研究計畫報告。台北市：內政部社會司。

陳敏郎、邱政元（2009）。〈在臺外籍勞工的醫療可近性及其就醫行為之研究——以臺灣中部中小型製造業工廠的泰籍勞工為例〉。《弘光學報》，55，97-110。

勞動部（2015）。《2014 年身心障礙者勞動狀況調查統計》。資料檢索日期：2019年6月10日。網址：https://www.mol.gov.tw/statistics/2462/19476/19060/。

楊貴蘭（2004）。《探討山地鄉實施「醫療給付效益提升計畫」對民眾醫療服務利用影響與可近性》。國立臺灣大學醫療機構管理研究所碩士論文，台北市。

廖敏燊（2008）。〈如何改善牙醫門診病人就醫可近性及醫療品質滿意度〉。《臺灣牙醫界》，27（9），27-29。

潘佩君、劉欣怡（2018）。〈身心障礙女性的健康與交通可近性〉。《社區發展季刊》，162，179-191。

蔡文正、龔佩珍、楊志良等（2006）。〈偏遠地區民眾就醫可近性及滿意度調查〉。《臺灣公共衛生雜誌》，25（5），394-404。

衛生福利部（2018）。《105 身心障礙者生活狀況與需求調查》。台北市：衛生福利部編印。

蕭正光（1996）。《全民健康保險偏遠地區民眾就醫可近性研究調查》。中央健康保險局八十四年度研究計劃年度報告。台北市：中央健康保險局。

全國法規資料庫網站。資料檢索日期：2019 年 5 月 1 日。網址：https://law.moj.gov.tw/LawClass/LawAll.aspx?PCode=D0050052。

交通知識庫網站。資料檢索日期：2019 年 6 月 10 日。網址：http://www.tkbtaiwan.org/viewtopic.php?f=8&t=1038。

交通安全入口網站。資料檢索日期：2019 年 6 月 10 日。網址：https://168.motc.gov.tw/theme/news/post/1906121102544。

監察院全球資訊網站。監察委員新聞稿。資料檢索日期：2019 年 7 月 2 日。網址：https://www.cy.gov.tw/sp.asp?xdURL=./di/Message/message_1t2.asp&ctNode=2394&mp=1&msg_id=6543。

衛生福利部身心障礙者權利公約網站。資料檢索日期：2019 年 5 月 1 日。網址：https://crpd.sfaa.gov.tw/。

衛生福利部社會及家庭署身心障礙服務入口網站。資料檢索日期：2019 年 5 月 1 日。網址：https://dpws.sfaa.gov.tw/commonch/home.jsp?mserno=200805260001&serno=200805260001&menudata=DisbMenu&contlink=ap/statistics.jsp&level3=N。

Barnes, C., G. Mercer, & T. Shakespeare (eds.) (1999). *Exploring Disability: A Sociological Introduction.* UK: Polity Press.

Department of the Environment, Transport, and the Regions (1998). *A New Deal for Transport: Better for Everybody.* HMSO.

DfT (2006). *Social Inclusion: Transport Aspects (UG320): Final Report.* UK: Centre for Transport Studies, Imperial College, and the Institute for Transport Studies, University of Leeds.

Lucas, K. (2012). Transport and social exclusion: Where are we now? *Transport Policy*, 20, 105-113.

SEU (1998). *Bringing Britain Together: A National Strategy for Neighbourhood Renewal, Cm Series (Great Britain. Parliament)*, 4045. UK: The Stationery Office.

Titheridge, H., N. Christie, & R. Mackett et al., (2014). *Transport and Poverty: A review of the evidence*. UCL.

Venter, C. et al., (2002). Enhanced Accessibility for People with Disabilities Living in Urban Areas. Retrieved on April 10, 2018, from http://www.globalride-sf.org/images/DFID.pdf.

第 **8** 章

身心障礙者的照顧支持服務：從機構照顧到自立生活

王育瑜、周怡君

第一節　前言

第二節　身心障礙者照顧與支持服務的概念與西
　　　　方經驗

第三節　身心障礙者照顧與支持服務的台灣經驗

第四節　結論

本章修訂自王育瑜（2012）。第七章〈照顧與社區生活〉。收錄於王國羽、林昭吟、張恒豪主編《障礙研究：理論與政策應用》，頁203-225。高雄市：巨流出版。

世界聞名的已故英國理論物理學家 Stephen Hawking（霍金）（1942-
2018），在天文物理學方面，對世界有巨大的貢獻。他罹患肌萎縮性脊
髓側索硬化症（Amyotrophic lateral sclerosis，縮寫為 ALS），這是一種
進行性的運動神經元疾病，俗稱「漸凍人」。霍金晚年需要全天候照
顧，且必須使用聲音輸出通信輔助設備與人溝通，透過肌肉把訊號傳
輸到電腦，再經由聲音合成器放送出來。

第一節　前言

　　如果霍金生長在台灣，將會過著什麼樣的生活？會不會被送往機構？
是否也有機會追求一樣的自我實現與成就？社會採取什麼方式照顧或支持
身心障礙者，與社會對於身心障礙者的態度與認識有關。因此，請讀者先
思考下列幾個問題，思考您的答案為「同意」或「不同意」，以及您為什
麼如此回答。（1）「如果家人無法提供照顧，身心障礙者就算不願意也必
須接受家人安排，去住機構。」（2）「身心障礙者自己不方便，對於服務
就不要太有意見。」（3）「如果能把身心障礙者吃喝拉撒睡顧好，安全不
要出事，就是好的照顧。」（4）「行動不便的身心障礙者最好少出門。」
（5）「眼睛看不見的人不需要去看電影。」（6）「有精神病的人不應該住在
社區。」（7）「智障者不應該生小孩。」（8）「照顧身心障礙者是家庭的責
任，政府只需提供些微的協助就好。」這些問題涉及社會如何看待與對待
身心障礙者，身心障礙者是否能與其他人一樣擁有生活的自主權、扮演各
種社會角色、追求各種人生經驗，以及參與社會生活？接受照顧是否代表
失去自我選擇的權利？國家的政策該如何看待與對待身心障礙者的照顧與
支持需求？

　　為什麼機構會成為照顧身心障礙者的主要型態？為什麼政策與服務趨
勢會從機構式照顧，轉為支持身心障礙者於社區中自立生活？本文首先介
紹西方關於「去機構化」、「正常化」、「自立生活」的論述，以及聯合國

《身心障礙者權利公約》（Convention on the Rights of Persons with Disabilities, CRPD）關於身心障礙者「自立生活、融入社區」的精神。從這些概念出發，進而分析國內相關政策與現況，期望在西方與國際趨勢，以及台灣經驗等多元角度的考察下，讀者能夠在思索前述八個問題時有更爲寬廣的視野。

第二節　身心障礙者照顧與支持服務的概念與西方經驗

障礙服務的理念和政策在西方社會有著重大演變，從工業化後以機構式服務爲主，到 1950 至 60 年代轉爲強調「去機構化」與「正常化」。在 1970 年代後，更有重視身心障礙者自主與選擇的「自立生活」論述與訴求。

一、去機構化（de-institutionalization）

西方國家在工業化之前，身心障礙者照顧多在家庭內進行。但在工業化後，基於不妨害經濟生產的理由，身心障礙者被帶離家庭進入住宿機構（Oliver & Barnes, 2012），終生接受照顧且幾乎沒有重返社會生活的機會。伴隨著 1960 年代機構非人性化管理的揭露、身心障礙者社區生活權益的倡導，政策上乃逐步關閉機構、身心障礙者被移出住宿機構，此即所謂「去機構化」。社會學家高夫曼（Erving Goffman）出版《精神病院》（*Asylums*）一書，批判全控機構的非人性化管理與對人的控制。傅柯（Michel Foucault）則出版《瘋狂與文明：理性時代的精神病歷史》（*Madness and Civilization: A History of Insanity in the Age of Reason*）一書，批判社會對於精神病患者的監控。這二本著作都出版於 1961 年，也都揭露了封閉式機構照顧對身心障礙者非人性化的對待。

由於機構的非人性對待在 1960 年代不斷地被揭露，英美自 1960 年代

也逐漸縮減機構數量，而國際的「去機構化」運動則始於1970年代（周月清，2005a, 2005b）。美國的「去機構化」在1960年代剛開始，著重將精神障礙者從精神病院和機構移轉至社區，到1990年代則更強調身心障礙者社區融合的權利（Koyanagi, 2007）。整體而言，西方國家在1960、70年代，出現由機構照顧逐漸轉為社區內小型住宿服務與社區式服務的趨勢（周月清，2005a；Koyanagi, 2007；Morgan, Eckert, Gruber-Baldini, & Zimmerman, 2004）。當大型機構被關閉、身心障礙者被從機構移轉至社區，回到社區的身心障礙者是否因此過著比較「人性化」的生活？這或許是關於「去機構化」最需要關注的課題。

二、「正常化」原則與社會穩持觀點

（一）北歐的「正常化」原則（**The Normalization Principle**）

　　北歐「正常化」原則的核心概念，即在於尊重身心障礙者是平等的公民，身心障礙者應該有權利過尊嚴的人性化生活。最早提出「正常化」原則的是瑞典的 B. Nirje。Nirje（1999）指出，N. E. Bank-Mikkelsen 在推動丹麥1959年心智障礙法案前言中提到：「讓心智障礙者獲得與一般人盡可能相近的存在。」Nirje 強調，「正常化」原則的重點是平等地作為公民的權利，也就是指心智障礙者應該享有與其他人一樣的教育、就業、休閒生活與公民權，並取得所需的服務；心智障礙者應該也有成長、發展與自我決定的權利，而且一樣具有作為「公民」的社會地位。

　　「正常化」原則其實早在1946年已被瑞典政府委員會提出，該委員會主張政府應確保身心障礙者「生活情境、教育與就業等方面的正常化」，身心障礙者應該和其他人一樣接受一般的服務，而不是接受特殊的服務（SOU, 1946: 24, 28，引自 Ericsson, 1993）。換句話說，北歐的「正常化」原則其實比較接近「一般化」的概念，也就是社會環境應確保身心障礙者能夠平等取得一般人所擁有的生活型態與資源，使身心障礙者能以公民身分被平等地對待。

（二）北美的「正常化」原則

　　北歐的「正常化」原則在1970年代，由W. Wolfensberger在北美大力推展，並於1980年代發展成「社會角色穩持」（Social Role Valorization, SRV）觀點（Lemay, 1999）。社會角色穩持觀點認為心智障礙者之所以沒有辦法扮演各種社會角色，主要是因為社會對心智障礙者的貶抑。而他們無法扮演社會角色，則更進一步強化他們被社會所貶抑的處境。因此，Wolfensberger認為服務提供者應該努力提升心智障礙者的能力與正面社會形象，才能改善此情形（Thomas & Wolfensberger, 1999）。

　　北美的「正常化」觀點遭受最大的批評是，以非身心障礙者的標準定義「正常」，要求身心障礙者改變自己以符合社會期待，而不挑戰壓迫的社會結構（Oliver, 1999）。這種觀點無非是延續了醫療化／個人化的觀點，視身心障礙者為不正常與需要矯治的。儘管如此，Wolfensberger對於心智障礙者個別化支持服務的推展卻具重要貢獻，影響了「以個人為中心的計畫」服務模式之發展（O'Brien & O'Brien, 2000）。相對於社會模式強調去除環境阻礙，「以個人為中心的計畫」焦點在支持心智障礙者的個人發展。北歐與北美的「正常化」焦點不太一樣，前者著重在身心障礙者作為平等公民應享有和非身心障礙者一樣的生活機會，較接近社會模式與人權模式的觀點，而後者則不挑戰結構不平等，僅將焦點放在提供身心障礙者個別化支持。

三、自立生活（independent living）

　　「去機構化」與「正常化」論述是專業人員所提出，因此專家決定身心障礙者生活的意味依然強烈。相對地，自立生活運動則是由身心障礙者所發起的社會運動，強調障礙者自我發聲、障礙者才是專家。自立生活運動主張應該去除環境阻礙並且提供身心障礙者支持，以確保身心障礙者作為平等公民所應有的權益（Litvak, Zukas, & Heumann, 1987；Hasler, 2005；Priestly & Jolly, 2006）。而社會模式主張障礙來自於環境而非個人，

是「自立生活」重要的理論基礎（DeJong, 1984；European Network on Independent Living, 2008；Hasler, 2005；Jolly, 2009）。

美國的障礙者自立生活運動始於 1970 年代，一開始障礙者要求的是環境的全面可及。就讀於加州柏克萊大學的障礙生倡導平等參與大學校園以及社區的權利（Shapiro, 1994）。英國的自立生活運動則始於 1980 年代，障礙者所要求的是社區生活的支持。曾經住在機構的身心障礙者爭取政府的支持，使其得以在社區生活（Pridmore, 2006）。在 1990 年代與 2000 年代，世界各國陸續發展自立生活運動，芬蘭、瑞典、加拿大、日本、德國、巴西、捷克、挪威、愛爾蘭、韓國與法國等等國家都成立自立生活中心（Martinez, 2004）。

歐洲障礙論壇（European Disability Forum, 2014）指出，自立生活是障礙者有權利在與他人同等的基礎上，選擇與決定要如何過生活及參與社會。為了達到這個目標，障礙者必須能完全掌控所需支持。因此，自立生活運動在政策方面的影響，除了推動禁止歧視障礙者的專法（例如美國、英國、瑞典、日本與韓國皆訂定禁止歧視障礙者的專法），各國為了回應自立生活運動關於「障礙者對自己生活與所需支持能自主與掌控」的訴求，紛紛推動「現金給付」與「個人預算」制度，使障礙者能自行聘用個人助理，而有些國家則以經費支持自立生活中心與身心障礙者主導的組織。

（一）個人助理、個人預算制與現金直接給付

1. 個人助理（**Personal Assistant**）

有別於傳統機構服務中一個照顧者服務多個身心障礙者的團體照顧對身心障礙者個人選擇權益的限制，「個人助理」（以下簡稱個助）是以一對一的方式，協助障礙者完成其所想要進行的活動。國外的個人助理主要是由障礙者自己提供訓練，個人助理可以協助障礙者生活的各個面向，包括：起床、如廁、行動／交通、家務、購物等日常活動，以及嬰幼兒與

孩童照顧、金錢管理計畫與決策、活動提醒與心理支持、溝通、工作、文化與休閒、政治參與等多面向的社會參與（Litvak, et al., 1987；Nakanishi, 2000；Pita, Ellison, Farkas, & Bleecker, 2001；Ratzka, 2004；Pridmore, 2006）。個助的協助使身心障礙者的生活可以不必被迫依賴他人、不必被不同的服務所切割，而能夠有自主選擇與控制自己的生活、參與社會的機會（王育瑜，2005），也更能以身心障礙者的意願為依歸。研究顯示個助服務較機構服務更能支持身心障礙者「自立生活」（World Institute on Disability, 1994），而且成本較團體家庭低，服務彈性，更能確保身心障礙者的自主、選擇與自由（JAG, 2006a, 2006b）。不過，個助服務的關鍵在於提供服務的「人」，英國研究發現服務人員使命感低而不夠尊重身心障礙者個人想法的情形（Riddell, Priestley, Pearson, Mercer, Barnes, Jolly, & Williams, 2006），且個助方案行政成本不見得較低（Leadbeater, Bartlett, & Gallagher, 2008，引自 Prideaux, 2009）。

2. 個人預算制（**personal budget**）與現金直接給付

和傳統身心障礙者服務那種由專家或國家行政人員決定身心障礙者獲得服務的時間、時數、人選和服務方式比較起來，「個人預算」制度直接發給身心障礙者現金或給予一個帳戶額度，由其身心障礙者自行評估服務需求、購買照顧與支持服務，能讓照顧與支持服務更加個別地（specialize）適切身心障礙者個人的服務需求，讓身心障礙者在服務使用的角色從之前被動的、服務接受者角色，轉變為能夠選擇和決定的積極角色，在面對服務提供者（service providers）時，能提高其作為一個服務購買者的角色地位與自尊，因此也成為實踐身心障礙者自主決定生活的新制度（周怡君，2017）。

透過直接給付特定用途的現金，或是給與障礙者一定的預算額度，讓障礙者能夠自行聘用個助，對於「誰在什麼時候以什麼方式協助些什麼」擁有自主與掌控權（Ratzka, 2004）。英國1988年開辦自立生活基金，1997年實施的社區照顧（直接給付）法案（Community Care〔Direct Payment〕

Act）開辦現金直接給付，並於 2015 年實施個人預算制度；美國的社會安全法案下的醫療補助（Medicaid Waiver）給付個人助理；瑞典 1993 年制定的支持協助給付法案（LASS）和障礙者（特定功能損傷者）支持與服務法案（LSS），於 1994 年開辦個人協助給付；挪威、比利時、紐西蘭、丹麥、荷蘭、法國與德國等歐洲國家，近年來也紛紛發展個人預算或直接給付。這些制度讓障礙者能夠更加自主運用所得到的協助、對自己的生活也更能自主掌控。

　　然而值得注意的是，「個人預算」制度常遭受「福利資源不足導致長時間等待」、「福利帳戶金額不足以購買所需服務」等批評（Vlaskamp & Poppes, 2003），因此，制度運作若沒有充足的經費，仍無法達到障礙者自主的目標。此外，也有人批評以個人預算支持障礙者聘用個助的做法是「服務市場化與去專業化」（Ferguson, 2007），障礙者透過市場機制聘用自己訓練的個助，是否真的能夠促使其自立生活，或許也因人而異。國內學者張恒豪、周倩如（2014）也質疑個人助理是否能完全當作資本主義下的勞力交換行為，他們引述 Shakespeare（2006）與 Kröger（2009）的批判，強調障礙者與個助情感面的關係，而不應簡化為資本主義的交換關係。

（二）自立生活中心與身心障礙者自主組織

　　自立生活中心是由障礙者組成、障礙者管理，強調障礙者主導的組織，目的是推動社會的改變。英國與美國的障礙者自立生活中心，除了倡議環境阻礙的去除，並且提供資訊、教育訓練、同儕諮商、個助訓練與管理個助的支持（Litvak, et al., 1987）。美國復健法案規定自立生活中心應至少提供 4 項核心服務：倡議（advocacy）、同儕支持（peer counseling）、自立生活技巧（independent living skill）和資訊轉介（information referral），而各州略有差異，除了核心服務以外，有些州的自立生活中心還會提供其他項目的服務（張恒豪、周倩如，2014）。自立生活中心提供的服務主要包含：(1) 協助發展自我決定目標，(2) 促使自我倡導，(3) 同儕支持，(4) 提供資訊與轉介，(5) 居家環境調整、社區居住選擇、個助、經

濟扶助、就業服務、社交娛樂等服務（Arizona Statewide Independent Living Council, 2010）。

自立生活運動強調跨障別融合，是身心障礙者相互支持、一同採取集體行動的重要組織。支持身心障礙者的自主組織，對於「自立生活」的推動有重大意義，因為「自立生活」的核心要素之一即為身心障礙者自我發聲與自主選擇。美國復健法案補助自立生活中心，並且規定自立生活中心的董事會和全時工作人員必須有51%以上是身心障礙者（Arizona Statewide Independent Living Council, 2010）。英國2005年的障礙政策白皮書強調身心障礙者主導的組織是實踐「自立生活」的重要機制（Cabinet Office, 2005）。值得注意的是，儘管自立生活中心強調跨障別，但仍以肢體感官障礙者為主，心智障礙者相對較少（Shapiro, 1994；Davey, 2007）。然而另方面，西方國家自1970年代中期起發展心智障礙者的自我倡導組織 People First（PF，「尊人為人」）運動，是心智障礙者相互支持、自我發聲與自身權益倡導的自主組織，在全世界各地都陸續發展（王育瑜，2016）。英美的精障者也在1970、80年代開始成立自助組織（Tower, 1994），爭取精障者的自主權與對自己生活和所接受服務的主導權（Survivors History Group, 2008）。美國於1975年建立保護與倡導系統（the Protection and Advocacy〔P and A〕system）；英國從2002年開始補助心智障礙者倡導服務，2007年加入精障者獨立倡導服務（Independent Mental Health Advocate）；蘇格蘭2003年開始精障者獨立倡導服務（Goodbody Economic Consultants, 2004），這些都顯示對於身心障礙者自我發聲與倡導的支持。

四、聯合國身心障礙者權利公約

聯合國於2006年通過《身心障礙者權利公約》（United Nations, 2006），將社會模式的觀點進一步推向「人權模式」，強調身心障礙者是「權利持有者」，而國家則是「責任承擔者」。作為「權利持有者」，應能自我發聲及參與和自己有關的事務之決策，而這也正是自立生活的精神：障

礙者自主、選擇與控制。CRPD 要求締約國政府應以該公約爲基礎，逐步改善或促進對其國內身心障礙者生活處境有利的措施，且能促使不同國家的身心障礙者人權狀況朝向一個平等且一致的水準。「身權公約」秉持社會模式和權利模式的基本觀點，確保身心障礙者與非障礙者在平等的基礎上，自主、有尊嚴且不被隔離與排除地生活於社區之基本權利。

　　CRPD 第19條關於「自立生活融入社區」規定締約國應「認可障礙者生活於社區、具有與他人在平等基礎上選擇的權利」。國家應確保：「(1) 障礙者在與他人平等的基礎上，有機會選擇住在哪裡、和誰同住，而不是被規定住在特定的居住型態之中。(2) 障礙者取得一定範圍的居家、居住及其他社區支持服務，包含支持自立生活與融入社區的個人協助，以及避免與社區隔離或疏離。(3) 社區中提供一般社會大眾的服務與設施，應在同等基礎上提供給障礙者並且回應其需求。」(United Nations, 2006)。上述三點強調身心障礙者「自立生活融入社區」的實踐，需要平等可及的社會、提供障礙者必要的支持，以及確保障礙者的社會連結。事實上，CRPD 的條文不可單獨理解，而應與其他條文搭配解釋，這也是 CRPD 一般性意見書(general comments)以及準則(guidelines)所不斷強調的。CRPD 中與身心障礙者照顧與支持服務相關的條文，包括第19條「自立生活融入社區」與第 2、3、5、9、12、14、15、20、23、30 等條文之間相互關聯，因此關於身心障礙者的「自立生活融入社區」權利，必須從上述諸多 CRPD 條文整體瞭解，詳見王育瑜(2018)的分析。

　　CRPD 對於身心障礙者的照顧與支持服務的建構，可大致整理出以下原則：(1) 身心障礙者有權利決定自己要住在何處，(2) 身心障礙者應能在社區內就近獲得所需支持與服務，(3) 身心障礙者服務是以協助、促進和支持身心障礙者自主生活爲目標(周怡君，2018)。台灣雖非聯合國會員國，但在民間團體積極爭取之下，也於2014 年通過《身心障礙者權利公約施行法》，並提出國家報告且在2017 年主動邀請國際專家進行審查。

第三節　身心障礙者照顧與支持服務的台灣經驗

一、身心障礙者居住家宅比例極高但服務取得比例偏低

　　目前依據《身心障礙者權益保障法》（以下簡稱《身權法》）第50條規定，提供給身心障礙者的個人照顧與支持服務，包括居家照顧、生活與心理重建、社區居住、婚姻及生育輔導、日間及住宿式照顧、家庭托顧、課後照顧，以及自立生活支持服務。但從相關調查結果來看，進入正式照顧服務系統的身心障礙者少，可能是台灣與西方國家身心障礙者最大差異之一，除了強調家庭照顧的文化因素外，部分原因可能與台灣正式照顧服務能量偏低、不夠普遍，導致身心障礙者根本不知道或不知如何申請服務、申請不到服務有關。依據台灣衛福部最近一次的《身心障礙者生活著狀況及需求調查報告》（衛生福利部，2017），台灣身心障礙者多數（94.66%）居住於家宅，僅5.22%居住在機構，「家人無法照顧」占了58.65%，是身心障礙者居住機構的主因。而住在家宅的身心障礙者有54.37%無法自我照顧生活起居。六歲以上身心障礙者有54.48%在日常生活活動功能（ADL）至少有一項有困難、有69.80%在工具性日常生活活動功能（IADL）至少有一項有困難。全部受訪身心障礙者中，有56.41%無法完全獨立自我照顧，近8成主要由家人協助或照顧。另外，住在家宅的身心障礙者有居家照顧需求僅有51.32%申請過正式服務，但未申請服務的原因以「不知道如何申請」（46.58%）、「不知道這項服務」（25.43%）為最多。這些數據顯示，身心障礙者多居住於家宅且協助需求高。從身權法規定內容來看，支持服務項目繁多，但從實際接受服務狀況來看，住在家宅的身心障礙者比例極高，但是在社區中能得到照顧與支持服務的比例卻相當有限。

二、機構服務仍以全日型住宿服務類型居多

再從截至2018第三季的台灣身心障礙者福利機構概況來看（衛生福利部，2018），台灣身心障礙福利機構共有271家，當中僅有28%（76家）有提供日間照顧，主要仍以提供全日型住宿機構爲最多。而在這271家身心障礙者福利機構中，高達九成（246家）是提供生活照顧爲主，生活重建機構及福利服務中心合計僅有一成。使用機構服務總人數18,114人，當中有近七成二（13,032人）是居住在全日型住宿機構，僅有約二成一僅使用機構日間服務。以上顯示台灣身心障礙者福利機構仍以比較無法讓身心障礙者有自主選擇、自由在社區生活的集體式住宿機構服務爲主。換言之，多數有照顧需求的身心障礙者仍由家人照顧，少數進入正式服務系統者，則以全日型機構式照顧型態爲主，社區照顧資源相當有限。對於身心障礙者生活的想像，也侷限於家庭與住宿機構。綜上所述可知，台灣身心障礙者居住家宅比例極高、社區服務資源卻相對不足，而機構式服務則多以不易讓身心障礙者有社區生活的全日住宿機構爲主。台灣身心障礙者社區服務不足，這與台灣早期成年身心障礙者服務發展就以全日型住宿機構爲主有關（周怡君，2018），當時身心障礙者想要得到服務就得進入住宿型機構，住在家宅中的身心障礙者只能由家人照顧但是沒有足夠的公共服務。這或許從台灣身心障礙者社會政策設計是讓身心障礙者在現金給付（身心障礙者生活費用補助）和機構服務（身心障礙者托育養護費用補助）二者擇一的架構就得以一窺究竟。

三、社區內服務逐步建構仍有發展空間

遲至90年代中期以後，身權法才逐漸加入社區式服務。近來因身心障礙者團體的積極爭取，以及台灣在2014年通過《身心障礙者權利公約施行法》，政府開始加快腳步建立社區服務資源。以社區定點、專業人員一對多來提供社區日照服務的模式（例如社區日照中心、社區日間作業設

施、家庭托顧等），2005 年開始試辦樂活補給站、2009 年開始辦理社區日間作業設施、2011 年開始辦理家庭托顧服務、2012 年開始推動社區日照計畫，在 2016 年則在未有任何社區服務資源的區域積極建構社區布建計畫，提供不同於傳統住宿型機構那種偏向隔離、密集照顧、依賴專業的社區服務（周怡君，2018）。其他社區內服務如社區居住與生活支持，也在2004 年開始試辦。此外，自立生活支持服務（包含個人助理服務）、居家照顧、生活與心理重建、婚姻及生育輔導、課後照顧，及其他個人化支持包括同儕支持、倡導與自我倡導、翻譯協助等也開始建立。台灣整體支持身心障礙者生活在社區的服務資源建構雖已有起步，但從檢視相關服務狀況的文獻來看（周怡君，2018；王育瑜，2016），政府投注在相關服務的預算編列仍有發展空間，服務能量仍顯不足，身心障礙者社區服務可及性仍有待努力。此外，許多社區服務在實際評估方式、服務內涵乃至於服務方式，仍深受機構式服務思維遺緒所影響，與身心障礙者個人化和自主決定有一段距離；而在精神障礙者強制住院與強制治療措施，更明顯地與聯合國《身心障礙者權利公約》的身心障礙者個人自主決定有極大差異。由此可見，台灣在身心障礙者社區服務建構的資源擴充、服務原則和服務方式上，仍處於起步階段，還有很長的路要走。

四、長期照顧服務與障礙服務間的不協調

　　本章討論障礙者的照顧支持，長期照顧自是不可忽視的一環。從目前所建構的長照資源來看，也難以貼近障礙者的社區生活支持需求。障礙人口中，65 歲以上者有 475,831 人，占所有身心障礙者的 40.8%（衛生福利部統計處，2018），屬老人福利對象。而以因應老人需求為目標所建構的長照系統，2007 年開始的《長期照顧十年計畫》涵蓋 50 歲以上具照顧需求的身心障礙者，50 歲以下由身障福利系統提供服務（內政部，2007）。2017 年正式實施的《長期照顧服務法》，也把障礙福利機構列入長照機構。而 2018 年開始的「長照 2.0」服務，更是不設定年齡將所有符合失能

標準的障礙者納入。原本以照顧失能長者爲主的長照政策，看來似乎有逐漸涵蓋整合身心障礙者服務的趨勢。但是，「失能」、「高齡」、「障礙」三者之間的服務對象定義、服務方式、服務內容與服務人員等是否相應？「高齡身心障礙者」與「失能身心障礙者」需要的照顧服務是不是與高齡失能者一樣？當身心障礙者老化或是失能的時候，是否就不再具有「身心障礙者」的特質？這些看來相當學術，卻是制度整合需要被討論的課題，然而目前相當缺乏相關論述。

例如，目前長照服務的失能定義依據《長期照顧服務法》是指身體或心智功能部分或全部喪失，致其日常生活需他人協助者。但是身心障礙者的定義依據《身心障礙者權益保障法》，卻是各款身體系統構造或功能，有損傷或不全導致顯著偏差或喪失，影響其活動及參與社會生活者。兩者法規定義不同，使用的評估標準也不同。但細究長照服務與身心障礙者服務的許多項目或內容卻相當雷同（周怡君，2016）。此外，長照服務的目的是確保照顧及支持服務品質，發展普及、多元及可負擔之服務，保障接受服務者與照顧者之尊嚴及權益。不過依據身權法，身心障礙者照顧與支持服務的目的是促進其生活品質、社會參與及自立生活。長照服務和身心障礙者照顧服務的目的之間看來又同時具有某些相似性和相異性。身權法與新制障礙鑑定主張支持身心障礙者多元參與（家庭生活、學習、工作、社區與社會參與等等）與環境阻礙的去除。這些需求在新制障礙鑑定評估時，可能是重要的福利需求，然而到了長照或老人福利系統，因爲服務目標的差異，這些需求可能都不一定能成爲支持重點。這一切也都顯示了在正式整合長照和身心障礙者服務之前，應該要有更多的服務本質的討論。

第四節　結論

許多身心障礙者的日常生活需要高度的支持，始能維持合理的生活品質。身心障礙者所需要的支持，應該是個人責任？家庭責任？國家責任？

需要他人支持協助的人，是否有發言權與決定權？是否仍然擁有作為人的基本尊嚴與自主？是否仍然能活得像個「人」——有扮演各種社會角色、參與社會的權利？不論是西方社會或是台灣，服務系統在工業化後的社會早期，對於身心障礙者生活的想像與安排都是隔離式的機構照顧，雖然台灣多數身心障礙者居住於家宅，接受機構式照顧的人數相對於西方少很多，但是社區支持資源的缺乏，居住於家中無非也只是另一種形式的「機構化」。CRPD 第 19 條要求締約國致力於「去機構化」。《第五號一般性意見書》草案點出「機構化」與「自立生活融入社區」正好相反。「機構化」指：障礙者被安排於特定居住型態而失去控制、被隔離於社區生活之外，無法依據個人意願偏好決定同住者、日常生活與作息等等。相反的，「去機構化」是建構充足的社區中個人化支持（OHCHR, 2017）。「去機構化」的目的是讓身心障礙者盡可能擁有與一般非身心障礙者相同的生活機會與生活品質，這意謂著環境阻礙的去除、環境可及性的提升，同時還必須建構充足的社區支持服務資源（這需要充足的經費投入），並瞭解且依據身心障礙者多樣差異提供服務。更重要的，需要將身心障礙者視為「權利持有者」而予以尊重，支持其自我發聲與自我倡導，這些都是國內政策未來應努力的方向，而這有賴於改變社會大眾以及所有政策制定者與服務提供者的意識型態，跳脫個人化與醫療化的觀點與偏見，對於身心障礙者的權利與能力貢獻，能有較為客觀和實質的認識。

問題與討論

1. 如果您有霍金的聰明才智，您需要哪些支持、環境需要如何調整，才能成就您成為世界級天文物理學家？

2. 如果您是服務提供者，家長對於障礙當事人穿著、交友、外出、金錢管理等多方面都嚴格管制，並且向您及您所服務的單位明確表示，若服務提供單位不遵照家長的意見，出事的話，服務提供單位必須負全責。請問：在障礙者自主的理念與家人給予的壓力之間，您將如何因應？

3. 您覺得精神障礙者和智能障礙者能夠在社區中自立生活嗎？為什麼？

參考文獻

內政部（2007）。《我國長期照顧十年計畫：大溫暖社會福利套案之旗艦計畫》。台北：內政部。

王育瑜（2005）。〈身心障礙者「個人協助」的定位探討：以「視力協助員」服務為例〉。《台大社工學刊》，12，89-138。

王育瑜（2016）。〈心智障礙者自我倡導團體的發展——八個單位比較〉。《東吳社工學報》，31，77-115。

王育瑜（2018）。〈身權公約關於身心障礙者「自立生活融入社區」的意涵〉。《社區發展季刊》，162，148-160。

周月清（2005a）。〈發展智能障礙者社區居住與生活：英美兩國探討比較〉。《社會政策與社會工作學刊》，9（2），139-196。

周月清（2005b）。〈北歐智障者搬出「教養院」到社區居住與生活改革進程〉。《台灣社會福利學刊》，4（1），131-168。

周怡君（2016）。〈德國與臺灣身心障礙者政策與失能者長照政策的比較分析：復健模式的觀點〉。《台大社工期刊》，34，1-38。

周怡君（2017）。〈歐洲國家身心障礙個人預算政策比較分析：以英國、荷蘭、德國為例〉。《社會科學學報》，25，57-74。

周怡君（2018）。〈從 CRPD 觀點論台灣成年身心障礙者社區日間照顧政策的挑戰〉。《社區發展季刊》，162，137-147。

張恒豪、周倩如（2014）。自立生活的理念與美國夏威夷自立生活中心的運作。《社區發展季刊》，148，179-193。

衛生福利部（2017）。《105 年身心障礙者生活狀況及需求調查》。網址：https://dep.mohw.gov.tw/DOS/cp-1770-3599-113.html。

衛生福利部（2018）。《身心障礙者福利機構概況》。網址：https://dep.mohw.gov.tw/DOS/cp-2976-13835-113.html。

衛生福利部統計處（2018）。《2.3.5 身心障礙人數按類別及年齡別分》。網址：https://dep.mohw.gov.tw/DOS/cp-2976-13825-113.html。

Arizona Statewide Independent Living Council (2010). *The Rehabilitation Act.* Retrieved Nov. 24, 2010, from http://www.azsilc.org/RehabAct.asp.

Cabinet Office (2005). *Improving the Life Chances of Disabled People*, Final Report. Retrieved Nov. 18, 2010, from http://www.cabinetoffice.gov.uk/strategy/work_areas/disability.aspx.

Davey, V. (2007). *Direct payments: A national survey of direct payments policy and practice.*

London: Personal Social Services Research Unit, London School of Economics and Political Science.

DeJong, G. (1984). Independent Living: from Social Movement to Analytic Paradigm. In P. Marinelli, & A. Orto (eds.), *The Psychological and Social Impacts of Physical Disability* (pp. 39-64). N.Y.: Springer Publishing Co.

Ericsson, K. (1993). Towards A Normal Way of Life. Uppsala: Research Team Disability and Support, Department of Education. Retrieved Feb. 10, 2004, from http://www.skinfaxe.se/.

European Disability Forum (2014). Living in the Community for All People with Disabilities. Brussels: EDF.

European Network on Independent Living (ENIL) (2008). ENIL Statement on Aims, Social Model and Independent Living WEB. Retrieved March 3, 2011, from http://enil.eu/elib/a...ms Social Model and Independent Living.doc/.

Ferguson, I. (2007). Increasing user choice or privatizing risk? The antinomies of personalization. *British journal of social work*, 37(3), 387-403.

Goodbody Economic Consultants (2004). Developing an Advocacy Service for People with Disabilities. Dublin: Goodbody Economic Consultants. Volume 2. Retrieved Nov. 23, from http://v1.dpi.org/lang-en/resources/details.php?page=114.

Hasler, F. (2005). Independent Living. *Encyclopedia of Disability*. London: Sage Publications, Inc. Retrieved March 3, 2011, from http://www.sage-ereference.com/disaiblity/Article_n438.html/.

JAG (2006a). *The Price of Freedom of Choice, Self-Determination and Integrity: A Report from the Knowledge Project. A cost Analysis of Different Forms of Support and Service to People with Extensive Functional Impairments.* Stockholm: the JAG Association.

JAG (2006b). *Ten Years with Personal Assistance: A Report from the Knowledge Project.* Stockholm: the JAG Association.

Jolly, D. (2009). European Network on Independent Living (ENIL) Statement on Independent Living, the Movement and Its History. Retrieved March 3, 2011, from http://www.enil.eu/elib/a...ntLiving the Movement and its History.doc.

Koyanagi, C. (2007). *Learning from History: Deinstitutionalization of People with Mental Illness as Precursor to Lon– Term Care Reform.* Washington: The Henry J. Kaiser Family Foundation.

Leadbeater, C., J. Bartlett, & N. Gallagher (2008). *Making It Personal.* London: DEMOS.

Lemay, R. A. (1999). Roles, Identities, and Expectancies: Positive Contributions to

Normalization and Social Role Valorization. In R. J. Flynn, & R. A. Lemay (eds.), *A Quarter Century of Normalization and Social Role Valorization: Evolution and Impact* (pp. 219-240). Ottawa, ON: University of Ottawa Press.

Litvak, S., H. Zukas, & J. Heumann (1987). *Attending to America: Personal Assistance for Independent Living: A Survey of Attendant Service Programs in the United States for People of All Ages with Disabilities.* Berkeley: World Institute on Disability.

Martinez, K. (2004). Global Perspectives on Independent Living for the New Millennium. In B. Duncan, & J. Geagan (eds.), *Independent Living and Self-Help in 2003: A Global Snapshot of A Social Change Movement* (pp. 93-95). Berkeley: World Institute on Disability.

Morgan, L., J. Eckert, A. Gruber-Baldini, & S. Zimmerman (2004). Policy and Research Issues for Small Assisted Living Facilities. *Journal of Aging & Social Policy*, 16(4), 1-16.

Nakanishi, S. (2000). Independent Living Movement in Japan. Retrieved Nov. 18, 2010, from http://homepage2.nifty.com/ADI/IL-HCA.html.

Nirje, B. (1999). How I came to formulate the Normalization principle. In R. J. Flynn, & R. A. Lemay (eds.), *A Quarter Century of Normalization and Social Role Valorization: Evolution and Impact* (pp. 17-50). Ottawa, ON: University of Ottawa Press.

O'Brien, C. L., & J. O'Brien (2000). The Origins of Person-Centered Planning: A Community of Practice Perspective. Responsive Systems Associates, Inc. Retrieved March 31, 2019, from http://citeseerx.ist.psu.edu/viewdoc/download?doi=10.1.1.502. 8388&rep=rep1&type=pdf.

OHCHR (2017). Committee on the Rights of Persons with Disabilities Draft General Comment No. 5 Article 19: Living independently and being included in the community. Retrieved Oct. 21, 2018, from http://www.ohchr.org/EN/HRBodies/ CRPD/Pages/DGCArticle19.aspx.

Oliver, M., & C. Barnes (2012). *The new politics of disablement.* Basingstoke, Palgrave Macmillan.

Oliver, M. J. (1999). Capitalism, Disability and Ideology: A Materialist Critique of the Normalization Principle. In R. J. Flynn, & R. A. Lemay (eds.), *A Quarter Century of Normalization and Social Role Valorization: Evolution and Impact* (pp. 163-174). Ottawa, ON: University of Ottawa Press.

Pita, D., M. Ellison, M. Farkas, & T. Bleecker (2001). Exploring Personal Assistance Services for People with Psychiatric Disabilities. *Journal of Disability Policy Studies*, 12(1), 2-9.

Pridmore, A. (2006). *Disability Activism, Independent Living and Direct Payments.* London: British Council of Disabled People.

Priestley, M., & D. Jolly (2006). A Postcode Lottery? Explaining the Uneven Implementation of Direct Payments in the UK. Retrieved March 3, 2011, from http://www.leeds.ac.uk/disability-studies/proects/ukdirectpayments.htm.

Ratzka, A. (2004). Model National Personal Assistance Policy. A Project of the European Center for Excellence in Personal Assistance (ECEPA). Retrieved Nov. 24, 2010, from www.independentliving.org/docs6/ratzka200410a.html.

Riddell, S., M. Priestley, C. Pearson, G. Mercer, C. Barnes, D. Jolly, & V. Williams (2006). Disabled People and Direct Payments: A UK Comparative Study. Leeds University. Retrieved Sep. 20, 2011, from www.leeds.ac.uk/disability-studies/projects/UKdirectpayments/UKDPfinal.pdf.

Shapiro, J. P. (1994). *No Pity: People with Disabilities Forging a New Civil Rights Movement.* New York: Three Rivers Press.

Survivors History Group (2008). Celebrating our History, Valuing Ourselves: A Mental Health Service Users' Conference with Historians – The Report. Retrieved Nov. 25, 2010, from http://studymore.org.uk/mpu.htm.

Thomas, S., & W. Wolfensberger (1999). An Overview of Social Role Valorization. In R. J. Flynn, & R. A. Lemay (eds.), *A Quarter Century of Normalization and Social Role Valorization: Evolution and Impact* (pp. 125-162). Ottawa, ON: University of Ottawa Press.

Tower, K. D. (1994). Consumer-Centered Social Work Practice: Restoring Client Self-determination. *Social Work*, 39(2), 191-196.

United Nations (2006). *Convention on the Rights of Persons with Disabilities.* Geneva: United Nations.

Vlaskamp, C., & P. Poppes (2003). The Netherlands. In European Intellectual Disability Network, *Intellectual Disability in Europe: Working Papers.*

World Institute on Disability (1994). *The cost of program models providing personal assistance services (PAS) for Independent Living.* Oakland: World Institute on Disability.

第 **9** 章
自我倡導
王育瑜、林惠芳

第一節　前言

　　《身心障礙者權利公約》強調，障礙者作為「權利持有者」，應有權為自己發聲，而這就是「自我倡導」的概念。「自我倡導」，是「倡導」的多種形式之一，因此，本章首先介紹「倡導」，再進而介紹「自我倡導」。

　　「倡導」的意涵是：在取得充足的資訊下，為自己與他人發聲，目的是主導自己的生活、去除歧視、確保充分平等參與社區生活的權利（Chapman et al., 2012；Disability Rights Washington, 2012；Goodbody Economic Consultants, 2004；The Arc, 2015；Tufail & Lyon, 2007）。「倡導」包含了專業工作者代為發聲、志願工作者代為發聲，以及自我倡導等型態，而「自我倡導」則是為自己倡導、為自己發聲、爭取自己的權益保障。因此，所有人都可以是自己的「自我倡導者」。不過，隨著心智障礙者 **People First** 運動的發展，「自我倡導」的概念在身心障礙領域有了特殊脈絡。談到自我倡導運動，通常指涉心智障礙者透過由心智障礙者組成與主導的團體，對於會影響障礙者的議題，以個別或團體方式，為自己或為其他心智障礙者發聲及採取行動（Williams & Shoultz, 1982）。在此脈絡下，「自我倡導」是指心智障礙者取得充足資訊下，為了爭取充分與平等參與社區的權利、主導自己的生活，而採取的個人或集體行動。

　　在台灣，「心智障礙者」往往被視為是「沒有能力表達的」、「沒有能力自己做決定的」，然而，國內心智障礙服務單位自1990年代中期起，便已開始推動「自我倡導」，當時為了穩定心智障礙青年的就業與提供社區支持，越來越多單位成立「智青團體」。然而，當時並沒有使用「自我倡導」的概念。直到2009年，中華民國智障者家長總會（智總）成立了「自我倡導議題聯盟」、設立「自我倡導議題部落格」，才首度提出「自我倡導」的概念。智總作為一個聯盟性社團，扮演了非常重要的「火車頭」角色，匯整各單位共識，進行彼此經驗交流，成為台灣自我倡導運動的重要推力（王育瑜，2016）。

　　本文介紹心智障礙者「自我倡導」概念的起源與內涵，並整理西方

國家「自我倡導」聯盟性團體推動「自我倡導」的經驗，與國內智總推動「自我倡導」的工作內涵、演變，並提出對國內未來推動自我倡導的省思。

第二節　「自我倡導」概念的起源與內涵

一、「正常化」觀點與「自我倡導」

「自我倡導」概念的核心，是心智障礙者作為平等公民的自我發聲、自我決定，與作自己人生的主人。瑞典學者 Bengt Nirje 將「自我倡導」作為落實「正常化原則」的概念與方法。Nirjie 指出「正常化原則」源自於丹麥 1959 年的心智障礙法案，該法案的前言提到：「讓心智障礙者獲得與一般人盡可能相近的存在」（Nirje, 1999）。Nirje 指出，這句話的意思是：心智障礙者應享有與他人一樣的教育、就業、休閒生活與公民權。因此，確保心智障礙者成長、發展與自我決定的權利、具有公民的社會地位，是「正常化」觀點的核心。簡言之，「正常化」的目標是心智障礙者平等公民權的保障，平等公民應有平等的自我決定與全面參與社會生活的機會。

Nirje 於 1971 與 1972 年連續出版心智障礙者「邁向獨立」和「自我決定權」的文章（Nirje, 1999）。他本人並於 1960 年代末期任職於家長組織時，成立了一個心智障礙者自我主導的俱樂部，由心智障礙者相互分享經驗、共同進行休閒決策與安排，且舉辦了一個心智障礙者主導的研討會，心智障礙者首度有機會為自己的權益自主發聲（王育瑜，2016）。這是心智障礙者「自我倡導」概念的濫觴，目的是確保心智障礙者在社區中正常化生活的權利，亦即平等公民權的保障。

二、「自我倡導」的概念內涵

許多人認為心智障礙者沒有能力做正確的決定，因此心智障礙者不能

夠自我倡導。然而，多數人的自我決定，其實都是在不斷的做決定與犯錯中累積經驗，進而學習自我決定。因此，「自我倡導」包含了一個重要的概念：「承擔風險的尊嚴」（dignity of risk）。這個概念的意思是：心智障礙者應和非心智障礙者一樣，有平等的能夠自我決定、在犯錯中學習之機會（Ritchey, 2013；Walker, 2012）。「自我倡導」的概念包含四大內涵：（1）恰當支持與充權下的自我發聲。（2）心智障礙者對自己的生活有選擇與控制。（3）心智障礙者相互連結以改變不平等處境、對抗社會標籤的公民權運動。（4）自我倡導是逐步發展的過程。最重要的是，自我倡導團體是心智障礙者主導的團體（王育瑜，2016）。

世界各國的心智障礙者，從 1970 年代中期起，陸續成立心智障礙者自己主導的「尊人爲人」（**People First**）團體，並有聯盟性組織進行串聯以推動「自我倡導」（王育瑜，2016）。國際融合組織（Inclusion International, II）蒐集了全世界 70 個國家自我倡導團體的意見，提出對於「自我倡導」的定義：「自我倡導是即使無法說話也能有自己的聲音、被傾聽且控制自己的生活。自我倡導是相信自己的能力、是知道我們的權利，瞭解我們必須和非障礙者一樣，融合於社會生活的所有面向。自我倡導是一起工作，改變我們的社區。」（Inclusion International, 2016）這個定義顯示出自我倡導的二大重要成分：自我倡導是「權利」，也是心智障礙者主導的「社會運動」。

第三節　國際組織與聯盟性團體推動自我倡導的努力

一、國際非營利組織對於「自我倡導」的推動

身障領域在國際與歐洲最有影響力的二個組織：國際融合組織（II）與歐洲融合組織（Inclusion Europe, IE），都將「自我倡導」列爲其重點工作。

II 是由全世界 115 個國家的超過 200 個組織所組成，已成立逾 50 年，II 的願景是：心智障礙者與其家庭，在社區生活所有面向，平等參與並被尊重（II, 2015a, 2018）。在這個願景下，II 透過多元的方式支持自我倡導，包含：自我倡導者擔任 II 委員會的委員、確保 II 的目標與方案支持自我倡導者、傾聽自我倡導者的想法、支持全世界自我倡導者聚會討論對他們而言重要的議題、支持自我倡導者在影響全世界心智障礙者的議題上擔任領導者（II, 2015b）。也就是說，透過使心智障礙者能夠參與組織的決策階層、支持心智障礙者主導的團體使其發揮影響力，II 提供心智障礙者邁向自我倡導。

IE 已成立逾 30 年，是 II 的會員，IE 的目標與 II 類似，是爭取心智障礙者及其家庭，在生活的所有面向之平等權利與全面融合。IE 於 2000 年的時候，各國自我倡導團體代表組成了「歐洲自我倡導者平台」（The European Platform of Self-Advocates, EPSA），這個平台的主要任務為：（1）提供關於心智障礙者權利、能力、需求的資訊；（2）對決策者說明自我倡導者認為重要的事情；（3）出版關於歐洲障礙議題的易讀資訊；（4）讓歐洲的自我倡導團體更強大。EPSA 採取的具體策略包含：（1）教導自我倡導者如何為自己發聲；（2）辦理會議相互交換經驗；（3）使全歐認識自我倡導；（4）建立歐洲最新自我倡導團體名單；（5）出版自我倡導主題的指引手冊，例如：關於法律能力的建議、歐洲障礙策略易讀版、如何確保良好支持的準則、會議準則（The European Platform of Self-Advocates, 2015）。換句話說，附設於 IE 的心智障礙者主導支持歐洲自我倡導者平台（EPSA），在對於個別心智障礙者方面，提供資訊、教導如何自我發聲、使更多人認識自我倡導；在團體運作方面，建立自我倡導團體名單並定期舉辦會議交流經驗；在政策方面，則對於決策者進行遊說。

綜合而言，前述三個國際非營利組織都非常重視「自我倡導」，而其推動方式可分為三個層次：（1）組織運作層面：確保組織目標與方案支持自我倡導者、自我倡導者擔任組織委員。（2）提供自我倡導者支持方面：①支持自我倡導者聚會，使其有機會討論與切身相關的議題並對決策者倡

導。②傾聽自我倡導者、提供資訊、教導如何自我發聲。③強化自我倡導
團體間的經驗交流與網絡連結。（3）出版自我倡導相關工具：障礙議題易
讀資訊、良好支持手冊、會議準則手冊等。

　　前面介紹的是國際組織對於自我倡導的推動，接下來介紹各國心智障
礙者組成與主導的組織之發展與運作。

二、美、紐、英、澳等國自我倡導團體經驗

　　自我倡導團體間的經驗交流，有助於彼此相互支持、學習，以及運動
網絡的建立。以美國、紐西蘭、英國、澳洲爲例，前二者都有全國性自我
倡導聯盟，英國與澳洲雖然沒有全國性但有區域性聯盟。這些聯盟性組織
創造了不同地區的自我倡導團體間交流的機會。

　　美國由 50 州的自我倡導團體代表，於 1990 年組成了「自我倡導者充
權」（Self-Advocates Becoming Empowered, SABE）（Self Advocates Becoming
Empowered, 2018）。紐西蘭也有全國性的自我倡導聯盟，但它原先附屬
於家長組織：心智障礙者家長協會（Intellectually Handicapped Children's
Parents' Association, IHCPA，後來改名爲 IHC）。IHC 成立於 1949 年，
IHC 的心智障礙者於 1984 年開始聚會，並自己命名爲 People First in New
Zealand。在 1993 年，團體成員希望有自己的組織，最後於 2003 年成立了
獨立的聯盟團體，稱爲「紐西蘭尊人爲人」（People First in New Zealand）。

　　英國的英格蘭、蘇格蘭、威爾斯三地，於 1980 年代末期分別成立
自我倡導聯盟。英格蘭的「尊人爲人（自我倡導）」（People First〔Self
Advocacy〕）有 101 個心智障礙者主導的會員團體與 150 個 18 歲以上心智
障礙個人會員。蘇格蘭與威爾斯亦分別有自我倡導聯盟：「蘇格蘭尊人爲
人」（People First〔Scotland〕）以及「全威爾斯尊人爲人」（All Wales People
First）。和英國一樣，澳洲只有地區性的自我倡導聯盟，例如「自我倡導
資源中心」（Self Advocacy Resource Unit〔SARU〕）。這四個國家的自我倡
導聯盟工作重點整理於表 9-1。

表9-1　美、紐、英、澳自我倡導聯盟工作重點整理

	聯盟名稱	工作重點
美國	SABE	使命是：「確保障礙者擁有被平等對待、被給予相同的決定、選擇、權利、責任、為自己發聲、充權、交新朋友、從錯誤中學習等機會。」（Self Advocates Becoming Empowered, 2018），SABE 的目標包含：（1）住宅、健康照顧、就業、關閉機構、交通、親密關係、個別化服務等議題的權利倡導。（2）提供自我倡導者個別與團體支持。（3）提供障礙者及非障礙者關於障礙者人權的教育（SABE, 2015a, 2015b）。
紐西蘭	People First in New Zealand	他們主要推動：（1）易讀翻譯服務；（2）提供有關人權、自我發聲、社區支持資源、工作權利、身心障礙者權利公約等課程（自我倡導者擔任協同訓練員）；（3）倡導權益，且在政府部門擔任委員；（4）參與 II 及其他國際會議（People First NZ, 2018）。
英國	英格蘭 People First（Self-Advocacy）；蘇格蘭 People First（Scotland）；威爾斯 All Wales People First	英格蘭：目標是促進社會模式的障礙觀點，重點工作包含：政策倡導（倡導對心智障礙者而言重要的事情）、支持自我倡導（提供對心智障礙者而言重要的事情）、支持自我倡導團體（提供組織管理的訓練與諮詢）、提供電話諮詢服務、提供易讀訓練並建立易讀圖片（取得政府經費贊助）、提供中央與地方政府及非營利組織易讀翻譯服務、提供專業服務人員關於與心智障礙者溝通的訓練（Disabled People Against Cuts, 2015；People First, 2018）。 蘇格蘭：目標是支持心智障礙者有較多選擇且控制自己的生活，工作重點是改變讓心智障礙者重新檢視自己如何看待自己、改變他人看待心智障礙者的方式，以及改變法律政策（People First Scotland, 2018）。 威爾斯：收集地區自我倡導者的消息與想法、分享資訊、促使自我倡導者相互聯繫、強化自我倡導團體運作能力、發掘對自我倡導者而言重要的事情、權利倡導、幫助自我倡導團體與政府產生聯繫、提供性別意識提升訓練、提供就業協助、訓練支持工作者（All Wales People First, 2015, 2019）。
澳洲	維多利亞地區 SARU	提供維多利亞地區自我倡導團體支持，包含協助成立新的自我倡導團體、製作與分享資源（設備、會訊、訓練教材、手冊、影片、計畫工具、網站等等）、促使不同團體間網絡連結、辦理訓練課程（自我倡導、抗議活動、委員會、設定目標等議題）、提供自我倡導團體諮詢（關於計畫、經費、訓練、會議場地、如何尋找資源等）、辦理論壇與會議、自我倡導者巡迴街頭表演（Self Advocacy Resource Unit, 2015, 2018）。

　　自我倡導聯盟由各地區選出代表，定期參與聯盟聚會，只有自我倡導者（心智障礙者）才有投票與決策權。例如美國的 SABE 組織規則規定，

由全美9個區域代表擔任執行委員會委員，每二年舉辦一次全美自我倡導者會議（SABE, 2010）。英國的 People First 由全國各地心智障礙者選舉組成管理委員會，一年聚會10次（People First, 2013）。紐西蘭的 People First in New Zealand 由全紐西蘭超過30個地方自我倡導團體組成，六個區域的區域主席組成全國委員會，全國委員會一年聚會數次（People First New Zealand, 2010a, 2015）。

綜上，美國、紐西蘭、英國、澳洲等國的自我倡導聯盟，其主要工作包括：（1）聚會討論對自己而言重要的議題，並對決策者產生影響力、倡導權益（包含在政府部門擔任委員）。（2）提升自我倡導者的自我察覺、自我發聲、權利意識及倡導策略。（3）辦理論壇與會議。（4）支持自我倡導團體。（5）提供易讀訓練、圖片資料庫與易讀資訊、易讀翻譯服務。（6）訓練專業人員。（7）製作與分享資源。（8）提供諮詢。（9）向社會大眾宣導自我倡導觀念。（10）參與國際組織與會議。

三、國外自我倡導團體聚會活動的內容

前面提到，自我倡導聯盟對於自我倡導者、專業人員、社會大眾，以及政府，扮演訓練、諮詢及權利倡議等角色。此外，支持地方的自我倡導團體，也是自我倡導聯盟的主要工作之一。地方的自我倡導團體除了倡議行動之外，心智障礙者透過定期聚會，共同討論學習。自我倡導團體定期聚會的主題可概分為五大類：認識權利與政策措施、自我表達與學習倡導技巧、切身議題的討論、同儕教導與支持，以及工具性學習與邀請來賓及社團活動等。詳如表9-2。

表9-2　國外自我倡導團體聚會活動內容整理

主題	內容
認識權利與政策措施	（1）認識人權、聯合國身心障礙者權利公約、健康權、工作權、結婚與自組家庭的權利、瞭解有哪些服務；（2）認識社區生活、交通、社區空間可及性、個人預算制度、社會安全給付和就業等相關政策；（3）認識投票權和投票程序、虐待。
自我表達與學習倡導技巧	自我生活經驗敘說、發表關於友誼和對自己而言重要的事之想法、討論如何自我發聲、如何讓自己的聲音被傾聽、如何遊說立法委員、與法律制定者溝通、善用媒體倡導權利；自我倡導領袖分享。
切身議題討論	（1）穿著、擁有自己的家、親密關係、約會、藝術、夢想；（2）認識朋友、如何交朋友和娛樂、找工作和面談技巧。
同儕教導與支持	（1）提供一對一同儕指導如何投票；（2）同儕支持員訓練與支持方案，由同儕支持員傾聽當事人的想法、提供建議、分享經驗、提供做決定的支持、幫助心智障礙者達成生活中想做的事情、示範給當事人看生活中可能達成的目標。透過訓練，讓同儕支持員學習尊重人和他們的想法與期待、瞭解別人的感受、跟不同的人談話、談論經驗；（3）機構轉銜至社區者定期聚會交朋友及學習社交技巧。
工具性學習與邀請來賓及社團活動	（1）學習操作電腦以及學習 Twitter、Facebook 等通訊社交軟體；（2）使用相機和錄音機，如何使用工具與人分享故事；（3）邀請警察分享如何保護自己的安全；（4）邀請來賓談健康飲食；（5）認識導盲犬；（6）戲劇團體、社交團體。

資料來源：All Wales People First (2019)；People First (2019)；People First (Scotland) (2019)；SABE (2019a, 2019b)；People First New Zealand (2010b, 2011, 2018)；Oregon Council on Developmental Disabilities (2012)；Oregon DD Coalition (2017)；SARU (2019)；Slater (2012)；Reinforce (2009)；Inclusion Europe (2012, 2013a, 2013b)

四、國內自我倡導聯盟的發展

　　我國自1990年代中期，陸續有民間單位成立心智障礙者定期聚會分享交流的小型團體（友伴團體），2008年智總成立「自我倡導」交流平台，各單位彼此經驗交流分享，凝聚了推動「自我倡導」的共識（王育瑜，2016）。這個交流平台參與單位逐漸增多，從最初6個單位，到2009年增為7個，2011年12個，2014年16個，2015年20個，2016增加為21個單位，2017年因經費及單位決策影響，減為18個參與單位，2018年

維持 18 個單位。參與單位的增加，代表著「自我倡導」議題漸受關注，但是參與智總的「自我倡導」平台會議，畢竟需要人力與經費的支持，因此，單位參與情形也難免會有些許變動。

　　交流平台以外，智總於 2017 年，邀請心智障礙青年代表參與智總正式組織架構中的「自立生活推動小組」。此外，於 2018 年與鄰近地區的自我倡導團體交流學習如何成立青年主導的自主組織。在 2018 年底，自我倡導者自行票選決定組織名稱為「融合台灣聯盟」（Inclusion Taiwan），也決定組織視覺圖像設計，2019 年開始學習人民團體相關法規，正式進入組織成立的籌備階段。

　　自我倡導是一個逐漸發展的過程，需要長時間的推動。從 2008 年至 2019 年，經歷了逾十年的時間，智總推動「自我倡導」，總算生根發芽，從專業人員主導，逐漸走向心智障礙者主導，台灣的「自我倡導」運動綻放出一線曙光。以下整理智總推動國內「自我倡導」的歷程與演變。

（一）創造國內外交流學習的機會、青年自我表達和參與的逐步提升

　　2008 年建立自我倡導交流平台之前，在讓心智障礙者自我發聲的方面，智總其實已經做了些許嘗試。首先，2003 年帶領 1 位心智障礙青年參與「亞洲智能障礙者聯盟」（Asian Federation on Intellectual Disabilities, AFID）大會的「自我倡導者論壇」，帶給青年成功自我突破的機會，也堅定了智總推動「自我倡導」的決心。在 2007 年，智總更邀請了當時已經發展友伴團體的台灣智青之友協會到智總的會員大會作經驗分享。於 2008 年舉辦「兩岸四地啓智服務研討會」，更邀請自我倡導者在閉幕典禮中分享「我的夢想與實踐」，這是心智障礙者首次在國內研討會上台發表，讓家長與專業人員體認到：給予機會，心智障礙者也能自我發聲。這些摸索，一再證明了「自我倡導」是未來必須努力推動的方向。

　　在 2008 年的時候，「自我倡導」和「自立支持」的概念同時被使用。除了嘗試性讓心智障礙青年參與國內外會議，以及邀請發展友伴團體到智總分享以外，智總更於 2008 年底，透過舉辦研討會，開啓當時已經發展

友伴團體的單位間交流之機會。「自立支持友伴團體服務經驗交流研討會」邀請了5個單位的自我倡導者、家長和專業人員代表，分享友伴團體運作和參與經驗。這個研討會目的是「鼓勵更多機構團體辦理友伴團體服務模式，讓心智障礙者透過友伴團體的協助，提升社交技巧、表達能力、自信心，進而讓他們學習自我決策、為自己負責，甚至可以為自己爭取權益，不只是透過家長及專業人員，也可以成為自己的代言人」。因此，這個研討會也宣示了智總推動「自我倡導」的決心。

心智障礙青年參與和表達的機會也隨著一同參與會議而逐漸增加。智總於2009年在AFID會議分享台灣的自我倡導經驗，並於2010年與台灣智青之友協會和育成友誼社共赴香港參加「第六屆華人社區啓智服務研討會」，且組團參與II的第15屆大會，從國際會議中汲取更多「自我倡導」的經驗，且心智障礙青年都受邀一同參與。經過了多年，心智障礙青年逐漸習慣表達，2016年日本發生神奈川機構殺人事件，台灣青年討論了相關議題、發表對該事件的看法，並獲刊登在日本育成會期刊中，也受到當時國際融合組織亞洲區理事長瀨修教授的重視。在2018年，更與港澳青年自主組織交流，台灣的心智障礙青年分享協助CRPD易讀版的出版經驗。同年，心智障礙青年也協助辦理「第九屆兩岸四地啓智服務研討會」，除分工規劃並帶領青年工作坊活動外，也積極參與自我倡導分組的報告分享。

（二）單位間共識以及交流平台的建立

從一開始嘗試性邀請心智障礙青年和服務單位交流分享，2008年起，智總更有系統地匯聚力量，推動心智障礙者自我倡導。先前提到，在2008年，「自立生活」和「自我倡導」這二個概念被同時使用。當時強調成年心智障礙者有自己的想法，也應能自主表達，而「自立生活」所主張的障礙者自主、選擇，也是「自我倡導」概念重視的「自我發聲」及「自我決定」。在聯勸、智總與統一企業（7-11）的共同合作下，統一企業於2008年以「自立生活Yes We Can!」為主題協助聯勸募款。智總「推展心

智障礙者自立生活支持服務試辦計畫」（2008-2011年）結合了公益彩券
回饋金（公彩）與聯合勸募協會（聯勸）的資源。這個試辦計畫的內容包
含：（1）實務工作者定期聚會交流（2008年結合7個單位組成「自我倡導
議題小組」）。（2）青年的體驗營（學習營）。（3）建立自我倡導部落格，
作為交流平台。在2011年，試辦計畫改為「推展心智障礙者自我倡導培
力計畫」，延續辦理實務工作者與青年的定期交流。

　　從2008到2009年的定期聚會，各單位凝聚了五方面的共識：（1）社
工（助理）角色與帶領技巧。（2）心智障礙者自決後的責任問題。（3）團
體過程中的兩性交往問題。（4）協助心智障礙成員溝通表達的重要原則。
（5）家長的角色與家人的支持。這些都是各單位有疑問且關心的議題，透
過討論產生共識。當時各單位共同決議以「助理」稱呼支持者，以凸顯青
年為主體，不過，在2014年各單位討論後認為改成「支持者」的稱呼較
為貼切。

　　另方面，自我倡導部落格於2009年設立，成為各單位支持者與青
年的訊息交流平台。但隨著臉書盛行，2014年將部落格改為臉書公開社
團，名稱為「台灣自我倡導者與支持者交流平台」（Taiwan Self-Advocators
and Supporters Interactive Platform）。

（三）「學習營」內容型態轉變，青年漸增的承擔與勇於挑戰

　　除了定期聚會，自2009年起每年各單位共同辦理二天一夜的學習
營，也是智總推動心智障礙青年自我倡導的重要方式。初期著重：（1）增
進青年對自己的認識與對生活的感受敘說（「認識自己」、「我的生活」等
主題）、探索環境（「發現區域特色」）。（2）青年參與學習營的規劃與執
行，例如：地主隊負責規劃探險路隊、探勘、帶領，與歡迎儀式；所有智
青共同討論場地布置風格、確認參與人數及報名、7-11志工如何參與；準
備單位自我介紹、製作自己的名片、討論交通方式及購買車票、運用經費
填飽肚子；心得分享與主題分享。（3）由青年向志工做行前說明。

　　青年在學習營的規劃與參與方面，有越來越多的責任承擔。在2010

年，青年自行投票決定活動場地、負責破冰遊戲、共同設計自我倡導單
張、向路人發送宣導單張、一起解決飲食住宿運用經費填飽肚子；2011
年青年更成爲報告演講人、開幕式致詞人、協同主持人，還要分組討論工
作前準備事項，小組長還需帶領討論及記錄；2012 年青年還須負責晚會
表演節目；2013 年青年共同討論物資與經費短缺的問題、討論工作分配
與闖關的活動內容與時間、活動流程，甚至有一位青年主動擔任生活組工
作人員。

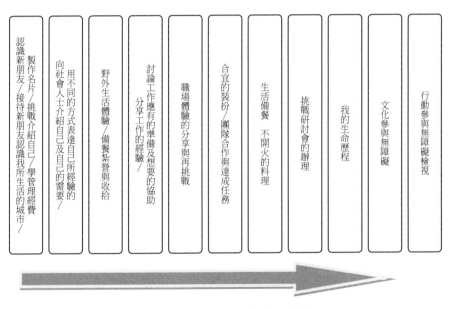

圖9-1　學習營內容型態演變

　　學習營的主題自 2011 年起皆由青年共同規劃。2015 與 2016 年學習營
轉變型態，改爲由青年自行籌辦研討會，在研討會中擔任主持人、司儀、
並報告分享自己的生命歷程經驗。2017 與 2018 年則從文化平權的角度，
青年到文化觀光場所，進行無障礙設施與服務的觀察且提出建議。學習營
主題從青年自我生活感知、分享與學習、環境探索，到作爲公民，透過對
環境的體驗提出改善建議，反映著智總歷年來對於青年「自我倡導」逐步
引導的過程，而青年在學習營中漸增的責任與角色的承擔，也不斷證明：

只要提供機會與支持，心智障礙者能夠「自我倡導」。這些努力，也受到
國際肯定，智總的智能挑戰者自立生活學習體驗營，在 2015 年的亞智盟
大會獲頒亞洲智能障礙界創新服務大獎（Star Raft Award）。

（四）「定期聚會交流」內容與型態的演變

　　定期聚會交流開啓單位間共同摸索學習的機會。不同時期的交流主題
與型態隨著需要而調整，從一開始只有工作人員的定期聚會轉爲以青年爲
主，再轉變爲分成二組。在 2008 和 2009 年只有助理參與，主題聚焦於助
理間的共識建立與學習營的籌備討論；2010 年則轉爲以青年討論爲主，
助理提供支持；2014 年進一步分成二組，支持者與青年分別進行交流討
論，二組皆由智總的社工帶領討論，青年第一次在沒有單位支持者陪同下
與其他青年分享討論。

　　青年定期聚會除了討論學習營規劃與執行細節與小組會議主題外，
自 2010 年開始，由各單位的青年共同討論定期聚會的主題，並輪流擔任
主持人，負責引言與主持主題討論。2013 年再分爲「主題分享」與「議
題討論」二個部分。主題分享方面，青年選出二大主題進行分享與帶領討
論、事前資料收集整理和事前演練，並於會議現場站在數十名與會者面前
發表、帶領討論，參與的青年也都學習聆聽會議進行、理解各方意見與討
論、記錄會議結論。這些都提供了青年發展專注力、聆聽、理解與記錄書
寫能力的機會，議題討論則由智總主持，帶領青年討論時事議題，引發青
年對生活周遭事務有感，進而扮演種子大使，將討論議題帶回單位與其他
青年分享討論。

　　而 2014 年再度嘗試新作法，上午爲共同會議，由支持者協助各單位
青年代表參與會議討論，下午青年與支持者分別在不同空間進行分組討
論，使青年有機會在沒有支持者陪伴下，自主參與會議。共同會議討論主
題由參與的青年提出並投票表決、分別收集資料、向與會者報告分享及討
論。共同會議使得支持者能觀察自己單位青年代表面對較大型會議場合的
應對、與其他單位青年的互動，也觀察學習支持青年的不同工作策略，認

識更多不同特性的心智障礙者、拓展支持者的專業視野。分組會議主題亦由青年共同訂定，以小組討論方式進行，已參與多次的青年會主動支持新參與的青年。在2014年發現，青年在進行主題報告時，也由過去支持者代為整理報告資料的做法，逐漸轉為青年自主蒐集整理主題分享資料並製作簡報檔案，再與支持者討論及進行修正。會議中青年也分工擔任報到、會議記錄、會場整理等任務，在不同任務承擔中參與會議。

在2015年，逐次由不同青年擔任會議主持人，智總秘書長提供主持人支持，更有1位有多年參與經驗的青年，在青年會議上擔任協同帶領者，負責主題引言、協助其他青年參與討論，這位協同帶領的青年表現也越發穩健、並有企圖心承擔更多。由共同會議的主題可以看出青年們生活的多元性與豐富性已逐漸擴展，搭配學習營的相關辦理議題研商討論及營後檢討，青年充分作為行動主體。

在2016年，青年持續擔任會議場地佈置、會議報到事宜、會場整理等行政事務、會議主持、記錄、主題分享討論等分工，持續參與的青年也越來越熟悉這些任務；部分單位更由持續參與的青年帶領新參與者，或是由曾擔任過該任務的青年帶領新手。此外，不同會議地點的安排，也使青年在支持下，接觸多樣交通方式與購票。2016年也開始培力更多青年擔任領導者，在智總的社工以及青年代表的單位社工合作下，共培力3位青年擔任團體帶領者與協同帶領者，支持其發揮角色任務，這3位青年也逐步累積出台風、危機處理能力、同儕支持能力以及會議技巧。

青年對會議的參與度與歸屬感在2017年不斷增加，較害羞的青年在其他青年與支持者的鼓勵下也願意嘗試發言，對議題的陳述內容也越來越聚焦，各單位的青年們彼此越來越熟識，甚至私下組成LINE群組，相約出遊，增加了人際關係與社會參與。在2018年，青年會議固定以1位帶領者和2位協同帶領者負責帶領團體的進行，討論議題主軸為「實踐夢想的方法」，每次由不同的主題分享人向團體成員分享「我的夢想是什麼」、「如何將夢想化為現實」，領導者們與支持者協助進行分組討論。此外也培養新的協同帶領者3名。在2019年進一步由資深青年扮演帶領者的支持

表9-3　智總青年定期會議討論主題及主要行動

年代	討論主題
2011	如何當主席、無障礙、認識自己的義務、如何辦活動、如何幫社團募款策略、如何說服父母讓我參加活動、如何幫助其他行動不便的智青、被他人語言傷害該怎麼辦、同工不同酬、薪水、分享爭取高雄火車站附近車禍頻傳應該優先設置行人通行按鈕的經驗、終身學習的不平等經驗、公民投票方面的不平等經驗、校園去除歧視、教育及學習機會的不平等經驗、社區參與、基本需求滿足的不平等。
2012	延續2011年對不平等的感知，2012年目標是讓心智障礙自我倡導者去討論如何實踐爭取權利的行動與形成行動策略的實務操作累積。包含生活權利議題的覺察與待克服事項、自我倡權行動策略與訴求、拜會立法委員，提出關於就學、就業、交通、無障礙環境等超過20項以上的疑問並獲得具體回應。另外結合全省15個7-11超商門市提供15個單位的34位青年職場體驗。
2013	主題分享：合宜的裝扮（彩妝與保養、造型、四季穿搭）、運動與健康（如何避免運動傷害、運動與養生、減重計畫）；議題討論（苗栗親民教養院事件、零元手機，真的零元嗎？）。
2014	共同會議：預防詐騙、兩性平等、拜訪、理財。 分組會議：青年會議：健康、交友／戀愛、工作、經濟活動。
2015	共同會議：工作與就業、動漫電影與角色扮演、網路世界互動與法律、旅遊規劃、如何避免感情受騙。 青年會議：由青年們選以「休閒」為年度主題，並選出三項休閒活動中進行細部討論，包括從事該項休閒活動時的準備、以及期待獲得的支持，主題扣連CRPD進行討論。
2016	共同會議（主軸為「安全」）：戶外安全、旅遊、休閒嗜好、人身安全、金錢管理、交通安全，區分安全的不同面向，而在旅遊、休閒嗜好、及金錢管理等主題分享中亦涵蓋安全注意事項討論。 青年會議：抽煙、健康、經濟、吃喝玩樂。
2017	共同會議：我的世界我要參與、認識世界認識台灣、認識不同的文化、介紹智青可能會或正在使用的各種服務、認識CRPD、體能訓練。 青年會議：由青年擔任主持人，並發展團體規則，由3位主持人提出「要怎麼發展自己的夢想？」、「要如何讓社會大眾改變對智能障礙者的看法？」、「討論智青共同的夢想，及大家可以怎麼一起在今年達到這個夢想？」主題引言後由青年票選今年討論重點，今年以「要怎麼發展自己的夢想？」為討論主題。再進行分組就如何計畫夢想進行討論。
2018	共同會議：猜猜看明天是什麼節（西洋情人節的認識）、五天港澳之旅心得、「您好，歡迎光臨，我的工作7-11經驗」、我的宗教信仰、第9屆兩岸四地啓智服務研討會智青工作坊帶領經驗分享、慢跑與休閒、「你鬧什麼脾氣啊！情緒管理」、CRPD介紹。 青年會議：主軸為實踐夢想的方法，每次由不同的主題分享人向團體成員分享「我的夢想是什麼」、「如何將夢想化為現實」等議題。

者，而智總外聘顧問及社工原本提供帶領者支持，轉為提供扮演支持者角色的青年支持。

　　幾年下來在青年會議上，除了針對心智障礙者日常生活會經驗到或想經驗到的主題有更多的分享討論外，青年的角色也有多元的擴充，為成立青年主導的自主組織提供培力準備。而在參與的經驗中，從正式拜會相關單位及立法單位、討論與編輯青年需要成長學習的課題、協助推動台灣各界為達資訊平權而進行的易讀運動、參與 CRPD 國家報告會後計畫會說出想融入社區的心聲等等，青年自我倡議的觸角已愈深愈廣，面對的挑戰也愈來愈多元。

（五）未來展望——心智障礙青年自主組織「融合台灣聯盟」（**Inclusion Taiwan**）

　　從 2008 年至今，智總扮演了國內推動「自我倡導」的龍頭角色，經過了這麼多年，各地心智障礙青年代表開始想要學習其他國家，成立自己的自主組織，他們在 2016 年 6 月，首次到中國廣州分享自我倡導的經驗，並宣告即將成立台灣心智障礙者的青年組織。青年們於 2017 年開始用 Line 群組討論決定「新時代青年聯盟」為青年組織聯盟的名稱，並開始思考如何讓未能取得組織支持的青年也有參與機會。而 2017 年底，智總的理監事會議邀請青年代表分享自我倡導經驗，智總並在 2018 年於組織架構中新增加了自立生活支持小組，並邀請參與自我倡議培力計畫多年的青年推派 3 位成員加入小組，並在年度計畫中編列支持成立青年自主組織的計畫。在 2018 年，青年提出與國際同步的想法，因而決議更改組織名稱為「融合台灣聯盟」，2019 年青年開始研討人民團體設立的相關規定且建立分工，正式進入台灣第一個心智障礙青年主導的社團之籌備。

第四節　結論

當你能告訴別人自己的想法與感受，你就是自我倡導者；當你能為自己做出決定並對自己的決定負責時，你就是自我倡議者；當你知道你想要什麼並能表達自己的想法時，你就是自我倡導者。尊重每一個人都有自我倡導的機會與權利，透過拉近資訊落差與經驗落差，每個人都可以是自我倡導者，也都應該有權利享有平等參與社區、主導自己的生活的權利。

過去社會普遍認為心智障礙者因為智能不足，無法自己做決定也無法對自己負責，導致心智障礙者生活中的大小事多數被別人決定，在被保護與取代決定權的情境中，也形成他們服從別人的決定、對自己沒有信心、缺乏勇氣等等習慣。他們的生命經驗少有機會自我決定，也因而少有機會被期待要為自己的選擇負責，導致多數心智障礙者終其一生都需要在他人的保護之下才能生活。許多的社會制度與服務也忽略了心智障礙者的主體性和自主權。然而，心智障礙者的心智特性儘管與多數人不同，但其心理世界與對外在環境的反應並非一片空白。學習與經驗的機會提供，是促進心智障礙者自我倡導的重要關鍵。對於心智障礙者來說，自我倡導的機會是無處不在的，舉凡從日常生活的食、衣、住、行、穿衣、吃飯等大小事到生命中的重大決定，如簽訂契約、醫療同意書等都是自我倡導的機會。透過這些日常生活一點一滴的自我倡導，心智障礙者才能為自己的生活與人生自我發聲，透過自我倡導團體的同儕支持與集體力量，才能彙整心智障礙者的力量，進而改變社會、爭取心智障礙者平等參與社區生活之權利。

從國內外自我倡導團體聚會中，心智障礙青年所關心的主題來看，便可以發現，對於權利的認識與感受、對於生活與人生議題的思考學習、自我表達能力的提升與經驗的累積、倡導技巧的學習，以及同儕支持等等，都是青年所關心的議題，也是心智障礙者發展「自我倡導」的必要充權過程。國內在各單位的努力和智總的整合推動下，發現心智障礙青年學習自己說出想法與感受、學習在理解之後做出決定是可能的也是應該的。當心

智障礙者作爲主體時，透過支持鼓勵，心智障礙者更明白自己每天生活的作息與生活事件跟自己的關係，並逐步發展對自己生活的掌握度。透過對生活事件及環境的引導與認識，心智障礙者可以瞭解自己跟做決定之間的關係，也能經驗到選擇與承擔做決定的後果是什麼，這些都能使他們更認識到原來自己是有責任的也是必須負責的；也更能辨識什麼是自己的事、什麼是別人的事。透過選擇機會的提供，心智障礙者的主體性增加，也漸漸從被動發展出主動的精神，成爲更積極的個體。透過自我倡導的鼓舞及友伴團體的運作，讓心智障礙者有機會認識除了自己以外的其他朋友，發展出與其他人的友伴關係，也能聆聽別人的聲音，這就是爲什麼說「自我倡導」是一個逐步發展的過程。

　　「自我倡導」是爲自己發聲、爭取自己的權益保障，從增進日常生活的選擇與控制，到心智障礙者增進自信與自我發聲的能力，並且相互連結，透過集體行動改變政策，這是一個逐步充權的過程。從西方文獻看到心智障礙者主導的 People First 團體的蓬勃發展，也看到在國際層次上，心智障礙者的團體乃附屬於專業主導的非營利組織之下，其後才獨立出來。台灣的「自我倡導」運動在 2019 年隨著心智障礙者主導的「融合台灣聯盟」之籌備，出現了曙光。然而，在這背後，卻有著智總以及各個推動友伴團體的心智障礙服務單位，多年提供自我倡導者支持，以及單位間協力的過程。過程中，最重要的是創造了許多嘗試與經驗的機會，這也是爲什麼「承擔風險的尊嚴」是發展自我倡導不可或缺的。

　　國內目前籌備中的「融合台灣聯盟」，其成員來自於台灣各個縣市的心智障礙青年團體代表，而這些青年團體都不是心智障礙者主導的自主性社團，多數以社團服務或成長團體的形式，作爲一種服務而提供支持。未來如何讓更多的心智障礙者，在其所在的社區，有機會參與心智障礙青年的自主團體，將會是未來需要更加努力的方向。若未來能推動更多地區成立心智障礙者自主社團，則「融合台灣聯盟」就更能夠扮演類似美國 SABE、紐西蘭 People First in New Zealand 這種全國性聯盟的角色，其成員也將更能代表其背後的心智障礙者自主社團，這對於匯集各縣市心智障礙

青年的力量，進而採取集體力量做權益倡導，將會往前跨向另一步。若是參與「融合台灣聯盟」的心智障礙青年都能成爲自我倡導種子，未來在自己的地區成立心智障礙者主導的自我倡導團體，並進而在地區產生影響力，相信台灣的自我倡導運動，雖然早期倚靠專業人員提供機會，但是心智障礙者將來必定能走出屬於自己的「自我倡導運動」。不過，這也需要「自我倡導」觀念更爲普及，以及政府經費補助，才較能創造這個可能性。

問題與討論

一、口語表達困難的智能障礙者如何自我倡導？

二、家長及專業人員可以透過哪些方式支持智能障礙者自我倡導？

三、智能障礙者自己組成的自我倡導組織，可以做些什麼，以改變社會？

參考文獻

王育瑜（2016）。〈心智障礙者自我倡導團體的發展——八個單位的比較〉。《東吳社會工作學報》，31，77-115。

林惠芳（2018）。《智總十年自我倡導路。我的事情，我要參與！智能障礙者的自我倡導與積極性支持實務研討會》，台北。

All Wales People First (2015). What is All Wales People First. Retrieved Dec. 19, 2015, from http://www.allwalespeople1st.co.uk/resources/Downloads/What-is-All-Wales-People-First.pdf.

All Wales People First (2019). Projects. Retrieved March 8, 2019, from http://allwalespeople1st.co.uk/project/.

Chapman, M., S. Bannister, J. Davies, S. Fleming, C. Graham, A. Mcmaster, A. Seddon, A. Wheldon, & B. Whittell (2012). Speaking up about advocacy: findings from a partnership research project. *British Journal of Learning Disabilities*, 40(1), 71-80.

Disability Rights Washington (DRW) (2012). What is Advocacy? Retrieved Oct. 20, 2012, from http://www.disabilityrightswa.org/what-advocacy.

Disabled People Against Cuts (DPAC) (2015). People First (Self Advocacy)– Our national self advocacy organization. Retrieved Dec. 19, 2015, from http://dpac.uk.net/2014/01/people-first-self-advocacy-our-national-self-advocacy-organisation/.

Goodbody Economic Consultants (2004). *Developing an Advocacy Service for People with Disabilities*. Dublin: Comhairle.

II (Inclusion International) (2015a). Who we are. Retrieved May 19, 2015, from http://inclusion-international.org/who-we-are/.

II (2015b). About Self-Advocacy. Retrieved May 19, 2015, from http://inclusion-international.org/about-self-advocacy/.

II (2016). Self-Advocacy for Inclusion: A Global Report. Retrieved Aug. 22, 2016, from http://inclusion-international.org/selfadvocacyforinclusion/.

II (2018). Who We Are. Retrieved Nov. 9, 2018, from http://inclusion-international.org/who-we-are/.

Nirje, B. (1999). How I came to formulate the Normalization principle. In R. J. Flynn, & R. A. Lemay (eds.), *A Quarter Century of Normalization and Social Role Valorization: Evolution and Impact* (pp. 17-50). Ottawa, ON: University of Ottawa Press.

People First (2019). Past Work and Campaigns. Retrieved March 8, 2019, from http://peoplefirstltd.com/about-us/past-work-and-campaigns/.

People First New Zealand (2010a). Annual Report Novemeber 2009 – October 2010. Retrieved Sep. 25, 2010, from http://peoplefirst.org.nz.

People First NZ (2010b). Newsletter. Retrieved Dec. 25, 2015, from http://www.peoplefirst.org.nz/PeopleFirstNewsletter/tabid/55/Default.aspx.

People First NZ (2011). Newsletter. Retrieved Dec. 25, 2015, from http://www.peoplefirst.org.nz/PeopleFirstNewsletter/tabid/55/Default.aspx.

People First NZ (2015). What does People First do. Retrieved Dec. 25, 2015, from http://www.peoplefirst.org.nz/who-what-where/what-is-people-first/.

People First NZ (2018). About Us. Retrieved Nov. 9, 2018, from https://www.peoplefirst.org.nz/who-what-where/who-is-people-first/mission-and-vision/.

People First Scotland (2018). Home. Retrieved Nov. 9, 2018, from http://peoplefirstscotland.org/.

People First Scotland (2019). What We Do. Retrieved March 8, 2019, from http://peoplefirstscotland.org/what-we-do/.

Reinforce (2009). Reinforce Newsletter, June 2009. Retrieved Sep. 25, 2010, from http://reinforce.org.au/.

Ritchey, A. (2013). *The New Jersey Self-Advocacy Project Advisor and Officer Handbook, 2011-2012*. Retrieved Feb. 12, 2014, from http://www.arcnj.org/file_download/1383c039-b766-4afa-862f-f65feb1163db.

Russell, J. F., & R. B. Flynn (2000). Commonalities across Effective Collaboratives. *Peabody Journal of Education*, 75(3), 196-204.

SABE (Self Advocates Becoming Empowered) (2010). SABE's by-laws. Retrieved Dec. 25, 2015, from http://sabeusa.org/?catid=168.

SABE (2015a). History of SABE. Retrieved Dec. 25, 2015, from //www.sabeusa.org/history-of-s-a/.

SABE (2015b). About Self-Advocacy. Retrieved Dec. 25, 2015, from http://inclusion-international.org/about-self-advocacy/.

SABE (2018). Welcome to SABE! Retrieved Nov. 9, 2018, from https://www.sabeusa.org/.

SABE (2019a). SABE Meeting Minutes. Retrieved March 8, 2019, from http://www.sabeusa.org/meeting-minutes/.

SABE (2019b). SABE News. Retrieved March 8, 2019, from http://www.sabeusa.org/news/.

SARU (Self Advocacy Resource Unit) (2015). What are the jobs of Self Advocacy Resource Unit? Retrieved Dec. 25, 2015, from http://www.saru.net.au/what-are-the-jobs-of-saru-how/.

SARU(2018). What are the jobs of Self Advocacy Resource Unit? Retrieved Nov. 9, 2018, from http://www.saru.net.au/what-are-the-jobs-of-saru-how/.

SARU (2019). SARU news and e-memos. Retrieved March 8, 2019, from http://www.saru.net.au/saru-news-e-memos/.

Schalock, R. L., & M. A. Verdugo (2002). *Handbook on quality of life for human service practitioners*. Washington, DC: American Association on Mental Retardation.

Schlaff, C. (1993). From Dependency to Self-Advocacy: Redefining Disability. *American Journal of Occupational Therapy*, 47(10), 943-948.

Shoultz, B. (2018). The Self-Advocacy Movement. Retrieved Nov. 9, 2018, from http://www.people1.org/articles/selfadv_self_advocacy_movement.htm.

Slater, J. (2012). Self-advocacy and socially just pedagogy. *Disability Studies Quearterly*, 32(1). Retrieved Dec. 25, 2015, from http://dsq-sds.org/article/view/3033/3061.

Stucky, C. (2012). Self Advocacy Nation. Winter 2012 issue. Retrieved Dec. 25, 2015, from http://www.sabeusa.org/?catid=167.

The European Platform of Self-Advocates (EPSA) (2015). Self-advocacy. Retrieved Dec. 25, 2015, from http://inclusion-europe.eu/?page_id=85.

Tufail, J., & K. Lyon (2007). *Introducing advocacy: the first book of speaking up: a plain text guide to advocacy*. London: Jessica Kingsley Publishers.

Walker, A. (2012). "We Are People First": The History and Dynamics of the Self-Advocacy Movement. Retrieved Dec. 25, 2015, from http://www.accessingsafety.org/uploads/File/Feb%2014%202012%20ASI%20web%20conference%20Self-Advocacy.pdf.

Wehmeyer, M. L. (2015). Framing the Future: Self-Determination. *Remedial and Special Education*, 36(1), 20-23.

Williams P., & B. Shoultz (1982). *We can speak for ourselves*. Boston: Brookline Books.

第 **10** 章
家庭照顧者

陳芳珮

「好啦，媽，我等會兒下班會去跟曉東日間照顧的老師講講看。」曉月掛斷電話，覺得十分無奈，今晚跟明彰的約會又要泡湯了。媽媽為了患有重度腦性麻痺的曉東，過去三十多年來，放棄工作親自照顧，現在又因為爸爸中風，媽媽得要陪著他復健，曉月這個唯一的女兒，不得不對弟弟的照顧負起更多的責任。只是曉月在工作上受到肯定，最近老闆才提到有意將她外派受訓，以準備明年升任她期待已久的職務。但想到家裡照顧的重擔，曉月還不知道如何跟爸媽開口分享這個消息。

第一節　前言

根據 105 年身心障礙者生活狀況及需求調查，94.66% 的身心障礙者住在家宅中，其中超過九成的身心障礙者與家人同住（衛生福利部，2018a）。這不但反映我國社會文化中的居住型態，也顯示家人在身心障礙者日常生活中扮演不同程度的協助和照顧的角色。家庭照顧者經常是向外尋求身心障礙者所需之醫療與服務的起動者，是身心障礙者福祉與生活品質的守門人，也會是身心障礙者逐漸突破障礙困境、尋求自立自主過程中重要而必須的支持。

然而，即便家庭照顧者對身心障礙者如此重要，照顧工作經常是孤獨、被漠視的。成為「身心障礙者的照顧者」常是一個非預期、不熟悉的生命角色，而且照顧工作通常是艱辛而漫長的。照顧者也常因此面對身心俱疲、經濟耗損、社交孤立與生涯被迫轉向等窘境。若沒有充分的正式與非正式資源支持，極容易造成對照顧者與被照顧者雙方傷害的憾事。因此「照顧照顧者」不但是減輕照顧者的負荷，也是為障礙者的福祉把關。為此，瞭解照顧者處境與如何健全照顧支持是重要的第一步。

第二節　家庭角色與家庭照顧

一、生命週期階段與生命歷程觀點

　　要深入探討照顧者的需求，必須要能瞭解照顧角色如何與個人生命階段的各角色功能產生互動。生命週期階段之相關理論如 Erik Erikson 的心理社會發展理論（psychosocial developmental theory）能作為參考。Erikson 以健康常人的生命狀態為立論基礎，分為八個連續的人格發展階段：嬰兒期、幼兒期、學齡前兒童期、學齡兒童期、青少年期（青春期）、成年早期、成年中期、成年晚期。每個階段都有其發展任務及特有的心理社會危機，而人的成長則是在該階段發展出因應能力來克服每一次挑戰。每個階段的成功將是下一個階段的基礎，但若未能完成某一階段的挑戰，即可能在未來會出現問題（Erikson & Erikson, 1997）。

　　承擔障礙者照顧角色可能發生在不同的人生階段。除常見的成年時期，也可能發生在兒童與青少年期及老年期，故照顧角色對照顧者生命與生涯的影響不可小覷。若要深入瞭解其影響，生命歷程觀點（the life course perspective）的應用極其重要。生命歷程觀點強調人的成長發展並非在真空狀態中發生，而是深受個體所處的歷史、社會、經濟與文化環境的變動所影響。Glen H. Elder, Jr. 分析生命歷程中的五個基本原則：生命週期發展（life-span development）、自決自處（agency）、時空環境（time and place）、時機（timing），和生命共同體（linked lives）。特殊事件可能在生命中的任一時點發生，而人的生命經驗則是以上各原則交融影響的總和（Elder & Giele, 2009）。此與生命週期階段理論中已被標準化、隨年齡可預期的發展進程不同，更能捕捉時空和環境的影響，以及個體或世代的成長歷程差異。同時也因側重個人與其所經歷的特殊事件和環境之間的關係，更能對個人生活史中，早期事件如何影響未來的決定和發展有更豐富的分析與瞭解。不同於教育、工作與結婚等生命中可規劃準備的事件，障礙者照顧角色常常是原先沒有預期的承擔。因此「成為照顧者」這個事件順理

成章地可以用生命歷程觀點來瞭解。以下即針對不同家庭關係的照顧者（父母、手足、子女與配偶）來討論其角色特質，一窺照顧可能對生命經驗與發展造成的影響。

二、不同家庭關係的照顧者

衛生福利部105年身心障礙者生活狀況及需求調查（衛生福利部，2018a）含14,120位身心障礙者。當中8,053位為無法完全獨立自我照顧生活起居且有家庭照顧者的身心障礙者，其中有3,082主要家庭照顧者接受訪問。這些照顧者多為女性（64.89%），年齡以「45未滿65歲」（52.60%）為最多，「65歲以上」占26.61%，「30未滿45歲」占17.68%，「未滿30歲」占2.17%。被照顧者以多重障礙（16.42%）為最多，其次為肢體障礙者（15.41%）；障礙等級以中度（31.86%）最多。照顧關係以配偶或同居人者（31.12%）為最多，子女（含媳婦或女婿）占30.47%，父母占27.77%，手足（含其配偶）占7.26%。同時「實際執行照顧與提供金錢協助」者（65.93%）最多，僅「實際執行照顧」占29.98%，僅「提供金錢協助」占4.09%。這些照顧者「未就業」占59.15%最高，「全職工作」占30.08%，「兼職工作」占10.77%。照顧者平均照顧年數為13.58年，其中女性14.03年，較男性多1.28年。其中又以「父母」照顧17.80年最長，「兄弟姊妹（含其配偶）」15.46年次之。障礙類別中以照顧智能障礙平均年數23.49年最長。平均每日照顧時數則為11.64小時，其中以「配偶或同居人」14.13小時最長、「父母」12.43小時次之。

上述實況可反映生命週期階段與生命歷程觀點運用的重要性。之於父母、手足、子女與配偶照顧者，照顧對其生命的影響與意義不盡相同。舉例而言，不論孩子的障礙是在出生或成長過程發生，甚或子女已成年，父母（特別是母親）常成為責無旁貸的照顧者。然而孩子額外的照顧需求非父母意料中事，也常因此徹底改變父母的人生發展。父母常因此須進行工作甚至是生涯發展上的改變，婚姻關係的維繫常受到嚴峻的考驗，也常因

孩子的障礙受責難或被污名（Corrigan & Miller, 2004）。心智障礙兒童的家長也常因障礙的複雜性，與其伴隨的失能與行為問題面臨極大的照顧困難，也容易引發內疚、羞恥與憤怒的反應，甚至已達臨床診斷之憂鬱與焦慮的標準（胡蓉、嚴嘉楓、林金定，2008）。家長能否接納（acceptance）及增進自我效能（self-efficacy）影響其照顧的壓力感受（胡蓉、嚴嘉楓、林金定，2008）。父母亦常需扮演照顧資源統籌的角色，如在早期療育體系中主動串連與爭取服務（曾凡慈，2010）。

　　雖然統計上手足照顧比例不高，但未婚障礙者的照顧常是由父母轉移至手足。在未成為主要照顧者之前，手足已常自願或非自願地擔任協助照顧的角色。原本手足間的競爭、模仿與合作的家庭角色功能常因障礙發生的干擾而消失。此外父母常因將專注力集中在障礙子女身上，手足得自行面對升學、工作與生活上的挑戰，無法得到父母的協助。有時父母反而期許手足能成熟懂事，分擔照顧工作來減輕父母的負擔（陳姿廷、吳慧菁、鄭懿之，2015）。

　　障礙除造成手足關係的變化，也影響手足對自我的認識和觀感。手足可能經驗到自卑、低自尊與污名等心理狀態（Earl, 2007），或是擔心精神疾病會遺傳（Schmid, Schielein, Bider, Hajak, & Spiessl, 2009），又或因此讓自己的婚姻受影響。擔任照顧者後自己的工作、婚姻與家庭生活品質易受影響。相對於父母照顧障礙子女雙向、不設限、具有情感性的互動，手足照顧常是單向授與、客觀，與責任承擔的性質（陳姿廷、吳慧菁、鄭懿之，2015）。

　　部分障礙者的子女從小就直接或間接協助照顧的工作。可以想見這特殊的情境對這些子女身心成長與家庭角色扮演的學習上所造成的重大影響。文獻中特別受到注意的是精神障礙父母的子女，孩子可能會擔心精神疾病的遺傳性（Corrigan & Miller, 2004）。當父母的行徑異常時，他們會感到丟臉並想隱瞞家醜以避免污名。當父母症狀發作時，他們知道要離開以保護自己。孩子常收集疾病相關資訊與知識，並依賴與其他家人朋友間的信任關係以作為調適機制。文獻中提醒專業人員重視孩子的需求，以免

孩子在以父母需求為優先的前提下忽視了自己學齡期上學、遊戲，或成年後工作、交友等生命發展的需要（Dam & Hall, 2016）。

最後談到的是配偶照顧者。雖然在105年的調查中為數不少，但相關的文獻卻付之闕如。一般觀察可發現，障礙發生的時間點，以及若障礙發生在婚前，結婚時配偶照顧者是否清楚障礙的本質，將對婚姻關係的預期與雙方的互動造成極大的影響。而配偶照顧者除照顧之外，也常需要負擔較大比例的經濟、親職與家務等家庭功能與責任，需要外來支持系統的幫助。此外，我國部分身心障礙者以跨國婚姻媒合的管道尋求配偶，而這些外籍配偶照顧者除前述的需求之外，可能還有法律、文化適應等問題，需要更多關注與進一步探討。

三、雙老家庭

近來身心障礙者照顧受到注目的議題之一是「雙老家庭」。當障礙者因老化而有更複雜的健康與照顧需求之際，其照顧者（父母、手足或配偶）通常也進入老化的階段。除了需面對自身的老化問題，照顧者仍需負起照顧責任，可預期未來照顧將更艱難。由於心智障礙者的家庭照顧時間通常特別長，障礙者也較依賴協助，而讓此議題更為突出。這些雙老家庭的照顧者在日常生活、健康或終老方面的照顧都感到「無止境的擔憂」（陳伶珠，2011）。雙老家庭在生命階段中承受生理、心理、社會與文化層面諸多的壓力與挑戰（王文娟，2011），也經常面臨照顧生活上的困境，包括：福利服務資訊斷層與申請困難、照顧者與障礙者皆面臨滿足醫療需求的障礙、缺乏補充性與替代性的照顧支持、照顧者心理壓力無處釋放，以及經濟匱乏的困境（財團法人第一社會福利基金會，n.d.）。

周月清等學者（2018）提醒，這些雙老家庭也可能是兩代「三老」的家庭，即老年衰弱父母及中老年智障者，由中老年手足照顧，多數未使用社會服務。研究中發現在長期照顧考量方面，智障者照顧轉銜和老年父母居住遷移互相牽制，相關安排以父母與手足個人之傳統照顧文化認同程

度、經濟考量及家庭互動關係爲主，大過於參考失能程度與正式服務的影響。近年有針對雙老家庭居住模式的研究（王文娟，2016；黃珮玲、戴世玫、孫宜華，2018），發現雙老家庭本身的接受度、服務機構開設居住服務的意願、社區鄰里共識的建立與政府法規之彈性度等方面，仍有待持續的努力。

第三節　照顧經驗

一、照顧壓力過程模式

　　Leonard Pearlin（1924-2014）重要的學術貢獻之一是從社會學觀點瞭解壓力過程（stress process）與適應（coping）之間的關係。Pearlin 等學者於 1990 年介紹照顧壓力過程模式（Pearlin, Mullan, Semple, & Skaff, 1990），其中包括四個面向（如圖10-1）：壓力的背景與情境（background and context）、壓力源（stressors，分爲主要與次級壓力源）、壓力調解機制（mediators），以及照顧經驗造成的結果（outcomes）[1]。壓力的背景與情境，如照顧者的人口學與社經地位等特質（SES characteristics）、照顧關係與歷史（caregiving history，包括關係身分、關係品質、被照顧者身體病痛與照顧時長）、家庭與社交網絡組成（family and network composition），以及社區服務的可及性（program availability）皆深刻影響著其他三個面向。

　　主要壓力源（primary stressors）分爲客觀上被照顧者的需求（objective indicators），如被照顧者的認知功能（cognitive status）、問題行爲（problematic behavior）、日常生活活動與工具性日常生活活動的依賴程度等（ADL, IADL dependencies），以及主觀上照顧所需要付出的心力（subjective

---

[1] 要更深入瞭解 Leonard I. Pearlin 的照顧壓力過程模式的發展歷程，可參考 Pearlin 發表的其他論文：The Structure of Coping（1978）、The stress Process（1981）、The Sociological Study of Stress（1989），以及他在1996、2005 與2010 年出版的有關壓力過程與生命歷程的探討。

indicators），如過度負荷（overload），與因互動付出不對等所造成的關係剝奪感（relational deprivation）。這些主要壓力源可能會衍生出兩種次級壓力源（secondary strains），但對照顧者壓力經驗的影響並不小於主要壓力源。第一種是角色勞損（role strains），指的是發生在照顧情境之外的角色與活動，如需處理因對照顧看法不同而造成的家庭關係衝突（family conflict）、工作與照顧責任之間的衝突（job-caregiving conflict）、因照顧造成的家庭經濟財務耗損（economic problems），以及對照顧者之社交休閒生活的限制（constriction of social life）。另一種次級壓力源是內在心理影響（intrapsychic strains）。長期艱困的經歷易傷害自我概念進而造成憂鬱，長期照顧也會有同樣的結果。Pearlin 等學者（1990）強調的自我概念包括概括性的（global）自尊感（self-esteem）與能掌控影響生活之各種因素的能力（mastery），即關注照顧壓力如何影響照顧者這些正向自我概念的發展。另外學者們也強調四個與照顧情境相關的（situational）心理影響，包括感到迷失自我（loss of self）、受困於照顧角色（role captivity）、看到自己的能耐（competence），與感到有所收穫或益處（gain）。

壓力研究中常見人們面臨同樣的壓力，卻經驗不同的結果，針對照顧者的研究亦然。其中的差異在於壓力調解機制的作用，包括適應（coping）與社會支持（social support）。所謂的適應是指個體本身能管控造成壓力的情境、管理情境的意義以降低威脅性，以及管理該情境造成的壓力。社會支持則是來自他人直接或間接的介入，分別為工具性的支持與表達性的支持。照顧經驗造成的結果則包括對照顧者心理健康的影響，如造成憂鬱（depression）、焦慮（anxiety）、易怒（irascibility）及認知功能的干擾（cognitive disturbance）；對身體健康的影響（physical health），如活動參與受限或受傷；以及逐漸或突然地放棄照顧者角色（yielding of role），如將照顧工作交由他人執行或選擇機構照顧。

Pearlin 在他晚期的理論發展也強調生命歷程觀點對瞭解壓力過程與影響的重要性。Pearline 觀察不同社經地位的人口群存在著發病率和死亡率的差異，究其原因可能在於生命過程中持續或重複的壓力因素，如持久

的經濟壓力和歧視性經歷而導致處於低社經階級，進而影響健康（Pearlin, Schieman, Fazio, & Meersman, 2005）。壓力擴散（stress proliferation）的作用讓面臨嚴重逆境的個人有可能遭遇到更多的挑戰，例如早年經歷創傷而脫離生命發展常模，日後影響到自組家庭的成立；或是遭逢意外無法工作而逐漸步入貧窮，都是個體受壓力擴散的影響，擾亂原本角色行為和關係的發展。

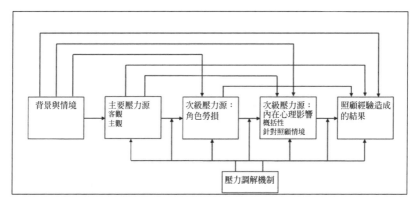

圖10-1 照顧壓力過程模式

改編自Pearlin, Mullan, Semple, & Skaff (1990), p. 586

雖然 Pearlin 等學者的討論並非針對照顧壓力，但隨著時間照顧中主要壓力源可能會衍生出角色勞損與內在心理影響兩種次級壓力源，也可能讓照顧者身陷重重的挑戰，而改變生命的發展路徑。特別是照顧角色的承擔不可預期，可能發生在不同的生命階段，而造成不同的照顧者會有不同的挑戰和需求。

二、照顧者的污名經驗

對照顧經驗的瞭解除透過照顧壓力過程模式，亦須考量照顧者承受的污名經驗。Erving Goffman 在 1963 年的著作提出污名（stigma）的概念。當人具有不符合社會所謂的「正常」、不被社會所允許或偏離社會期許的

身體、性格、行為、或身分與經歷上的特質時，會有被賦予污名（如在牲畜身上的烙印）的可能，而障礙者容易成為污名的標的。污名又區分為以下幾種：感受到的污名（perceived stigma），即社會常見對障礙者既有的偏見，為一般大眾都能感受得到的，如認為精神障礙者必然是危險的；經驗到的污名（experienced stigma），即障礙者受到的各式歧視待遇；自我污名（self stigma），即障礙者本身認同他人對障礙的污名，而造成自卑、無望感，或也跟著看輕其他障礙者的態度。

不僅是障礙者會遭受污名，障礙者的家屬因與障礙者的關聯也受到污名的傷害。研究發現障礙兒童的家長主觀福祉感受（subjective wellbeing）較一般人低，其中主要的影響因素之一即是污名（Werner & Shulman, 2013）。Corrigan 和 Miller（2004）則區分精神障礙者家屬遭受的公眾污名（public stigma，社會對障礙者的偏見與歧視態度對家屬造成的影響）和間接污名（vicarious stigma，家屬目睹障礙者經驗污名對待後的影響）。許多家庭感到受社會貶抑和羞辱（Struening et al., 2001），常在生活各方面經歷孤立和迴避（González-Torres, Oraa, Arístegui, Fernández-Rivas, & Guimon, 2007）。精神障礙者家屬也可能經驗自我污名，因而內疚自責（Angermeyer, Schulze, & Dietrich, 2003），或感到自卑（Tsang, Tam, Chan, & Chang, 2003）。家屬的自我污名也造成將障礙視為家醜而保密（Phelan, Bromet, & Link, 1998）、社交退縮（Phillips, Pearson, Li, Xu, & Yang, 2002），和心理困擾（Martens & Addington, 2001）。文化上，維護面子是個人對維持家庭社會地位須盡的基本責任（Earley, 1997）。然而，精神疾病的污名讓患者成為家庭蒙羞的原因。父母更可能因內疚感和自責而感到羞愧（Donnelly, 2005）。

三、照顧的正向經驗

然而，除了負面的影響，為完成照顧工作而盡力克服困難的經驗也可能為家屬帶來滿足感與正向的發展。研究發現多數家庭都可以指稱他們

因照顧而發展出的能力和成長（Greenberg, Seltzer, & Judge, 2000；Meyers, Mackintosh, & Goin-Kochel, 2009）。這些正向經驗可能包括：較能同理障礙人士、更能瞭解什麼才是生命中重要的事物、認識自己的潛力、信仰更加堅定、變得成熟、與家人更親近、獲得履行職責的踏實感、變得更有自信、學會新的事物，以及結交新的朋友（Chen & Greenberg, 2004；Pearlin et al., 1990）。而來自專業人員、其他家庭成員與照顧者團體的支持，以及受照顧的精神障礙家人的協助與回饋都與照顧者經歷這些正向經驗有相關（Chen & Greenberg, 2004）。此外，尋求宗教信仰支持的照顧者也較能經歷正向的照顧經驗（Pearce, Medoff, Lawrence, & Dixon, 2016）。

第四節　家庭照顧相關政策法規與服務

一、身心障礙者權利公約

《身心障礙者權利公約》（Convention on the Rights of Persons with Disabilities, CRPD）關注的不僅是身心障礙者，也包括他們的家庭。其中數項條文有關家庭應扮演身心障礙者的保護角色，如前言的第（x）款項強調「身心障礙者及其家庭成員應獲得必要之保障及協助，使家庭能夠為身心障礙者充分及平等地享有其權利做出貢獻」；第 8 條「意識提升」中強調應「提高整個社會，包括家庭，對身心障礙者之認識，促進對身心障礙者權利與尊嚴之尊重」；與第 16 條「免於剝削、暴力與虐待」中強調「保障身心障礙者於家庭內外免遭所有形式之剝削、暴力及虐待」及「確保向身心障礙者與其家屬及照顧者提供具性別及年齡敏感度之適當協助與支持」。

公約中也有數項條文有關對家庭成員的保障，如第 23 條「尊重家居與家庭」中強調「身心障礙兒童於家庭生活方面享有平等權利」且強調「締約國應承諾及早提供身心障礙兒童及其家屬全面之資訊、服務及協助」；與第 28 條「適足之生活水準與社會保障」中第 1 項強調「身心障礙

者就其自身及其家屬獲得適足生活水準之權利」並應「採取適當步驟，防護與促進身心障礙者於不受歧視之基礎上實現該等權利」。另外，第2項（c）中強調「確保生活貧困之身心障礙者及其家屬，在與身心障礙有關之費用支出，包括適足之培訓、諮詢、財務協助及喘息服務方面，可以獲得國家援助」。

二、身心障礙者權益保障法

我國的《身心障礙者權益保障法》中為提高身心障礙者家庭生活品質，於第51條明定各項與照顧者相關的服務，包括臨時及短期照顧、照顧者支持、照顧者訓練及研習、家庭關懷訪視及服務，以及其他有助於提升家庭照顧者能力及其生活品質之服務。第62條更規定直轄市、縣（市）主管機關應推動或結合民間資源設立身心障礙福利機構來提供前述服務。

另一方面，法中第75條明定不得對身心障礙者進行多項傷害、虐待之行為。而第95條相關罰則中，特別針對違反第75條的家庭照顧者或家庭成員設計有八小時以上五十小時以下之家庭教育及輔導的規定，足見立法上增強照顧者照顧功能的用意。

三、身心障礙者家庭照顧者服務辦法

衛生福利部另依《身心障礙者權益保障法》第51條第2項規定於101年7月頒訂，104年5月修正《身心障礙者家庭照顧者服務辦法》。此法為我國首次為身心障礙者家庭照顧者服務制定專法，明列臨時及短期照顧、照顧者支持與訓練及研習、與家庭關懷訪視及服務，及其設置上的相關規定。然而此法之縝密與明晰度仍有待加強（王順民，2012）。

王順民（2012）分析其中第2條規定服務對象為身心障礙者家庭內最主要照顧身心障礙者之配偶、直系血親、直系姻親或共同生活之家屬，但此種血緣的限定在現今社會實有待商榷。第9條則規定若家庭照顧者要接

受臨時及短期照顧服務，必須符合：（1）家庭照顧者未接受臨時或短期喘息照顧服務，（2）家庭照顧者未領有政府提供之特別照顧津貼或其他照顧費用補助，（3）身心障礙者同一時段未接受日間及住宿式照顧服務或居家照顧服務，及（4）未聘僱看護（傭）。這些限制是否能夠回應該法第5條中規定服務提供單位需「秉持協助家庭照顧者減輕照顧壓力之精神，提供家庭照顧者支持服務」與「尊重家庭照顧者之自主性及權利」，仍是疑問。而此法與老人福利法及長期照顧服務法等相關法案的銜接也有待澄清（王順民，2012），以確保身心障礙者家庭照顧者的完整服務。

四、長期照顧服務法

《長期照顧服務法》旨在健全長期照顧服務體系以提供長期照顧服務，確保照顧及支持服務品質，發展普及、多元及可負擔之服務，保障接受服務者與照顧者之尊嚴及權益。除幾處如機構住宿式長照服務之家屬教育服務（第12條）、家庭照顧者代表參與訂定長照服務品質基準（第40條）、簽訂長照機構書面契約（第42條）提及照顧者角色，主要針對家庭照顧者的部分為第9條定義的家庭照顧者支持服務。第13條則規定支持服務提供之項目，包括：有關資訊之提供及轉介、長照知識、技能訓練、喘息服務、情緒支持及團體服務之轉介，以及其他有助於提升家庭照顧者能力及其生活品質之服務。然而這些法定設計能否回應照顧者需求可由下個章節來分析。

第五節　家庭照顧支持政策之設計

一、政策面的需求

衛生福利部105年身心障礙者生活狀況及需求調查針對主要家庭照

顧者的調查雖未能做母體推估，但可參考作為政策重點（衛生福利部，2018b）。調查結果顯示女性主要家庭照顧者沉重的照顧負擔：女性照顧者有24.50%因照顧而辭去工作（男性12.11%）；89.65%與被照顧者同住（男性82.72%）；54.50%有輪替者（男性61.18%）；16.50%有僱用看護（男性27.91%）；平均每日照顧時數為12.44小時（較男性多2.28小時）；平均照顧年數為14.03年（較男性多1.28年）。

　　經濟狀況方面，47.86%的照顧者表示照顧期間生活開銷有困難，且被照顧者障礙程度愈嚴重者，有困難的比率愈高；女性照顧者有困難的比率為48.80%（男性46.12%）；65歲以上的照顧者53.66%有困難的比率最高；無工作的照顧者有困難的比率為51.29%，高於有工作者之42.89%。

　　健康方面，28.65%之照顧者認為目前身心狀況不佳，其中女性（30.85%）高於男性（24.58%），年齡愈高者表示不佳的比率愈高（65歲以上46.83%）；無照顧輪替者的比率（36.12%）較有輪替者高（23.23%）；無工作者認為不佳的比率為36.20%，高於有工作者的17.71%。有78.72%的照顧者表示在照顧期間曾發生身體不舒服的情況，其中有51.17%曾發生「肌肉筋骨痠痛」、46.17%曾發生「失眠」、33.13%有「憂鬱」情況。女性（82.45%）曾發生不舒服情況比率高於男性（71.81%）；年齡愈高者發生不舒服情況比率愈高（65歲以上84.76%）；無工作者（82.01%）較有工作者（73.95%）高；沒有照顧輪替者（82.02%）曾發生不舒服的情況高於有照顧輪替者（76.66%）。

二、政策導向的選擇

　　各國因其文化、價值、性別角色期待之差異對於「照顧」有不同的定義，繼而影響不同的「照顧」政策（朱貽莊、陶屏、陳玉芬，2012）。Knijn與Kremer（1997）討論了四個照顧政策制定上會面臨的問題：照顧是公共還是私人的責任？照顧該是有償或無償的工作？提供／接受照顧是在鼓勵依賴或是獨立？照顧是提供給照顧者的，或是接受照顧者的權利？

其中 Knijn 與 Kremer 強調兩個重要概念：「賦予提供照顧所需時間的權利」（The right to time for care），以及「接受照顧的權利」（The right to receive care），並期待照顧政策能對融合性的、性別平等的公民權有所貢獻。

　　政策取向上，Leitner（2003）區分四種典型：明確的家庭主義（explicit familialism，為強化家庭提供照顧的功能而給予家內照顧之給付，但不提供政府正式照顧之替代方案），選擇的家庭主義（optional familialism，既強化家庭提供照顧的功能而給予家內照顧之給付，也提供政府正式照顧之替代方案以減輕家庭照顧負擔），隱含的家庭主義（implicit familialism，政府既不提供正式照顧方案，也不提供家內照顧之給付，家庭只好無償負擔起主要照顧者的責任），以及去家庭主義（de-familialism，藉由提供完善的政府或市場照顧以消除家庭的照顧角色）。值得注意的是，明確的家庭主義與選擇的家庭主義裡同樣強調「賦予提供照顧所需時間的權利」，但只有在選擇的家庭主義中照顧的權利不等同於照顧的義務，而是一種選擇（Leitner, 2003）。另外，在去家庭主義中雖然在政府全面負責照顧之下家庭可專心於勞動參與，無須擔心照顧問題，但家人若想提供照顧也不會有政府之家內照顧給付，亦即家庭提供照顧的權利並未受到尊重（Leitner, 2003）。

三、政策內容考量

（一）照顧與工作／經濟需求

　　政策中若有讓照顧者能從容決定承擔照顧與否的設計，不需在照顧與工作的選擇中煎熬，才是「賦予提供照顧所需時間的權利」的實踐。在這方面常見的機制有照顧假、照顧津貼和彈性工時。朱貽莊等學者（2012）分析屬於選擇家庭主義的瑞典提供有薪照顧假，也可以同市場行情的照顧津貼直接聘用家屬擔任照顧者，讓家屬有選擇擔任或不擔任照顧者角色的機會；屬於明確家庭主義的英國沒有提供照顧假，但提供照顧津貼以補貼照顧者的負擔，並允許照顧者申請彈性的工作時間。我國目前僅有少數縣市提供身心障礙照顧者津貼，但使用上有諸多限制，並無法支持家庭擔任

照顧者的角色；也尚未針對身心障礙者照顧提供相關假別與彈性工時。

　　另外，政府可以抵免稅額的方式來獎勵負擔照顧的納稅義務人（Colombo et al., 2011）。加拿大在中央與地方皆有針對無償的照顧者提供多項包括醫療費用的抵免，或是考量障礙嚴重程度所提供的減免。美國則是針對收入較低且與被照顧者同住的照顧者提供照顧支持的抵免稅額。但美國僅針對有工作的照顧者，失業或已離開就業市場的照顧者則無法受益。我國則是在2019年通過《所得稅法》「長照特別扣除額」的修正案，針對「機構照護」與自行或聘僱外傭「在家照顧」者提供每年12萬元的特別扣除額，目前適用5%及12%所得稅稅率家庭。

　　最後，身心障礙者照顧服務使用自付額也可能對家庭經濟造成負擔，因而影響使用意願。以現行長期照顧服務措施的照顧及專業服務與喘息服務為例，低收入家庭獲全額補助，但中低收入家庭需自行負擔5%，而一般家庭則需自行負擔16%的費用。在2018年元旦實施的「長期照顧給付及支付基準」中，部分自付額隨著新基準調漲以因應照顧服務員薪資調整，但對使用服務的家庭而言卻增加不少負擔。

（二）照顧與健康

　　長期的照顧與伴隨的壓力極可能造成照顧者身心方面的損傷。喘息服務的目的即在以不同方案提供照顧者暫時性照顧負荷的舒緩，以增加或恢復照顧者承受照顧負擔的能力（Colombo et al., 2011）。常見的喘息服務型態有日間照顧、居家服務，與機構喘息服務。在評估喘息服務需求時，時間的長短和頻率（每天或每週）都是重要考量（Colombo et al., 2011）。我國的《身心障礙者權益保障法》第51條明定提供臨時及短期照顧。陳芬婷與邱啓潤（2015）發現居家喘息與機構喘息滿意度得分指標皆高且兩者沒有顯著差別。喘息服務對家庭照顧者確有效益，特別是讓照顧者可以自我掌控時間的效益高於提升照顧者生活品質的效益。

　　除利用喘息服務獲得暫時休息外，照顧者的自我照顧也相當重要。雖然學術文獻尚未對此主題做深入瞭解，坊間照顧者資訊與自助團體十分強

調照顧者從自我照顧開始，才能更從容地照顧家人。以美國的照顧者聯盟
為例（Family Caregiver Alliance, 2012），用網站、紙本流通相關訊息，包括
照顧工作對照顧者健康與福祉的負面影響，並鼓勵照顧者為自我照顧負
責。用務實的方式幫助照顧者釐清個人自我照顧的障礙，如不恰當的態度
與信念等；再提供具體的做法協助自我照顧：管理壓力、設定目標、尋求
解決方案、建設性的溝通方式、尋求和接受幫助、與醫生密切合作、養成
健身習慣，與感知自己的情緒並從中學習。這些做法值得參考。

（三）照顧協助與支持

　　對於照顧工作的支持可以相當多元，包括諮詢與轉介、教育訓練、支
持團體，與照顧支持服務網絡等。例如英國於 1995 年訂定《照顧者（認
可和服務）法案》（Cares〔Recognition & Services〕Act），將家庭照顧者視
為服務網絡中的主角，強調照顧者照顧能力的評量（陳正芬，2013）。英
國的家庭照顧者總會設立了家庭照顧者專線服務以及網路互動系統，作為
教育、交流的平台（陳正芬，2013）。又如美國於 2002 年訂定家庭照顧者
支持方案（National Family Caregiver Support Program, NFCSP），要求地方
政府發展廣納民眾意見且具有在地特色的照顧者支持服務，包括提供社區
服務相關資訊、協助照顧者取得服務、針對個人規劃諮商及訓練方案，還
有成立支持性團體以協助照顧者更有效管理照顧工作等（Link, 2015）。我
國現有的家庭照顧支持服務可歸納為諮詢服務、專題講座、支持性服務、
單次性活動、個案服務及喘息服務等，期待能更多元而有彈性地以因地、
因人制宜的方式提供（陳正芬，2013）。

　　綜觀而論，我國雖有零星之政策與服務項目來支持家庭照顧，但完善
周全的障礙者家庭照顧政策仍付之闕如。未來政策設計須能解決家庭照顧
者面臨的壓力與照顧責任的分擔，且須回應照顧之性別議題與因照顧陷入
經濟與健康劣勢之現象。同時以生命歷程觀點考量照顧者發展階段上的需
求，並及早因應少子化帶來之社會整體照顧需求提升的衝擊。

第六節　結論

　　目前由家庭來照顧身心障礙者仍是常態，因此更需要完整的資源與制度來支持家庭照顧。本章從藉由生命階段與生命歷程理論來深入探討「照顧」對照顧者人生眾多層面的重大影響，再到將生命發展進程中的照顧經驗以「照顧壓力過程模式」作為分析工具，協助對照顧經驗做一個全面性的瞭解。期待藉由此分析架構的檢視，並借鏡他國家庭照顧支持政策之設計，來徹底改變我國現行之破碎且僅具點綴性的家庭照顧政策法規與服務，以建立健全的政策與服務體系來支持照顧者與被照顧者的人權與福祉。

問題與討論

1. 運用生命週期階段與生命歷程觀點討論。如果你目前是一位障礙者的照顧者，這個照顧角色如何影響你十年或二十年後的生涯發展？如果你在十年前或十年後來承擔這個照顧角色，你的回答又會有什麼不同？

2. 運用 Pearlin（1990）的「照顧壓力過程模式」分析一個你所知的身心障礙者之照顧者的照顧經驗。

3. 考量現況，評論我國針對身心障礙者之家庭照顧者相關的立法以及提供的支持與保障。進一步討論你認為在 Leitner（2003）的分類中哪一典型的家庭主義較適合我國的國情和需求？根據此家庭主義的原則，政策內容該有何設計才能回應我國身心障礙者之照顧者的需要？

參考文獻

王文娟（2011）。〈智能障礙者雙老家庭壓力負荷之初探〉。《身心障礙研究季刊》，
　　9（2），96-110。

王文娟（2016）。〈中高齡智障者雙老家庭之親子家園居住模式可行性分析〉。《身
　　心障礙研究季刊》，14（1），17-33。

王順民（2012）。〈身障、家庭、照顧者！？——關於身心障礙者家庭照顧者服務
　　辦法的延伸性思考〉。《社團法人中華民國晴天社會福利協會》。資料檢索日
　　期：2019 年 05 月 10 日。網址：https://www.sunnyswa.org.tw/5426/ 。

朱貽莊、陶屏、陳玉芬（2012）。〈從跨國經驗看臺灣長期照顧政策中的照顧權〉。
　　《社區發展季刊》，138，263-278。

周月清、李婉萍、王文娟（2018）。〈兩代「三老」家庭照顧轉銜與老年遷移：老
　　年父母、中老年智障者與手足〉。《臺大社會工作學刊》，37，99-149。

胡蓉、嚴嘉楓、林金定（2008）。〈智能障礙兒童主要照顧者壓力來源對其心理健
　　康之影響〉。《身心障礙研究》，6（3），211-221。

財團法人第一社會福利基金會（n.d.）。〈認識雙老化家庭〉。資料檢索日期：2019
　　年 05 月 10 日。網址：https://www.diyi.org.tw/old/about/ 認識雙老化家庭。

陳正芬（2013）。〈我國長期照顧體系欠缺的一角：照顧者支持服務〉。《社區發展
　　季刊》，141，203-213。

陳伶珠（2011）。〈雙重老化智能障礙者家庭照顧經驗初探〉。《高齡服務管理學
　　刊》，1（1），138-165。

陳芬婷、邱啓潤（2015）。〈喘息服務方案對家庭照顧者之效益〉。《護理暨健康照
　　護研究》，11（1），53-63。

陳姿廷、吳慧菁、鄭懿之（2015）。〈臺灣精神障礙者手足照顧經驗之初探：以父
　　母照顧經驗做對照〉。《臺大社工學刊》，31，55-104。

曾凡慈（2010）。〈醫用者的運籌行動：形塑早期療育的照護軌跡〉。《臺灣社會學
　　刊》，45，63-116。

黃珮玲、戴世玫、孫宜華（2018）。〈心智障礙者雙老家庭宜居城市之建構初探
　　——以新竹市的試點社區為例〉。《台灣社區工作與社區研究學刊》，8（3），
　　161-199。

衛生福利部（2018a）。〈105 年身心障礙者生活狀況及需求調查報告〉。資料檢索日
　　期：2019 年 05 月 10 日。網址：https://www.mohw.gov.tw/dl-15903-559e7d0b-
　　5b5a-4178-9128-a9045f078654.html 。

衛生福利部（2018b）。〈105 年身心障礙者生活狀況及需求調查主要家庭照顧者問

卷調查報告〉。資料檢索日期：2019 年 05 月 10 日。網址：https://www.mohw. gov.tw/dl-44917-d8ff1cde-de0b-4b52-9cf9-39eea48200fe.html 。

Angermeyer M. C., B. Schulze, & S. Dietrich (2003). Courtesy Stigma–A Focus Group Study of Relatives of Schizophrenia Patients. *Social Psychiatry and Psychiatric Epidemiology*, 38, 593-602.

Chen, F. P., & J. S. Greenberg (2004). A Positive Aspect of Caregiving: The Influence of Social Support on Caregiving Gains for Family Members of Relatives with Schizophrenia. *Community Mental Health Journal*, 40(5), 423-435.

Colombo, F., et al. (2011). *Help Wanted?: Providing and Paying for Long-Term Care, OECD Health Policy Studies*. Paris: OECD Publishing.

Corrigan, P. W., & F. E. Miller (2004). Shame, Blame, and Contamination: A Review of the Impact of Mental Illness Stigma on Family Members. *Journal of Mental Health*, 13(6), 537-548.

Dam, K., & E. O. Hall (2016). Navigating in an Unpredictable Daily Life: A Metasynthesis on Children's Experiences Living with a Parent with Severe Mental Illness. *Scandinavian Journal of Caring Sciences*, 30(3), 442-457.

Donnelly, P. L. (2005). Mental Health Beliefs and Help Seeking Behaviors of Korean American Parents of Adult Children with Schizophrenia. *Journal of Multicultural Nursing and Health*, 11, 23-34.

Earl, T. R. (2007). Mental Health Care Policy: Recognizing the Needs of Minority Siblings as Caregivers. *Journal of Human Behavior in the Social Environment*, 14(1-2), 51-72.

Earley, P. C. (1997). *Face, Harmony, and Social Structure: An Analysis of Organizational Behavior Across Cultures*. New York: Oxford University Press.

Elder, G. H., Jr., & J. Z. Giele (2009). Life Course Studies. An Evolving Field. In G. H. Elder, Jr., & J. Z. Giele (eds.), *The Craft of Life Course Research* (pp. 1-28). New York, London: The Guilford Press.

Erikson, E. H., & J. M. Erikson (1997). *The Life Cycle Completed: Extended Version*. New York: W. W. Norton.

Family Caregiver Alliance (2012). Taking Care of YOU: Self-Care for Family Caregivers. Retrieved June 6, 2018, from https://www.caregiver.org/taking-care-you-self-care-family-caregivers.

Goffman, E. (1963). *Stigma: Notes on the Management of Spoiled Identity*. Simon and Schuster.

González-Torres, M. A., R. Oraa, M. Arístegui, A. Fernández-Rivas, & J. Guimon (2007).

Stigma and Discrimination Towards People with Schizophrenia and Their Family Members. A Qualitative Study with Focus Groups. *Social Psychiatry and Psychiatric Epidemiology*, 42, 14-23.

Greenberg, J. S., M. M. Seltzer, & K. Judge (2000). Another Side of the Family's Experience: Learning and Growing Through the Process of Coping with Mental Illness. *The Journal of the California Alliance for the Mentally Ill*, 11, 8-10.

Knijn, T., & M. Kremer (1997). Gender and the Caring Dimension of Welfare States: Toward Inclusive Citizenship. *Social Politics*, 4(3), 328-361.

Leitner, S. (2003). Varieties of Familialism: The Caring Function of the Family in Comparative Perspective. *European Societies*, 5(4), 353-376.

Link, G. (2015). The Administration for Community Living: Programs and Initiatives Providing Family Caregiver Support. *Journal of the American Society on Aging*, 39(4), 57-63.

Martens, L., & J. Addington (2001). The Psychological Well-being of Family Members of Individuals with Schizophrenia. *Social Psychiatry and Psychiatric Epidemiology*, 36, 128-133.

Meyers, B. J., V. H. Mackintosh, & R. P. Goin-Kochel (2009). My Greatest Joys and My Greatest Heart Ache: Parents' Own Words on How Having a Child in the Autism Spectrum Has Affected Their Lives and Their Families' Lives. *Research in Autism Spectrum Disorders*, 3, 670-684.

Pearce, M. J., D. Medoff, R. E. Lawrence, & L. Dixon (2016). Religious Coping Among Adults Caring for Family Members with Serious Mental Illness. *Community Mental Health Journal*, 52(2), 194-202.

Pearlin, L. I., J. T. Mullan, S. J. Semple, & M. M. Skaff (1990). Caregiving and the Stress Process: An Overview of Concepts and Their Measures. *The Gerontologist*, 30(5), 583-594.

Pearlin, L. I., S. Schieman, E. M. Fazio, & S. C. Meersman (2005). Stress, Health, and the Life Course: Some Conceptual Perspectives. *Journal of Health and Social Behavior*, 46(2), 205-219.

Phelan, J. C., E. J. Bromet, & B. G. Link (1998). Psychiatric Illness and Family Stigma. *Schizophrenia Bulletin*, 24(1), 115-126.

Phillips, M. R., V. Pearson, F. Li, M. Xu, & L. Yang (2002). Stigma and Expressed Emotion: A Study of People with Schizophrenia and Their Family Members in China. *The British Journal of Psychiatry*, 181, 488-493.

Schmid, R., T. Schielein, H. Bider, G. Hajak, & G. Spiessl (2009). The Forgotten Caregivers: Siblings of Schizophrenic Patients. *International Journal of Psychiatry in Clinical Practice*, 13(4), 326-337.

Struening, E. L., D. A. Perlick, B. G. Link, F. Hellman, D. Herman, & J. A. Sirey (2001). Stigma as a Barrier to Recovery: The Extent to Which Caregivers Believe Most People Devalue Consumers and Their Families. *Psychiatric Services*, 52(12), 1633-1638.

Tsang, H. W., P. K. Tam, F. Chan, & W. M. Chang (2003). Sources of Burdens on Families of Individuals with Mental Illness. *International Journal of Rehabilitation Research*, 26(2), 123-130.

Werner, S., & C. Shulman (2013). Subjective Well-being Among Family Caregivers of Individuals with Developmental Disabilities: The Role of Affiliate Stigma and Psychosocial Moderating Variables. *Research in Developmental Disabilities*, 34(11), 4103-4114.

第11章
醫療與健康照顧

林昭吟

本章修訂自林昭吟（2012）。第五章〈醫療與健康照顧〉。收錄於王國羽、林昭吟、張恒豪主編《障礙研究：理論與政策應用》，頁129-158。高雄市：巨流出版。

第一節　前言

　　根據1948年聯合國世界衛生組織（WHO）的定義，「健康是一種生理、心理及社會的完整狀態，而不只是沒有疾病或退化。」好的身心狀態是社會參與的前提，包含在參與教育、工作及休閒等各面向。2006年聯合國《身心障礙者權利公約》第25條，特別揭櫫障礙者的健康權即「身心障礙者有權享有可達到之最高健康標準，不因身心障礙而受到歧視」。此外，我國於1997年通過的《憲法》增修條文第10條亦規定，「國家對於身心障礙者之保險與就醫、無障礙環境之建構、教育訓練與就業輔導及生活維護與救助，應予保障，並扶助其自立與發展。」2007年通過的《身心障礙者權益保障法》中，亦列有〈保健醫療權益〉專章，規定中央衛生主管機關應規劃整合醫療資源，提供身心障礙者健康維護及生育保健。另前行政院衛生署於2009年公布的《2020健康國民白皮書》中，亦首度將障礙者的健康維護與照顧列為國家健康政策的一環（王國羽，2008）。由上述各項權利公約、法令規定及政策白皮書內容可見，障礙者的健康權益議題相當重要，亦涉及各個不同年齡層、障別及障度的障礙者。

　　由個人觀點而言，障礙者生心理的差異性，使其在於醫療照顧的需求與使用更為迫切；由結構觀點而言，障礙者在標準化的醫療體系中，常被視為「不標準的病人」，而面臨許多的就醫障礙（林昭吟、鄭雅之、張恒豪，2018）。因此，如何透過健康照顧政策與措施的落實，以保障障礙者的健康權益，達到前項各項宣示的目標，實為重要課題。本章首先介紹與障礙者健康議題相關的理論觀點，例如普同主義、生命歷程與健康不平等；其次，探討障礙者的健康屬性；第三，分析障礙者於醫療環境中的困境；第四，依不同年齡層，探討障礙者的健康課題與相關服務。

第二節 理論觀點

一、普同主義（Universalism）

普同主義爲美國社會學家 Zola 於 1989 年提出，他認爲目前身心障礙運動團體採取民權論述，爭取自身基本權益保障的策略，將逐漸無法因應未來障礙人口質量變化的趨勢。首先以數量來看，障礙人口增加的年齡層，主要集中在 65 歲以上的老年人口；非常老的老人與早期發生障礙者的功能及需要他人協助的狀態雖然近似，但是持續性與變化程度不盡相同。另由平均餘命（Life Expectancy）與免於障礙狀態平均餘命（Disability-Free Life Expectancy）約有數年的落差來看，無論是障礙者或非障礙者，在生命末期都可能經歷處於障礙的情況（林昭吟，2008）。其次，受益於醫療科技的進步，許多早期發生障礙者得以存活下來，甚至於步入中年或老年階段，但終身需要各種協助。在普同主義下，許多設備或服務的使用者不再侷限於障礙者，老年人口也可以使用，例如電動代步車與特殊需求牙科門診（蔡容喬，2011）。使用人數增加，也會減少一般社會大眾對使用者投以異樣的眼光，並減少社會排斥（Zola, 1989，引自王國羽，2008：14）。若將此觀點運用於健康照顧政策，則意味著障礙者的障礙經驗是多數人都會經歷的人生經驗之一；在這個論述之下，應將與障礙者有關的政策，視爲整體公共政策的一環來處理（王國羽，2008）。

二、生命歷程（Life course approach）

近年來，生命歷程觀點被廣泛運用於社會科學中，相較於性別、階級或族群等概念，社會科學家也以年代（generation）作爲社會區分（social division）的概念依據，因此青少年研究、老年社會學等又再度受到重視（Priestley, 2003）。生命歷程觀點的優勢在於其彈性與包容性，以至於此觀點得廣泛適用於文化的、社會的、與個人的變異性。不同於強調既定事件

與角色的生命週期觀點（life cycle），生命歷程觀點注意到特殊事件與角色對個人生命的影響；它同時也認爲外部歷史事件與社會互動對於生命歷程的形塑，是和個人之生理及心理狀態的發展同等重要（林昭吟，2008）。障礙研究學者 Mark Priestley 以生命歷程觀點檢視身心障礙議題，他認爲將身心障礙議題放在生命歷程的架構中，有助於我們瞭解由生命之初到生命末端的身心障礙者，以及不同階段身心障礙者所面對的問題（Priestley, 2001, 2003）。在健康照顧政策中，我們也可以運用生命歷程觀點，將障礙人口群區分爲不同年齡層，例如幼兒、學齡、成人與老人，並進而探討其健康課題與服務，以彰顯障礙人口的多樣性與多元性。

三、健康不平等（Health inequality）

　　一般而言，健康狀況（health status）的決定因素相當多，包含個人因素、生活與工作條件、社經狀況、文化與環境條件、以及接近健康照顧的程度（Lin & Cheng, 2019）；然而，因爲影響因素的不同，可能導致健康的差異（disparity）或不平等（inequality）。以社會政策的觀點來看，健康不平等係指健康上的差異是不必要的、可避免的；甚至於被認爲是不正義的、不公平的（Whitehead, 1990）。健康不平等往往是由於生活型態的選擇有限、暴露於不健康的生活或工作條件，以及不便於取得必要的健康或公共服務；因此，提升「健康平等」的方式乃是創造更多公平的促進健康機會，與將不必要的健康差異降至最低（Abel-Smith, 1994）。

　　健康照顧政策學者 Abel-Smith（1994）指出，健康不平等的面向包括因地理、族群、職業、就業（相對於失業）、教育程度、所得水準及性別所造成的健康差異。根據2011 年 WHO 出版的《全球障礙者處境報告》（*World Report on Disability*），障礙者實際上較非障礙者經驗更差的社經條件、更高的貧窮率、以及更低的就業率與教育程度。因此，「障礙」雖未被列爲健康不平等的主要面向之一，但實際上包含多重的不利因素；而有些因素是可以透過政策或服務加以改善。

第三節　障礙者的健康問題與健康狀況[1]

一、障礙者的健康問題及風險

障礙者的健康問題有幾種不同情形；WHO 的《全球障礙者處境報告》首先對以下幾個相關名詞進行界定（WHO, 2011: 58）：

（一）主要健康問題（**Primary health condition**）

主要健康問題通常被視為損傷、活動限制或參與限制的起點，例如腦性麻痺、青光眼、唐氏症、憂鬱症、多發性硬化症等等。一項主要健康問題可能會導致多面向的損傷，例如行動、感官、精神、以及溝通方面的損傷。

（二）續發症狀（**Secondary health condition**）

續發症狀通常是伴隨著主要健康問題而來的附帶症狀（additional condition），可由主要健康問題與續發症狀發生的時間關聯性來看。續發症狀的例子如壓力性潰瘍、泌尿道感染或憂鬱症等等。續發症狀通常會影響生理功能、降低生活品質、增加健康照顧支出、或導致提前死亡，然而有些續發症狀可由主要健康問題來預測並加以預防。

（三）共病症狀（**Co-morbid conditions**）

共病症狀係指與主要健康問題無明顯相關的附帶症狀。障礙者和非障礙者一樣，也會得到一些常見的疾病，例如感冒或肺炎；然而，由於某些行為或風險因素，例如活動不便或不足，而使一般疾病對障礙者產生更多影響。共病症狀通常難以偵測或預防，並可能對障礙者造成有害的結果。

---

[1] 本章第三節及第四節內容主要參考 2011 年 WHO 出版的《全球障礙者處境報告》（*World Report on Disability*）第三章〈一般性健康照顧〉。

　　身心障礙者的健康問題除了前述三項，亦有其他健康風險如下（WHO, 2011: 59-60）：

（一）與年齡有關的風險（Greater vulnerability to age-related conditions）

　　對於某些障礙群體，老化過程似乎開始得較早。有些發展性障礙者在其40或50多歲時便出現提前老化的跡象，也更常經歷與年齡相關的健康問題。例如唐氏症者發生阿茲海默症（Alzheimer）的機率高於常人，而某些與唐氏症無關的智能障礙者有較高比例罹患失智症（AIHW, 2000a）。老化的過程對於障礙者有更顯著的影響，例如行動不便者會隨著年齡的增加，更加速地經歷功能退化（Field & Jette, 2007）。

（二）與不健康行為有關的風險（Increased rates of health risk behaviours）

　　某些成年障礙者的健康風險行為與非障礙者有程度上的差異。例如在澳洲15-64歲障礙者較非障礙者有過重問題，而且每日吸菸的比例也較高（AIHW, 2000b）。根據美國一項調查研究結果顯示，障礙者的吸菸比例較高、較缺少運動，也較容易有過重問題（Rimmer & Rowland, 2008）。同樣地，在加拿大與盧安達的研究也有類似的結果（Amosun et al., 2005；Woodcock & Pole, 2007）。

（三）與暴力有關的風險（Greater risk of being exposed to violence）

　　暴力對於健康會造成短期或長期的影響，例如身體傷害、心理創傷、藥物濫用，甚至於死亡（WHO, 2002）。障礙者通常較非障礙者易暴露於暴力的風險中；例如根據美國的研究，障礙者受暴的機率是非障礙者的4-10倍（Marge, 2003）。障礙者受到性虐待（sexual abuse）的比例也較高，特別是針對機構內的男性或女性智障者、親密伴侶，以及青少年（McCarthy, 1999；Hague et al., 2007）。

（四）意外傷害的風險（**Higher risk of unintentional injury**）

障礙者較易經歷一些非致命性的意外傷害，例如小車禍、燙傷、跌倒、和輔具使用有關的意外。有研究顯示，發展遲緩的兒童，包含自閉症、過動症兒童、注意力不足兒童，發生意外的機率是沒有上述問題的兒童的2-3倍（Lee et al., 2008）。另有研究顯示，障礙兒童發生跌倒、燙傷以及車禍等意外的機率也顯著較高。

（五）提前死亡的風險（**Higher risk of premature death**）

障礙者的死亡率因其健康問題的差異而不同。研究顯示思覺失調症及憂鬱症者的提前死亡風險較高，分別為2.6倍及1.7倍。英國研究顯示，學習障礙及精神障礙者的平均餘命較低。然而，近年來有些障礙群體的死亡率是下降的，例如腦性麻痺者的壽命已接近非障礙者（Turk, 2009）。前行政院衛生署曾委託國家衛生研究院進行我國之身心障礙者提前老化及平均餘命基礎研究，該研究指出2002年身心障礙者的平均餘命僅有一般民眾的七成，但近期兩者平均餘命的差距則日益降低（許志成，2012）。

綜上所述，我們可以更瞭解障礙者的健康問題及風險；不只要關注與主要障礙有關的健康問題，也應注意障礙所帶來的後續症狀及共病症狀。此外，障礙者可能經歷更多的健康風險，例如提前老化、健康風險行為、暴力傷害、意外傷害、提前死亡等。有些健康問題或風險無法預期，但有些可以透過提高認知、加強保護措施、注意生活環境、改變生活型態等方式，而加以預防或給予處遇。

二、障礙者的健康狀況

本章一開始提到 WHO 對於健康的定義係指一種生理、心理、社會的完整狀態。然而，這樣的定義過於抽象，必須轉化為某些指標以測量健康狀況。通常對於健康狀況的測量可透過客觀或主觀指標。常見的

客觀指標包括平均餘命（life expectance）、死亡率（mortality）、罹病率（morbidity）、就醫次數等等。而主觀指標則通常透過調查，由受訪者自述其健康狀況，例如綜合自覺健康認知（general health perception），如很好、好、普通、差、很差等；或詢問是否有慢性疾病或重大傷病；可做與不可做哪些活動；或詢問受訪前一段時間（如兩星期或一個月）有無就醫經驗。這些方式雖然可以瞭解受訪者自述的健康狀況，但容易受到參考團體的影響，也會有記憶偏誤的問題（江東亮，2007；Able-Smith, 1994）。

以健康狀況的客觀指標來看，我國的全國性資料並不缺乏。以2017年為例，男性平均餘命為77.3歲，女性為83.7歲；十大死因前三名依序為惡性腫瘤（癌症）、心臟疾病、肺炎；平均每人就診次數（包含門、住、急診）為16.9次。即使我國已掌握大多數身心障礙者的基本資料，也有全民健保資料檔，卻未能就不同屬性障礙人口分析其健康狀況，因此，關於障礙者的健康狀況客觀指標大都付之闕如。惟2012年國家衛生研究院串連身心障礙者資料庫與死亡資料庫，以生命表法計算障礙者與一般民眾平均餘命之差異，發現兩者雖有落差但差距日漸縮小，而且不同障礙群體的平均餘命也差異頗大（許志成，2012）。

以健康狀況的主觀指標來看，身心障礙者的自覺健康狀況較非障礙者為差，例如2013年的國民健康訪問調查發現，一般民眾自覺健康狀況「不好」或「很不好」的比例為5.9%，「普通」的比例為38.9%。但根據2016年全國身心障礙者生活狀況調查，身心障礙者自覺健康狀況「不好」或「很不好」的比例為34.3%，「普通」的比例為47.0%，兩者均高於非障礙者（衛生福利部，2017）。另就美國及澳洲的調查而言，身心障礙者自覺健康狀況普通或不佳的比例也大都在40-50%之間（AIHW, 2016；Smith, 2009）。

第四節　障礙者的健康照顧需求與就醫障礙

一、障礙者的健康照顧需求

身心障礙者對於健康照顧的需求可分成兩種類型：一類為一般性健康照顧需求（general health care needs），另一類為專科健康照顧需求（specialist health care needs）。以一般照顧需求而言，障礙者如同非障礙者一樣，都需要一般性健康照顧服務，例如健康促進、預防保健、疾病治療、轉診服務等等。這些需求主要透過初級健康照顧體系獲得；必要時，則進入二級或三級的健康照顧體系。對於某些處在健康邊緣的障礙者，初級健康照顧對於維護他們的健康及功能格外重要。專科健康照顧需求通常與主要健康問題、續發症狀、共病症狀有關；有些障礙者會有多重的健康問題，而有些健康問題又涉及多面向的身體構造與功能。因此，這類案例的評估與治療會相當複雜，也進而更要求專科的知識與技能（WHO, 2011: 58）。

根據 WHO 於 2002-2004 年所做的世界衛生調查（World Health Survey），有 51 個國家顯現障礙受訪者尋求門診或住院服務的次數高於非障礙者，此亦表示障礙者的健康照顧需求高於非障礙者。在一般健康照顧方面，我們經常忽略障礙者的健康促進及預防，但實證研究顯示，某些預防保健或健康促進活動對於障礙者而言是有益的，例如體能活動（Allen et al., 2004）。可是健康促進活動很少針對障礙者來設計，又障礙者於參與健康促進活動時，也會面臨各種社會障礙，例如環境障礙（Becker, 2004；Disability Rights Commission, 2006；Rimmer, Wang, & Smith, 2008）。另有研究顯示，障礙女性較少接受乳癌或子宮頸癌的預防篩檢（Disability Rights Commission, 2006），障礙男性也較少接受攝護腺癌的檢查（Hoffman et al., 2007）。

二、障礙者的就醫障礙

障礙者的健康照顧需求未獲得充分滿足，可能與就醫障礙有關。WHO（2011）將這些就醫障礙分為財務面、服務輸送面以及人力資源面；也有學者將之區分為環境面、結構面與過程面（Scheer et al., 2003），茲分述如下。

（一）財務面障礙

障礙者通常有較高的健康照顧需求，也需要各式不同的健康照顧服務，然而他們通常擁有較少及固定的所得（Hanson et al., 2003），因此，就醫的財務障礙是可預期的。WHO 於 2002-2004 年世界衛生調查結果顯示，財務問題是多數障礙者無法獲得健康照顧的主因，包含無法負擔就醫費用以及相關的交通費用。

健康照顧服務的財源相當多元，包括政府預算、社會保險、私人保險、私人捐助，以及使用者自費等等。基本上，每個國家都有一些公共健康服務制度，然而其涵蓋規模的差異性頗大。在私人醫療部分，障礙者往往因其低就業率、低所得或較差健康狀況，導致購買私人保險比率偏低、或購買的保障範圍不足、或被商業保險拒保（Scheer et al., 2003）。Hanson 等人（2003）調查美國 1,505 位成年障礙者，是否因財務負擔障礙（cost-related barriers），而影響其健康照顧需求的滿足。調查結果發現，有相當比例的受訪者認為買處方藥與看牙醫會有財務負擔的考量；另有受訪者反映會因財務問題，而延遲就醫或只看病不買藥品或醫材。

針對障礙者就醫的財務障礙，WHO（2011: 67-70）建議可以採取以下幾項處理方式。**首先是提供可負擔的健康保險方案**。一般而言，擁有公共的、私人的或混合的健康保險，都較能增加障礙者就醫的機率，也能減少其延遲或放棄就醫的情形。以我國全民健保為例，重度以上障礙者的健保費由政府全額補助；中度障礙者的健保費由政府補助 50%；輕度障礙的健保費由政府補助 25%（衛生福利部中央健康保險署，2019）。其次，

政府可針對有高度照護需求的障礙者，提供特殊健康照顧方案，例如紐西蘭的「照顧加值計畫」（Care Plus）（McAvoy & Coster, 2005；New Zealand Ministry of Health, 2007）。第三，提供特定或一般的現金補助。前者如提供特定現金補助，鼓勵障礙者使用某些預防性健康服務；後者如給予障礙者或其家庭一般現金給付，增加其可支配所得，進而用於健康照顧方面。第四，減少或取消自付額部分。減少或取消自付額可以增加經濟弱勢者使用健康照顧服務的機率。我國健保即規定凡領有身心障礙手冊或證明者，門診就醫時不論醫院層級，基本部分負擔費用均按診所層級收取 50 元（衛生福利部中央健康保險署，2019）。第五，提高醫療服務提供者的經濟誘因。有些障礙者需要長時間的照護或跨科別的協調；因此，政府可以透過免稅方案、補助計畫或獎勵計點等方式，來提高服務提供者照護障礙者的經濟誘因。

（二）服務輸送面障礙

1. 交通的障礙

多數障礙者於就醫時，經常面臨到交通問題；一般公共運輸系統不太方便輪椅使用者，所以障礙者必須使用復康巴士（問題：需要提前預約訂車）、計程車（問題：費用過高），或請他人開車（問題：配合親友接送時間）。即使是自行開車，也可能會發現停車位不足、地面不平、缺乏明確指示等。

2. 環境的障礙

障礙者所面臨的環境障礙從建築物到醫療設備都有。常見的建築物障礙如入口缺乏斜坡、內部通道過窄、內部仍有階梯、無障礙洗手間不足；另外，有些醫療設備未考量障礙者的需要。前面曾經提到障礙者接受預防篩檢的比例偏低；但實際發現，有些診察儀器設備也未必能配合障礙者，故影響其接受預防篩檢的意願。例如乳癌與子宮頸癌篩檢的診察檯無法調整高度或角度；乳房 X 光攝影要求受檢者必須站立接受檢查，這些對於具

有行動障礙者而言是不便的。

3. 制度的障礙

在沒有全民健保的國家，障礙者參加的醫療保險或照護計畫所提供的給付，在質量上是有限的也有許多限制。舉例而言，必須由家庭醫師轉診才能取得專科服務；在物理治療方面，不提供僅維持功能水準的服務，又每人每年能使用的療程次數也有限制。在輔具方面，特定品牌或自選品牌的行動輔具不給付；輔具使用有一定的年限；輔具的維修及耗材（如電池）也不予給付（Scheer et al., 2003: 225-226）。

（三）人力資源面障礙

1. 態度的障礙

有些障礙者會因為烙印或歧視，而被拒絕提供健康照顧服務。障礙者在醫療體系中或多或少曾經歷過不被尊重、疏忽、虐待或貶抑。這些負面經驗可能使障礙者更不信任服務提供者、不願意去尋求醫療照護，或更仰賴自我的診斷與治療（林昭吟、鄭雅之、張恒豪，2018）。

2. 溝通的障礙

障礙者與服務提供者經常存在溝通的障礙，這可能是因為障礙者的自我表達能力有限、家屬或主要照顧者無法清楚代為表達、缺乏適當的溝通方式（例如手語之於心理諮商），也可能是服務提供者的錯誤認知或缺乏相關障礙知識。這些知識包含如何區辨何者為障礙相關或非障礙相關的健康問題、如何處理與障礙有關的健康問題，以及對於障礙者的錯誤認知或預設所有問題都因為障礙所引起的（游政諺、陳孝平，2015；Scheer et al., 2003）。

3. 協調的障礙

對於障礙者有限的瞭解及知識，也導致不同部門的健康照顧工作者無法提供即時及有效的協調服務。有些障礙者的問題較為複雜，需要涉及不

同部門共同合作；然而，障礙者又常發現他們需要多種服務，卻僅得到片斷或重複的服務（WHO, 2011: 72）。又或者障礙者需要的專科或特殊的服務，因受限於行政規定，必須耗費時間與精力經過一道道的轉診或轉介流程才能取得（Scheer et al., 2003）。

障礙者就醫通常需要花費較多時間，也需要服務提供者更有耐心地去理解及說明。故應在醫學教育或訓練裡面，充實健康照顧工作者相關的知能；另外，也可以透過經濟誘因，讓服務提供者在服務障礙者時，可以獲得較高的給付。

第五節　我國障礙者的健康照顧政策與研究

前行政院衛生署於2009年出版之《2020健康國民白皮書》中，《身心障礙群體》一章以生命歷程觀點，將障礙者分為幼兒、學齡、成人與老人四組，並以公共衛生三級預防的架構——健康促進與特殊保護之初級預防、早期診斷與適當治療之次級預防、限制障礙持續發展與復健之三級預防，來陳述障礙者在醫療衛生範疇的發展重點與展望（參閱表11-1）。此有關障礙者之健康白皮書係邀請近20位學者專家與近10個全國性身心障礙團體共同參與討論及研擬，其所涵蓋的範圍相當廣泛，亦有一定的政策意義。然而，此健康白皮書較缺乏政府對於身心障礙者之健康照顧政策的主軸思想；也較缺乏由障礙者的角度，對於不同生命歷程障礙者的健康課題與風險提出分析。然而本報告所臚列的各項目標或策略，仍可作為努力的方向或於日後一一檢視其落實情形。

表11-1　不同生命歷程障礙者之健康政策目標

人口群	預防層級或主軸	政策目標
發展遲緩與障礙幼兒	初級預防	1. 落實婚前健康檢查與教育 2. 加強孕產婦相關教育 3. 落實高風險群接受孕期、新生兒及健兒門診各項篩檢 4. 培養醫療專業人員對身心障礙實務性醫學教育
	次級預防	1. 強化發展遲緩與身心障礙幼兒通報系統 2. 落實發展遲緩與身心障礙幼兒的追蹤監測 3. 療育資源及專業人員普及，儘可能達到嬰幼兒早療機會均等與全面參與目標
	三級預防	1. 輔具開發與普及 2. 提供身心障礙嬰幼兒持續性復健計畫，包含心理與健康照顧支持系統 3. 提供身心障礙者家庭持續性心理支持系統
身心障礙學齡兒童	提升健康素養與生活品質	1. 增進學生健康生活知能 2. 促進青春期身心障礙學生保健 3. 學齡期身心障礙學生健康促進、預防與宣導
成年身心障礙者	初級預防	1. 身心障礙者 ICF 分類系統的本土化建置 2. 社會融合 3. 結合專業團隊，由社區健康營造中心提供服務 4. 促進健康生活型態 5. 建立完善篩檢及通報轉介系統 6. 以教育為手段，發展有效的身心障礙者及社區民眾健康促進教學策略及教材
	次級預防	1. 獎勵區域醫院以上醫療院所成立「身心障礙者健康促進醫療中心」 2. 建立醫院對身心障礙者急性醫療照護的評鑑系統，提升照護品質 3. 根據「身心障礙者健康促進醫療中心」組織結構及評鑑結果，提高健保給付倍數 4. 結合社區醫療群及其他專業人員提供在地服務，並促進醫護人員在職進修 5. 在衛生署相關局處下設立「障礙者與健康組」
	三級預防	1. 建置身心障礙者居家護理及社區醫療系統作業流程及健保給付 2. 提供整合性身心障礙者職能復健之照護服務 3. 立法建立「身心障礙者健康監測系統」，提升身心障礙者及家庭生活品質 4. 成人身心障礙者之心理及行為問題跨專業團隊之復健方案 5. 建立社會福利適性支持策略

人口群	預防層級或主軸	政策目標
老年身心障礙者	提升整體健康狀態	1. 促進國民認識身心障礙者與一般人一樣享有健康、長壽及富生產力的生活 2. 訓練醫療提供者，使之具備為身心障礙者正確篩檢、診斷的知識與能力，提供身心障礙者有尊嚴的醫療照顧，同時提升醫療專業人員對老年身心障礙者健康問題的知識 3. 發展並維持健康生活方式，協助老年身心障礙者提升健康 4. 提供身心障礙者完整的醫療照顧服務與支持，促進老年身心障礙者生活獨立自主，降低對機構式照護需求

資料來源：作者整理自《2020健康國民白皮書》（行政院衛生署與國家衛生研究院，2009）。

　　近年來，我國關於障礙者健康議題的研究亦逐漸增加，研究面向也由特定的早期療育服務延伸到一般的醫療服務；研究對象亦由以智障者為主，擴展至行動不便者、聽障者、視障者、顏面損傷者等等。我國關於障礙者的健康服務，在實務上發展較為成熟的項目莫過於是「早期療育服務」（以下簡稱早療）。探究早療在國內的發展，可追溯自1992年，當時有一群發展遲緩或障礙兒童的家長，為了爭取這些孩子與家庭的權益，不斷地倡導「早期發現、早期治療」等早療之概念。經由他們的努力，1993年《兒童福利法》修法時，正式將早療納入法令。內政部於1997年公布施行之「發展遲緩兒童早期療育服務實施方案」，更明確界定早療的實施流程與內涵。2003年全國25個直轄市、縣（市）政府依法成立了「兒童發展通報轉介中心」與「兒童發展個案管理中心」，以落實發展遲緩或障礙兒童及其家庭相關服務的提供（張秀玉等，2008）[2]。早療通報及個管人數雖然持續增加，然而早療服務資源並未相對地提升，致使學者指出「早期發現並不等於能早期治療」，並提到我國早期療育的問題，例如早療制度在理念宣導與實作的落差、機構與專業間缺乏整合或協作機制、療育資源有限並有城鄉差距，以及專業人員賦予家長自我執行治療的必要性等等

---

[2] 有關早期療育的發展歷史及實施內容，可進一步參閱劉瓊瑛（2010）主編的《早期療育與社會工作》，台北：揚智出版。

（曾凡慈，2010）。

　　若以不同障別來看，目前國內文獻累積較多的是關於智障者的就醫問題，例如，溝通困難、表達限制、醫療人員的態度、就醫成本過高、缺乏相關醫療福利資訊或資源等等（林金定、嚴嘉楓、李志偉、吳佳玲、羅慶徽，2002；林金定、嚴嘉楓、李志偉、吳佳玲，2003）。此外，游政諺與陳孝平（2015）以聽障者身分研究聽障者的就醫問題，發現聽障者在就醫過程中所遭遇的不便經驗多屬於「情報障礙」，亦即「聽障者無法完整陳述或表達其病痛狀況」、「醫護人員不瞭解聽障者特質和聾人文化」。

第六節　結論

　　本章一開始以普同主義闡述障礙經驗並非為社會中少數或特殊群體的經驗；任何人在生命歷程中都可能因為意外、疾病或老化而會有類似的經驗。在第三節與第四節中，主要以健康不平等的觀點，呈現障礙者相對於非障礙者的健康狀況差異與導致差異的因素。第五節則藉由我國《2020健康國民白皮書》之〈身心障礙群體〉一章，指出不同生命歷程障礙者的健康政策目標；同時針對相關研究進行探討。本節則以聯合國《身心障礙者權利公約》第25條之健康權的實踐措施——可近性（accessibility）、可負擔性（affordability）、可用性（availability）及品質（quality）作為結論（WHO, 2011: 65）[3]。

1. 可近性（accessibility）：禁止對障礙者於取得健康照顧、健康服務、食物及飲水、健康保險及人壽保險時的歧視。此同時也包含在取得這些相關服務之環境的可近性。

2. 可負擔性（affordability）：確保障礙者能和其他人一樣，獲得多樣性、有品質、可負擔的健康照顧服務。

---

[3] 有關 CRPD 健康權之闡述，可參見林昭吟（2017）。〈健康權〉。在孫迺翊與廖福特（合編），《身心障礙者權利公約》，頁423-438。台北：財團法人新世紀文教基金會。

3. 可用性（availability）：早期介入與治療服務設施，應儘可能靠近障礙者所居住的社區當中。

4. 品質（quality）：確保健康照顧人員提供給障礙者的服務品質，如同提供給其他人的一樣。

藉由障礙知識的傳遞與國際組織的倡導，各國紛紛開始重視障礙者的健康權並制定健康政策或白皮書，台灣也不例外。然而，所有相關的策略或建議都需要政策利害關係人的合作及努力才能落實。例如政府應扮演發展、執行與監測相關政策或規範的角色，以確保障礙者不會被排除於健康照顧體系之外。健康照顧服務提供者本其專業知能，應儘可能提供高品質的服務；而其他部門，例如環境、交通、教育、社福等，也必須有「友善障礙者」（disability-friendly）的觀念，縮減取得服務的障礙，以達到障礙者的健康促進及積極地參與社區生活。最後，服務使用者亦即障礙者的意見更應被納入有關健康照顧體系的設計與運作，甚至作為醫療機構評鑑的參考依據。

問題與討論

1. WHO 的《全球障礙者處境報告》中，提到障礙者的健康問題及健康風險。試討論不同障別的障礙者，例如視障者，可能有哪些健康問題及健康風險？

2. WHO 的《全球障礙者處境報告》中，提到障礙者的就醫障礙。試討論不同年齡的障礙者，例如老年障礙者，可能有哪些方面的就醫障礙？

3. 我國目前除了早期療育服務外，中央或地方政府還提供哪些障礙者的健康照顧措施？

4. 請訪問一位障礙者，探討他（她）的健康問題與就醫經驗為何，並分析這些問題及經驗與其背景相仿的非障礙者有何不同？

參考文獻

王國羽（2003）。〈居住在機構之成年智障者健康與疾病型態分析：性別與年齡之考量〉。《台大社會工作學刊》，8，91-128。

王國羽（2008）。〈身心障礙國民健康政策白皮書：普同主義與權益保障之實踐〉。《身心障礙研究》，6（1），13-35。

江東亮（2007）。《醫療保健政策——臺灣經驗》（三版）。台北：巨流。

行政院衛生署、國家衛生研究院（2009）。《2020 健康國民白皮書》。台北：行政院衛生署。

林金定、嚴嘉楓、李志偉、吳佳玲（2003）。〈智能障礙者醫療需求評估與就醫障礙之分析〉。《台灣公共衛生雜誌》，22（2），108-117。

林金定、嚴嘉楓、李志偉、吳佳玲、羅慶徽（2002）。〈智能障礙者醫療需求與就醫障礙：以專家面向分析〉。《台灣家庭醫學雜誌》，12（3），111-120。

林昭吟（2008）。〈身心障礙者老化現象之概念探討與初探性實證研究〉。《東吳社會工作學報》，19，37-80。

林昭吟（2017）。〈健康權〉。在孫迺翊與廖福特（合編），《身心障礙者權利公約》，頁423-438。台北：財團法人新世紀文教基金會。

林昭吟、林季平（2004）。《身心障礙者提前老化現象與健康照顧需求之研究》。台北：內政部委託研究報告。

林昭吟、鄭雅之、張恒豪（2018）。〈當「不標準的病人」遇到醫療專業體制：身心障礙者就醫經驗的質化分析〉。《臺大社會工作學刊》，38，99-146。

張秀玉、傅秀媚、林巾凱、劉芷瑩、吳淑琄（2008）。〈早期療育服務滿意度之研究〉。《東吳社會工作學報》，19，81-115。

許志成（2012）。《身心障礙者提前老化及平均餘命基礎研究》。台北：行政院衛生署委託研究報告。

曾凡慈（2010）。〈醫用者的運籌行動：形塑早期療育的照護軌跡〉。《臺灣社會學刊》，45，63-116。

游政諺、陳孝平（2015）。〈就醫路關卡多：成年聽覺障礙者就醫經驗之研究〉。《臺灣社會福利學刊》，12（2），145-184。

劉瓊瑛（編）（2010）。《早期療育與社會工作》。台北：揚智。

蔡容喬（2011）。〈全身麻醉 腦麻女孩不怕看牙〉。聯合報，12 月 20 日：版 B2。

衛生福利部（2017）。《105 年身心障礙者生活狀況及需求調查報告》。台北：衛生福利部。

衛生福利部中央健康保險署（2019）。《各級政府辦理保險對象健保費補助項目

一覽表》。資料檢索日期：2019 年 7 月 5 日。網址：https://www.nhi.gov.tw/
Content_List.aspx?n=2B6C70D61115FF2A&topn=3185A4DF68749BA9。

衛生福利部中央健康保險署（2019）。《部分負擔及免部分負擔說明》。資料檢索日
期：2019 年 7 月 5 日。網址：https://www.nhi.gov.tw/Content_List.aspx?n=BCB
1A5D2CBACD6E0&topn=3185A4DF68749BA9。

聯合國（2006）。《身心障礙者權利公約》。資料檢索日期：2011 年 8 月 23 日。網
址：http://www.enable.org.tw/iss/detail.php?id=32。

Abel-Smith, B. (1994). *An Introduction to Health: Policy, Planning and Financing.* Harlow: Addison Wesley Longman Ltd.

AIHW (2000a). *Disability and Aging: Australian Population Patterns and Implications.* Canberra, AIHW.

AIHW (2000b). *Australia's Health 2010.* Canberra, AIHW.

AIHW (2016). *Health status and risk factors of Australians with disability 2007-08 and 2011-12.* Canberra, AIHW.

Allen, J. et al. (2004). Strength training can be enjoyable and beneficial for adults with cerebral palsy. *Disability and Rehabilitation,* 26, 1121-1127.

Amosun, S. L. et al. (2005). Health Promotion Needs of Physically Disabled Individuals with Lower Limb Amputation in Rwanda. *Disability and Rehabilitation,* 27, 837-847.

Becker, H., & A. Stuifbergen (2004). What makes it so hard? Barriers to health promotion experienced by people with multiple sclerosis and polio. *Family & Community Health,* 27, 75-85.

Demyttenaere, K. et al. (2004). WHO World Mental Health Survey Consortium: Prevalence, severity, and unmet need for treatment of mental disorders in the World Health Organization World Mental Health Surveys. *Journal of the American Medical Association,* 291, 2581-2590.

Desai, M., L. B. Messer, & H. Calache (2001) . A study of the dental treatment needs of children with disabilities in Melbourne, Australia. *Australian Dental Journal,* 46, 41-50.

Disability Rights Commission (2006). *Equality treatment: closing the gap: a formal investigation into the physical health inequalities experiences by people with learning disabilities and/or mental health problems.* London.

Field, M. J., & A. M. Jette (2007). *The Future of Disability in America.* Washington: The National Academies Press.

Hague, G., R. K. Thaira, & P. Magowan (2007). *Disabled women and domestic violence: making the links.* Bristol: Women's Aid Federation of England.

Hanson, K. W. et al. (2003). Uncovering the Health Challenges Facing People with Disabilities: The role of health insurance. *Health Affairs,* Jul-Dec 2003, 552-566.

Hoffman, J. M. et al. (2007). Association of mobility limitations with health care satisfaction and use of preventive care: a survey of Medicare beneficiaries. *Archives of Physical Medicine and Rehabilitation,* 88, 583-588.

Lee, L. C. et al. (2008). Increased risk of injury in children with developmental disabilities. *Research in Developmental Disabilities,* 29, 247-255.

Lin, C. Y., & T. C. Cheng (2019). Health status and life satisfaction among people with disabilities: Evidence from Taiwan. *Disability and Health Journal,* 12(2), 249-256.

Marge, D. K. (ed). (2003). *A call to action: preventing and intervening in violence against children and adults with disabilities: a report to the nation.* Syracuse: State University of New York Upstate Medical University Duplicating and Printing Services.

McAvoy, B. R., & G. D. Coster (2005). General practice and the New Zealand health reforms – lessons for Australia?. *Australia and New Zealand Health Policy,* 2, 1-11.

McCarthy, M. (1999). *Sexuality and women with learning disabilities.* London: Jessica Kingsley Publishers.

New Zealand Ministry of Health (2007). *Primary health care: care plus.* Retrieved Feb. 26, 2012, from http://www.health.govt.nz/our-work/primary-health-care/primary-health-care-services-and-projects/care-plus.

Oliver, M., & B. Sapey (1999). *Social Work with Disabled People* (2nd Edition). Hampshire: Macmillan Press Ltd.

Priestley, M. (ed.) (2001). *Disability and the Life Course: Global Perspectives.* Cambridge: Cambridge University Press.

Priestley, M. (2003). *Disability: A Life Course Approach.* Cambridge: Polity Press.

Prince, M. et al. (2007). No health without mental health. *Lancet,* 370, 859-877.

Rimmer, J. H., & J. L. Rowland (2008). Health Promotion for People with Disabilities: Implications for Empowering the Person and Promoting Disability-Friendly Environments. *Journal of Lifestyle Medicine,* 2, 409-420.

Rimmer, J. H., E. Wang, & D. Smith (2008). Barriers associated with exercise and community access for individuals with stroke. *Journal of Rehabilitation Research and Development,* 45, 315-322.

Rohleder, P. et al. (2009). HIV/AIDS and disability in Southern Africa: a review of relevant literature. *Disability and Rehabilitation*, 31, 51-59.

Scheer, J. et al. (2003). Access Barriers for Persons with Disabilities: The consumer's perspective. *Journal of Disability Policy Studies*, 13(4), 221-230.

Smith, D. L. (2009). Disparities in patient-physician communication for persons with a disability from the 2006 Medical Expenditure Panel Survey (MEPS). *Disability and Health Journal*, 2(4): 206-215.

Tanzanian Commission for AIDS (2009). The forgotten: HIV and disability in Tanzania. Retrieved April 5, 2010, from dokumente/gtz2009-en-hiv-and-disability-tanzania.pdf.

Turk, M. A. (2009). Health, mortality, and wellness issues in adults with cerebral palsy. *Developmental Medicine and Child Neurology*, 51: Suppl, 424-29.

Whitehead, M. (1990). *The Concepts and Principles of Equity and Health*. WHO: Copenhagen.

WHO (2002). *World report on violence and health*. Geneva: World Health Organization.

WHO (2004). *World Health Survey, 2002-2004*. Retrieved Feb. 26, 2012, from http://www.who.int/healthinfo/survey/en/index.html.

WHO (2011). *World Report on Disability*. Retrieved Aug. 23, 2011, from http://www.who.int/disabilities/world_report/2011/en/index.html.

WHO and United Nations Population Fund (2009). *Promoting sexual and reproductive health for persons with disabilities*. Geneva: World Health Organization and United Nations Population Fund.

Woodcock, K., & J. D. Pole (2007). Health Profile of Deaf Canadians: analysis of the Canada Community Health Survey. *Canadian Family Physician*, 53, 2140-2141.

Zola, I. K. (1989). Toward the Necessary Universalizing of a Disability Policy. *The Milbank Quarterly*, 67(2), 401-428.

第12章
障礙研究與融合教育

張恒豪、邱春瑜

本文修改自兩篇論文：

張恒豪（2007）。〈特殊教育與障礙社會學：一個理論的反省〉。《教育與社會研究》，13，71-92。

張恒豪、邱春瑜（2017）。〈教育權〉。在孫迺翊與廖福特（合編），《身心障礙者權利公約》，頁395-420。台北：財團法人臺灣新世紀文教基金會。

第一節　前言

在眞正的融合教育中，每個學生都是特殊的。醫療模式的觀點常看到障礙學生的「特殊需要」，而忽略了「特殊需要」的社會建構過程以及「障礙」的社會文化意涵。障礙研究的教育學者 Conway（2005）就指出，對許多障礙研究的學者而言，「特殊教育」等同隔離、社會孤立和污名；但不可否認的是特殊教育的存在確保了有障礙的學童接受教育的機會與權利。社會模式與障礙權利概念的興起也在西方學界引發一連串對於特殊教育體制的反省與改革。教育作爲一個社會化、社會流動與階級再製的重要機制，一直是社會學研究的對象。然而，針對特殊教育的社會學研究卻相當稀少。隨著障礙研究的興起，社會學觀點的特殊教育分析開始受到注意。本章討論障礙研究與特殊教育的關係，特別是特殊教育的歷史發展、特殊教育與不平等，以及特殊教育的標籤與污名。其次，說明身心障礙者人權公約（CRPD）教育權的規範。最後，透過 CRPD 檢視台灣障礙學生的教育體制與融合教育現狀。

第二節　特殊教育的歷史發展

在現代國家中，隨著義務教育的發展，Winzer（1993）指出身心障礙者的教育機會可以被分爲幾個階段：

（一）沒有教育機會：身心障礙的學齡兒童可能被送到大型機構（療養院）或是待在家中。只有少數富裕的家庭可以爲身心障礙者聘請家庭教師。

（二）機構式的教養：將身心障礙者送入不論私立或是公立的機構／療養院。這些機構的教育效果各有不同。有些認眞投入的教師在這些特殊學校中讓身心障礙的學生得到了學校教育，有些只提供養育的功能。

（三）特殊教育的立法：透過立法的方式保障身心障礙者的教育權。

（四）特殊教育的專業化：隨著身心障礙學生的教育權保障的立法，伴隨著是特殊教育領域的專業化。而其他相關的專業領域，如語言治療、物理治療、復健等也因此蓬勃發展以因應身心障礙小孩的特殊需要。

（五）特殊教育的班級：包含「一般」學校中設置特教班、特殊學校以及「回歸主流」的學校，也就是身心障礙的學生花一部分或是全部的時間和「一般生」一起上課，但是仍然接受特教老師或是專業人員的服務。

這樣的歷史脈絡除了顯示出現代化國家教育體制和教育公民權的發展歷程，也凸顯了對待學齡時期身心障礙者的改變。在沒有義務教育時期，身心障礙的兒童只能經由家庭教育受教或是直接被送到療養院，機構教養成為主要的受教方式。到現代化時期，教育權利的興起，開始有國家以特殊學校或班級提供身心障礙者教育機會。到晚期，受社會模式的障礙的影響，試著讓身心障礙的學齡孩童融入一般的生活世界。就 Winzer（1993）的觀點，這是一個從孤立（isolation）、隔離（segregation）到整合（integration）的過程。

然而，這樣的觀點「特殊教育兒童的權利漸漸受到重視，隨著教育權利觀念的興起，國家教育體制開始重視特殊學生的特殊需要，並建立相關的專業人員、法令、組織以符合特殊生的特殊需要」中，隱含的現代化、進步觀點受到許多障礙研究學者的挑戰。Gray 和 Denicolo（1998）質疑障礙分類建構的科學與客觀性。從新馬克思主義的觀點出發，Tomlinson（1982）指出：工業化資本主義的出現不僅影響人口分配和登記的政策，資本主義也塑造了社會對學校成就優劣的詮釋。也就是說，資本主義的發展需要擁有閱讀能力、受過教育、可以接受工作場所裡規訓和異化的工人，大眾教育的興起就是為了滿足這個需要。而不符合這個資本主義生產模式所需要的勞工的能力與心理狀態的人，就被排除在教育體系之外，而後成為特殊教育的對象。邱大昕（2012）指出，不是每個國家的特殊教育體制的發展都跟資本主義工業化的過程同步，台灣就受日本殖民的影響而有不同的發展路徑。

Cole（1990）質疑特殊教育將影響學校教學的小孩隔離，扮演的是社

會控制的功能，以特殊教育作爲社會控制的手段，排除影響課堂規訓的小孩。Helldin（2000）針對瑞典特殊教育學門知識的發展所做的研究中指出，特殊教育學科的預設是將特殊教育視爲社會問題。然後，以「隔離」的方式處理身心障礙的學童，將他們摒除在主流社會之外的意識型態貫穿了早期特殊教育學科的專業訓練。

Armstrong（2002: 455）更指出：法國與英國的特殊教育歷史可以被視爲一個將差異分類的歷史，也是一個將障礙醫療化的歷史。經由有力的專業人員和機構將他們（身心障礙者）視爲偏差。並將身心障礙者貼上患有疾病或心理殘缺的標籤，如「低能的」（subnormal）、「嚴重的低能」（severely subnormal）、「語言失調」（language disordered）強化了心理學概念中的智商、智力測驗，建構「能力」的想像和障礙學童的「需要」。這種人道主義式的特殊教育詮釋──「幫助不足的學童」──巧妙地和「將障礙視爲偏差的社會建構」以及「將障礙者排除在社會之外」的意識型態透過標籤化的機制結合。

Powell（2003）從專業壟斷的角度指出，特殊教育的發展史中，越來越多的專家介入，建構出越來越多的特殊需要。特殊教育相關的專業人員的膨脹，也使得新的特殊教育需要不斷地被建構出來。然而，特殊教育相關的專家發展了越來越多的障礙分類，卻不見得使得身心障礙的學生有更好的學習環境。

當特殊教育制度鑑定出越來越多特殊需要的學生，應該反省的也許是社會對「正常」的標準越來越嚴格，而特殊需要的標籤到底是否有助於學生的學習，引發障礙研究學者對特殊教育制度形成的批判性分析，以剖析特殊教育與不平等的關係。

第三節 特殊教育與不平等

障礙、階級的關係在社會學界開始受到重視。Jenkins（1991）指出障礙者可以被視爲是一個被剝削的階級。在社會階層的再製（reproduction）過程中，障礙是一個重要的卻常常被忽略的因素。無法進入勞力市場的下層階級常常被認定爲有障礙。而身心障礙者往往因爲障礙的污名而被認爲是沒有能力的，被排斥在就業市場之外。同時，階級也影響了障礙的發生。工人階級有比較高的機會在工作場所中受傷，導致身體的障礙（Oliver, 1990）。

特殊教育作爲國民教育的一環，也扮演了類似正規教育的再製功能。Tomlinson（1985）指出，特殊教育的擴張和勞力市場的轉型有關，特殊教育的擴張是爲了處理許多被定義爲無法或是不願意參與一般教育的年輕人，這樣的擴張符合科技社會中大量的失業勞工的處境。也就是說，年輕人的勞力市場非常有限，所以特殊教育的版圖不斷擴大，將不適於「正常」教育的年輕人納入特殊教育體系，成爲未來失業勞工的一群。Carrier（1986）指出，特殊教育是學校複製階級結構的一種方式。特殊教育將學生分配到不同的教育途徑，而使得他們有不均等的教育機會。障礙通常是一種標誌，讓身心障礙學生被納入特殊教育體系，最後往往是被排斥在初級勞力市場之外：不是失業，就是只能從事次級勞力市場的工作。Carrier（1990）更進一步分析教育體制中對能力的認定標準，以及認定標準中的階級偏見，工人階級的子女有較高的機會被納入特殊教育體系。

Tomlinson 和 Colquhoun（1995）的研究也指出，一旦被貼上特殊教育的標籤，被認爲有特殊需要的人往往被認爲沒有工作能力，很難進入勞力市場。Slee（1997）更直接指出，特殊教育本身就是一種障礙（disablement）。Powell（2003）的比較研究也發現，沒有被納入特殊教育體系、接受融合教育的身心障礙學生比特教體系內的身心障礙學生有更好的未來出路。一旦學生被納入特殊教育體系，影響的是他整個人可以得到的資源、污名化的標籤和未來職業選擇的機會。也就是說，特殊教育是一

種製造不平等的機制。

　　從歷史的角度出發，身體能力主義和種族主義常常相互影響。社會建構的種族和障礙者的形象被認爲是有缺陷的、遺傳天生就是次等的。Baynton（2001）的研究指出：障礙和種族身分在美國的早期移民史中，是排除公民身分的重要標記。有色人種和身心障礙者被認爲是次等的、能力不足的。障礙研究的學者就認爲這樣的意識型態的延續使得障礙成爲教育體制中排除少數族群的工具（Reid & Knight, 2006）。也就是說特殊教育不僅複製了階級結構，特殊教育的分類過程也常常隱含了種族主義和國族主義。美國的《特殊教育法》IDEA（2004）的 A 部分就直接指出少數族群及英語爲第二外語族群在特殊教育中的過度表徵（overrepresentation）。

　　許多研究指出，有不成比例的有色人種被納入特殊教育體系，特殊教育是另一種社會控制與排除他者（exclusion）的工具，種族主義透過特教的機制將有色人種排除（Ferri & Connor, 2005）。de Valenzuela 等（2006）就指出許多有色人種，特別是在學習英語的少數民族美國公民被歸類到隔離的特殊教育體系，貼上特殊教育的標籤，形成另外一種形式的種族隔離。Shealey 及 Lue（2006）針對美國黑人不成比例的被納入美國特殊教育體系中的問題提出文化觀點的反省，並指出這個現象是教育體制中的種族主義作祟，批判教育體制中缺乏多元文化的觀點。Ogata、Sheehey 及 Noonan（2006）的研究就發現，在夏威夷有百分之十二的學齡兒童在特殊教育系統。然而，在夏威夷原住民有百分之三十八的學齡兒童被歸類爲特殊教育的學生。這其中除了階級的相對劣勢之外，主要的原因是（1）劣質的公共教育；（2）語言使用的差異；（3）老師和評鑑人員不瞭解夏威夷的文化；（4）學校行政人員對行爲期望的文化誤解；（5）過度仰賴智力商數（IQ test）來決定能力的評量方式。這些研究指出了特教體系的階級再製功能以及缺乏多元文化的觀點。這樣的特殊教育運作模式不僅無法幫助身心障礙學生，反而造成教育機會的不平等。

第四節　特殊教育的標籤與污名

　　特殊教育是複製不平等的工具，同時扮演了重要的社會化過程，「製造」障礙的學生。著名的俄國心理學家維高斯基（L. S. Vygotsky）可以說是最早提出社會文化觀點的障礙。他認為，任何的身體障礙——無論是聽障或是視障——不僅改變小孩和世界的關係，也改變了他和他人的互動。身體損傷被認為是一種社會不正常的行為。無庸置疑的，聽障或視障是一個生物醫學的狀態。然而，學校的老師必須處理的不是生物醫學的問題，而是必須處理障礙造成的社會結果。也就是說教導障礙生如何生活以及與他人互動的技巧。一個小孩的發展如果受到障礙的影響，並不是因為他發展遲緩，而是他有不同的發展。維高斯基更進一步分別「初級障礙」（生物醫學上的）與次級障礙（社會文化上的），並指出次級障礙是一個發展的社會過程，經由社會化而改變（Gindis, 1999；詹文宏，2000），所以我們必須將身心障礙的小孩當作一般的小孩對待（Vygotsky, 1995，引自Vygodskaya, 1999）。而特殊教育的主要目的是消除次級障礙，不是著重在障礙者的身心損傷，而是發展他們的長處。他更進一步提出現在已經廣為接受的觀念，障礙學生要通過回歸主流的方式達到正常化，也就是融合教育的觀念（Gindis, 1999；詹文宏，2000）。

　　然而，Vygotsky 的觀點一直到1990 年代才在美國重新受到重視。在傳統的特殊教育體制中，特殊教育體制的運作雖然在名義上提供障礙者教育機會，卻忽略了障礙與特教的社會文化意涵。Barton（1986）就指出，特殊教育的需要（special educational needs）不僅隱含了社會的偏見和階層概念，特殊教育體系就如療養院般的處理被社會認為次一等的人。特殊教育體系下的學生的經驗大多是痛苦的、被歧視、遭社會排擠的經驗。Powell（2003）的研究更指出特殊教育的標籤使得特殊教育的學生被污名化，被脫離「正常人」的生活，而變成「障礙」。也就是說，忽略了障礙的社會文化面的結果，使得特殊教育機制成為將障礙學生社會化成障礙者的機制。

在特殊教育的標籤之外,在一般教育體系中,身心障礙的標籤也影響了障礙學生的社會生活和認同。障礙者的標籤使得身心障礙的學生在學校被認為是「他者」,被歧視、排擠、孤立(Barton, 1986;Hansen, 2004;Hairston, 2005)。同時,Green(2003)也指出,父母對障礙的標籤的態度和感受,影響身心障礙的學童和學校同學接觸和互動。也就是說,特殊教育的污名與對障礙污名的認知會影響到身心障礙學生的自我認同與社會關係。

第五節　身心障礙權利公約與障礙者的教育權

隨著障礙研究與人文社會科學對障礙與特殊教育的反省與障礙者的倡議,聯合國在2006年簽署的身心障礙者人權公約就特別在第24條的內容規範障礙者的教育權利,包括身心障礙者教育的目的、實踐方式,並討論其中的政策意旨,為障礙者教育的發展提供新的方向。首先,在教育的目的上,CRPD第24條第1項規定:

1. 締約國肯認身心障礙者享有受教育之權利。為了於不受歧視及機會均等之基礎上實現此一權利,締約國應確保於各級教育實行融合教育制度及終身學習,朝向:
   (a) 充分開發人之潛力、尊嚴與自我價值,並加強對人權、基本自由及人類多元性之尊重;
   (b) 極致發展身心障礙者之人格、才華與創造力以及心智能力及體能;
   (c) 使所有身心障礙者能有效參與自由社會。(United States, 2006)

第1項明文說明,身心障礙者跟一般公民一樣有受教育之權利,不能

因身心障礙身分而排除其受教的權利，國家應該在「不受歧視」與「機會均等」的原則下，確保各級教育中身心障礙者的受教權利。在 a 款到 c 款則進一步說明教育的目的為開發人的潛能，人性尊嚴與多樣性，盡可能的發展身心障礙者的各種可能性，並使身心障礙者盡可能和一般人一樣地參與社會。換言之，教育的目的不是就業保障，而是塑造現代國民，使其盡可能的發揮其潛能，並成為社會的一分子。

再者，如何達到這樣的目的，國家應該如何確保身心障礙者獲得教育的權利，公約第 2 項說明：

2. 為實現此一權利，締約國應確保：

（a）身心障礙者不因身心障礙而被排拒於普通教育系統之外，
　　　身心障礙兒童不因身心障礙而被排拒於免費與義務小學教
　　　育或中等教育之外；

（b）身心障礙者可以於自己生活之社區內，在與其他人平等基
　　　礎上，獲得融合、優質及免費之小學教育及中等教育；

（c）提供滿足個人需求的合理調整；

（d）身心障礙者於普通教育系統中獲得必要之協助，以利其獲
　　　得有效之教育；

（e）符合完全融合之目標下，在最有利於學業與社會發展之環
　　　境中，提供有效之個別化協助措施。（United States, 2006）

換言之，《身心障礙者權利公約》強調反歧視原則「身心障礙者不應該因為身體的損傷而被排除在國民教育體系」，與正常化原則「身心障礙者應該活在自己的社區」，並強調合理調整的責任與提供個別化需求，完全融合為其目標。所謂合理調整是指「根據具體需要於不造成過度或不當負擔之情況下，進行必要及適當之修改與調整，以確保身心障礙者在與其他人平等基礎上享有或行使所有人權與基本自由」，而在公約的架構下，不提供合理調整會被視為歧視。第 2 項第 e 款也指出「完全融合」是教育

的目標，也就是說並不強制規定整個受教過程都必須在融合的環境下，但是國民教育不得排除身心障礙者（第 a 款），受教應該在自己的社區內（第 b 款），應該獲得合理調整與必要之協助（第 c 款與第 d 款）。因此，普通學校中的資源班或是資源教室如果以融合爲目標，教學上以融合爲目的，應該不違反《身心障礙者權利公約》原則。大型、住宿型的特教學校可能就違反第 b 款的規定之嫌。國際上，聾人社群強調聾人學校對該社群的文化價值，對特教學校的角色有不同的看法。

針對溝通（communication）與文化資訊權的可及性（accessibility），CRPD 第 24 條特別針對有感官障礙（sensory disability）的孩童及青少年在學習和社會發展的需求提出說明：

3. 締約國應使身心障礙者能夠學習生活與社會發展技能，促進其完全及平等地參與教育及成爲社區的一分子。爲此目的，締約國應採取適當措施，包括：

　(a) 促進學習點字文件、替代文字、擴大[1]與替代性溝通模式、方法及形式、定向與行動技能，並促進同儕支持及指導；

　(b) 促進手語之學習及推廣聽覺障礙社群之語言認同；

　(c) 確保在最有利於學業及社會發展之環境中，以最適合個別情況之語言與（溝通）方法、模式，讓視覺、聽覺障礙或視聽雙障者（特別是兒童）接受教育。

4. 爲幫助確保實現該等權利，締約國應採取適當措施，聘用合格之手語或點字教學教師（包括本身有身心障礙的教師），並對各級教育之專業人員與工作人員進行培訓。該培訓應包括障礙意識及學習使用適當之擴大替代性溝通模式、方法及形式、教育技能及教材，以協助身心障礙者。（United States, 2006）

---

[1] Augmentative 社家署譯爲「輔助」有失其原意，本文援用特教學界習慣的譯法。

　　換言之，國家被要求促進學習點字（Braille）或其他替代模式、方法、溝通模式、導向和移動技巧，促進同儕支持，監控協助感知障礙孩童與青少年發展正向的自我形象及社會網絡。聾或聾盲雙障的孩童，必須擁有學習手語機會的管道，聾人社群的語言認同必須被提升。教育工具必須以最適當的語言、模式和溝通方法被遞送，並在最佳化他們的學術及社會發展的環境。為了實現這樣的權利，也要保證教師具有手語及（或）點字技能，提供訓練給學校員工保證他們敏感於身心障礙者的需求、有效的溝通以及採取適合的教育技巧與材料。

　　最後，教育權的保障應該擴及全面的教育，不限於義務的國民教育，包括大學教育、成人教育等。也就是說，在國民義務教育之外，高等教育、職業訓練、成人教育與終身學習也必須遵從平等原則，包含合理調整的責任。

　　融合是身心障礙者的教育權的核心訴求，是實現其他權利的根本，也是需要持續投入的過程。關於融合，目前並沒有全球統一的定義。大多學者會認同融合教育是一種持續演進的過程，指在最大程度的合理情境下，於同個時間地點提供適當的教育服務，讓不同特質的學生一起學習跟生活。《身心障礙者權利公約》第4號一般性意見第8段也再次強調融合教育包含所有階段和層面的教育，同時針對所有學生，包括身心障礙學生。

　　第4號一般性意見第11段更特別指出區別排除（exclusion），隔離（segregation），整合（integration）與融合（inclusion）的差異的重要性。排除是學生以任何形式被直接或間接的阻止或是拒絕進入教育體系。隔離代表在分開的環境中提供身心障礙學生教育，該環境是為了特別的損傷或是各種損傷而設計或使用，且孤立於沒有身心障礙的學生（UNICEF, 2012）。整合是將身心障礙者在現有的主流化教育機構的過程同時認為他們可以適應該機構的標準化要求。融合包含有系統的改革過程，需具體的改變和修正教育的內容、教學方法、取向、結構和教學策略以克服阻礙，同時具有提供所有相關年齡層公正且參與式的學習經驗的視野，以及能有效的回應他們的需求與偏好的環境。將學生放在回歸主流教室而沒有提供

結構上的改變，如組織、課程以及教學與學習策略並不構成融合。再者，整合並不會自動的保證從隔離轉變到融合。

第六節　台灣的障礙者教育權的實踐與反思

　　台灣在1984年由教育部招募相關專家成立台灣特殊教育委員會，隨後頒布《特殊教育法》（後簡稱《特教法》），透過法制保障身心障礙學生的義務教育受教權利，並且建立身心障礙類別、課程教材、師資培育、補助、升學甄試等制度。1997年、2009年《特教法》大幅修訂，加上其後的修正條文，台灣的特殊教育跟隨世界的融合教育潮流，奠定台灣特殊教育往融合教育的方向。

　　對比在台灣社會的融合總體趨勢，在亞洲高度崇拜學業成績與表現的文化下，一般學生、教師、家長會擔心身心障礙學生干擾整體學習、減緩學習步調，是身心障礙者的融合教育必須面對的問題（徐瓊珠、詹士宜，2008）。身心障礙學生入學的問題到高等教育階段又有不同的發展。台灣早期許多大專科系註明殘病生不得報考的歧視性條款，在1990年之後全面取消（謝東儒、張嘉玲、黃珉蓉，2005）。CRPD第5條第4項說明：「爲加速或實現身心障礙者事實上之平等而必須採取之具體措施，不得視爲本公約所指之歧視。」（United Nations, 2006）台灣的身心障礙學生除了依程度差別的學費減免之外，教育體制在高中有加分制度以及大學的升學有「身心障礙學生升學大專校院甄試」（身心障礙甄試）與「大學單獨招收身心障礙學生」（身心障礙獨招）等制度，可以視爲促進平等之具體措施。身心障礙甄試部分，趙麗華、王天苗（2006）指出，這幾年來，各校的身心障礙甄試名額有上升的趨勢；特殊教育通報網（2018）的資料更顯示身心障礙人數從民國97學年度的9,302人大幅增加至107學年度的14,061人。但是，開放甄試名額有集中在特定系所，限定障別招生，且不同障別得到的額度不同。同時，許多科系針對身心障礙生還有「不宜

報考」、「障礙程度達中度以上者，宜慎重考慮」、「相關輔導措施尚待充實」、「口語教學」等註記。分障別招生，針對不同障別不宜報考的「提醒」是否涉及間接歧視，仍有進一步討論的空間。

這些「優惠」制度在有身心障礙的學生「根本進不了高中與大學，且照顧需求多由家庭的力量支持」的時代固然有其時代意義。然而，在高中與大學不再是高牆的時代，現行的制度只著重讓身心障礙者入學卻漠視學習成效，導致近年來已經有越來越多身心障礙生進入大學，卻沒有得到同樣教育品質的聲音。因此，基於平等原則，甄試與特招是否達到平等的後果，有重新檢視的空間（詹穆彥、張恒豪，2018）。

最後，《身心障礙者權利公約》一般性意見特別提到倡權的重要性，《身心障礙者權利公約》第4號一般性意見的第7段明確指出：

> 和 CRPD 第 4 條第 3 項一致，國家必須諮詢（consult）身心障礙者，包括透過代表的團體諮詢身心障礙兒童，並確保他們的積極投入在所有層面的融合教育政策計畫、實行、監督與評估。身心障礙者必須被肯認為伙伴而不只是教育接受者。（United States, 2016）

因此，對應《身心障礙者權利公約》，諮詢身心障礙學生的精神，台灣的法令在家長的參與之外，對身心障礙學生在學的參與機制有進一步修正的空間。

在台灣的融合教育實踐部分，第4號一般性意見融合教育相關的敘述中，主要可見兩個面向。第一、以融合為目標：所有與融合教育有關聯的法規中都應該將融合作為目標。除明確定義融合以及融合在所有教育階段應達成的目標外，也應該有整合性的法規確保所有學生（不論有身心障礙與否）皆能在融合情境中接受所需服務、一起學習。再者，法規中不應出現「不可教育」的類別。第二、融合教育服務：法規應明確訂出地方政府有責任計畫及執行融合教育服務，讓所有學生（包含身心障礙者）能在融

合情境中學習，並確保專業單位以最適切的語言及溝通模式提供服務給學生。為了讓身心障礙學生能夠在融合環境中學習、成長，應有一個一致的鑑定及服務需求評估系統。

　　台灣在1984年的《特教法》便通過教育零拒絕，明令公立學校不得拒絕身心障礙生入學，而後輔仁大學、新竹師院、師大特殊教育中心陸續推行學前身心障礙幼兒與普通幼兒混合就讀之實驗計畫（吳淑美，2016）。但是，除《特教法》第18條提及融合一詞外，法規中並沒有對融合做出明確的定義。進一步來說，根據《特教法》第11條以及施行細則，接受特殊教育的學生也僅有集中式特殊教育班、分散式資源班、以及巡迴輔導班三種班別，外加就讀於普通班仍須接受特殊教育服務之學生所適用之特殊教育方案。因此，在檢視統計資料時筆者將集中式特殊教育班、特殊學校、機構等安置視為較少融合環境。依此標準，根據特殊教育通報網的學前到高中統計資料（教育部，2016），80.98%的身心障礙學生接受安置於部分或完全融合的環境（其中全體障礙學生的15.07%在普通班接受特殊教育方案，52.94%在資源教室、12.97%則接受巡迴輔導服務）；而約有19.02%的學生在較少融合環境（12.25%一般學校集中式特教班、5.77%在特殊學校、1.00%在醫院機構）。由此數據可知台灣多數的身心障礙學生在義務教育階段有機會在較融合的場域中接受教育，但學校是否能確實提供高品質的融合教育服務來因應學生的教育需求仍然是個問題（顏瑞隆，2014）。

　　《特教法》第25條規定每個縣市需要有一所特殊教育學校（分校或班），使得檢視特殊學校及特殊教育班的融合策略更為重要。柯玉眞等（2012）提出國內雖然有特殊學校的轉型，但多數特殊學校也都會採用邀請臨近國高中學生來校參訪這樣的「逆融合」或「調整式融合教育」形式。再者，以集中式特殊教育班來說，國內除少數學前階段能達到由普通教育與特殊教育老師搭配，帶領一班同時有普特生的完全融合外，多半採取部分融合的策略。部分融合的策略包括部分時段（多為健康體育、綜合活動、藝術與人文）到普通班上課、參與學校活動（運動會、畢業典

禮）或由普通班學生於下課或午休時間進入特教班擔任小天使（洪綺襄，
2012）。特意安排片段的互動機會引來是否與融合理念背道而馳的質疑；
國內目前採取的融合教育策略是否已達成預計成效，尚待進一步的證據佐
證（張嘉文，2008）。CRPD第4號一般性意見書第40條特別強調融合教
育的「逐步實現與維持兩個教育系統（主流教育體系和特殊／隔離教育體
系）不能相容」。

　　針對台灣目前實施的身心障礙生教育狀況，台灣《身心障礙者權利公
約》初次國家報告國際審查委員會的結論性意見第62段指出，國家尚未
完全的投入資源，以致無法確保全面且跨越層級的融合教育體系。我國
並未處理第4號一般性意見提出的完全融合議題，沒有區分排除、隔離、
整合與融合教育；亦未處理第4號一般性意見延伸的「融合與有品質的
教育」的永續發展目標（IRC, 2017: 17）。據此，委員會提出七點具體觀
察，包括台灣沒有訂出轉型為融合教育的時間表；國家對身心障礙學生參
與普通學校的普通班級仍諸多限制，而這些限制同時展現在障礙學生的職
業與專業訓練上；身心障礙學生不被允許參與自己的個別教育計畫的規劃
與監測；在一般教育設施的身心障礙學生缺少通用設計、全方位學習（通
用設計學習）以及對所有學術和學生生活社會面向的合理調整；身心障礙
學生的家庭必須提供支付身心障礙學生在學校的相關支持，如果家庭無法
提供，身心障礙學生就無法上學；一般班級的教師缺乏支持身心障礙學生
的專業訓練；最後，在教育體制中，台灣手語（自然手語）的教學仍相當
匱乏。

　　七點觀察中諸多對系統、法規的建議，進一步說明其中提及「通用設
計」，在CRPD第2條定義為：「盡最大可能讓所有人可以使用，無需做出
調整或特別設計之產品、環境、方案與服務設計。」（United States, 2006）
在教育權的適用上，第4號一般性意見第26段更指出，締約國應該採取
全方位學習（universal design for learning，或譯「通用設計學習」）取向。
UDL引領設計教材、教學方法與學習目標的訂定，考慮學習者的能力多
元性，重視個別需求，在課程開始、學生進來之前就預期可能的問題而修

改課程，讓所有學生都能好好學習。

　　第4號一般性意見第28段強調：國家必須提供合理調整，以確保個別的身心障礙學生在和其他人平等的基礎上接受教育。而「合理性」（reasonableness）被理解爲在脈絡中檢驗，包含對調整的適當性與成效的分析以及是否達到對抗歧視的期待目標。在評估不合比例的負擔時，可考量資源的可得性以及對財務的影響。當有民衆要求調整時，國家就有義務強制執行提供合理調整。台灣在簽署施行法到公約審查前並沒有把合理調整入法，在《身心障礙者權利公約》的框架下，如果拒絕合理調整被視爲是歧視，台灣教育權利的實踐上，就必須釐清合理調整的項目、有資格提出要求的對象、評估的形式與責任歸屬、各級學校的義務內涵與究責，法規也需要依此進行修正。

　　在國家審查之後，也陸續開始有法規修定。舉例而言，在過去聽障學生教育缺乏聾人文化的觀點，常以聽人的角度思考聾人學生的需求而較少對自然手語的提倡（張榮興，2014）。然而，台灣的家長多希望聽障學生「變成正常人」，而教育專業體制也多期望用文法手語，以便聽障學生學習書寫。然而，這可能阻礙聾人學生用適合他們的方式學習與發展。劉秀丹、曾進興、張勝成的二因子混合實驗研究亦反駁自然手語對閱讀有害的說法（劉秀丹、曾進興、張勝成，2006）。從語言學者、實證研究與聾人文化的角度，應該以自然手語爲主，推廣聾人的雙語教學才能有效促進聾人的學習與社會參與（張榮興，2014）。震驚一時的南部特教學校性侵事件也顯示出該校不少老師、職員都不會手語，無法和學生們對話，缺乏聾人文化的教育的問題（王士誠，2013；陳昭如，2014）。這些皆促成了台灣手語納入國家語言發展法（國家語言發展法，2019）的修訂。此外，爲確保重度障礙者參與學習，立法院亦已三讀通過修正強迫入學條例中障礙學生「適齡國民因殘障、疾病、發育不良、性格或行爲異常，達到不能入學之程度，經公立醫療機構證明者，得核定暫緩入學。但健康恢復後仍應入學。適齡國民經公立醫療機構鑑定證明，確屬重度智能不足者，得免強迫入學」之文字與規範。法規的修訂顯示訂定國際公約確有其意義。

第七節　結論

　　教育是現代公民的基本權利。相較於應用領域強調處理障礙者的個人「問題」，本章透過障礙研究的觀點檢視特殊教育與障礙者教育的發展脈絡、影響與可能的污名化效果。同時，本章討論聯合國身心障礙人權公約的規範，以及透過公約的視野，選擇台灣障礙者教育的核心議題進行探討。受限於篇幅，無法做更完整而有系統的討論。我們想強調，每個學生都是特殊的；融合教育並不是針對身心障礙學生，每個學生都需要融合教育，每個現代公民都需要和身心差異的學生共同生活。如何針對障礙學生的狀況給予適當的教育，同時避免造成隔離、不平等與污名是每個教育工作者的挑戰。在理念和實踐上的障礙者權利與融合教育跟現實社會狀態的鴻溝如何克服，有待更多的實踐跟研究檢驗跟反省。

問題與討論

1. 融合教育的倡議認為特殊學校的存在是一種將障礙者與其他人隔離的做法。然而，也有不少障礙者與家長認為，特殊學校可以提供障礙者所需的特別訓練，特別是針對視障者與聾人，再者，也有論者認為特殊學校是凝聚障礙文化的重要場址。也有家長認為智能障礙者與多重障礙者應該在特殊學校才能被保護、免於被霸凌。你們認為特殊學校有存在的必要嗎？為什麼？

2. 「特教生」在台灣的脈絡下通常被認為是負面的標籤，這樣的標籤可能使障礙學生遭到同儕的排斥，甚至影響學生的自我認同以及未來的就業與發展。也有學生因為不喜歡被貼上標籤而拒絕尋求支持。然而，如果不用「特教生」，改用「資源教室學生」，或是其他標籤會改變這樣的狀況嗎？有沒有不貼標籤卻同時能讓障礙學生獲得該有的支持的方式？

3. 《身心障礙者權利公約》（CRPD）提出許多保障障礙者教育權利的實質建議，你覺得哪幾項跟你過去想像的障礙者教育不同？在台灣的脈絡下，如何在教育政策和教育場域的日常中實踐人權觀點的障礙者教育？

參考文獻

吳淑美（2016）。《融合教育理論與實務》。台北：心理。

邱大昕（2012）。〈台灣早期視障教育研究1891-1973年〉。《教育與社會研究》，24，1-39。

柯玉眞、蘇昱蓁、童新玉、莊素貞（2012）。〈從融合教育談和美實驗學校的發展〉。《特殊教育與輔助科技半年刊》，8，23-32。

洪綺襄（2012）。〈淺談我國集中式特殊教育班學生與普通教育環境之互動〉，《南屏特殊教育》，3，63-75。

徐瓊珠、詹士宜（2008）。〈國小教師對不同類別身心障礙學生就讀普通班意見之調查研究〉。《特殊教育與復健學報》，19，25-49。

張嘉文（2008）。〈融合在教育脈絡中的定義與爭論：以台灣爲例〉，《中華民國特殊教育學會年刊》，2008，57-86。

張榮興（2014）。《聲情覓意：我所看見的聾人教育》。台北：文鶴。

教育部（2011）。《台灣特殊教育百年史》。台北：教育部。

教育部（2016）。《教育部特殊教育通報網》。資料檢索日期：2016年7月15日。網址：https://www.set.edu.tw。

詹文宏（2000）。〈Vygotsky的特殊教育理論對二十一世紀特殊教育開創新的願景〉。《特教園丁》，16（2），45-47。

趙麗華、王天苗（2006）。〈身心障礙學生升大學甄試簡章之分析研究〉。《特殊教育與復健學報》，16，1-24。

謝東儒、張嘉玲、黃珉蓉（2005）。〈殘障聯盟發展史〉。《社區發展季刊》，109，300-309。

顏瑞隆（2014）。〈從社會資本觀點談臺灣融合教育的發展〉。《特殊教育季刊》，133，27-34。

Armstrong, F. (2002). The Historical Development of Special Education: Humanitarian rationaltiy or 'wildprofusion of entageled events'? *History of Education*, 31(5), 437-456.

Barton, L. (1986). The Politics of Special Educational Needs. *Disability, Handicap & Society*, 1(3), 273-290.

Baynton, D. C. (2001). Disability and the Justification of Inequality in American History. In P. K. Longmore, & L. Umansky (eds.), *The New Disability History: American Perspectives* (pp. 33-56). New York and London: New York University Press.

Carrier, J. G. (1986). Sociology and Special Education: Differentiation and Allocation in Mass Education. *American Journal of Education*, 94(3), 281-312.

Carrier, J. G. (1990). Special Education and the Explanation of Pupil Performance. *Disability, Handicap & Society*, 5(3), 211-226.

Cole, T. (1990). The History of Special Education: Social Control or Humanitarian Progress? *British Journal of Special Education*, 17 (3), 101-107.

Conway, M. A. (2005). Introduction: Disability Studies Meets Special Education. *Review of Disability Studies: An International Journal*, 1(3), 3-9.

de Valenzuela, J. S., S. R. Copeland, C. H. Qi, & M. Park (2006). Examining Educational Equity: Revisiting the Disproportionate Representation of Minority Students in Special Education. *Exceptional Children*, 72 (4), 425-441.

Gindis, B. (1999). Vygotsky's vision: Reshaping the Practice of Special Education for the 21st Century. *Remedial and Special Education*, 20(6), 333-340.

Gray, D. E., & P. Denicolo (1998). Research in Special Needs Education: Objectivity or Ideology? *British Journal of Special Education*, 25(3), 140-145.

Green, S. (2003). What Do You Mean 'What's Wrong with Her?': Stigma and the Lives of Families of Children with Disabilities. *Social Science and Medicine*, 57, 1361-1374.

Hairston, K. R. (2005). "Colorless in a Rainbow:" An African American Female with Albinism in the Hawaii Public School System. *Review of Disability Studies: An International Journal*, 1, 53-66.

Helldin, R. (2000). Special Education Knowledge Seen as a Social Problem. *Disability and Society*, 15(2), 247-270.

Individuals with Disabilities Education Act, 20 U.S. C. § 1400, Public Law 94-142. (2004).

Jenkins, R. (1991). Disability and Stratification. *British Journal of Sociology*, 42(4), 557-580.

Ogata, V. F., P. H. Sheehey, & M. J. Noonon (2006). Rural Native Hawaiian Perspectives on Special Education. *Rural Special Education Quarterly*, 25(1), 7-15.

Oliver, M. (1990). *The Politics of Disablement*. London: The MacMillan Press.

Powell, J. J. W. (2003). Constructing Disability and Social Inequality Early in the Life Course: the Case of Special Education in Germany and the United States. *Disability Studies Quarterly*, 23(2), 57-75.

Reid, D. K., & M. G. Knight. (2006). Disability Justifies Exclusion of Minority Students: A Critical History Grounded in Disability Studies. *Educational Research*, 35(6), 18-23.

Shealey, M. W., & M. S. Lue (2006). Why Are All the Black Kids Still in Special Education? Revisiting the Issue of Disproportionate Representation. *Multicultural Perspectives*, 8(2), 3-9.

Slee, R. (1997). Imported or Important Theory? Sociological Interogations of Disablment and Special Education. *British Journal of Sociology of Education*, 18(3), 407-419.

The International Review Committee (IRC) (2017). Concluding Observations of the initial report of the Republic of China (Taiwan) on the Convention on the Rights of Persons with Disabilities (CRPD). Retrieved Mar. 8, 2019, from https://crpd.sfaa.gov.tw/BulletinCtrl?func=getBulletin&p=b_2&c=A&bulletinId=161.

Tomlinson, S. (1982). *The Sociology of Special Education*. Beckenham: Coroom Helm.

Tomlinson, S. (1985). The Expansion of Special Education. *Oxford Review of Education*, 11(2), 157-165.

Tomlinson, S., & R. F. Colquhoun (1995). The Political Economy of Special Educational Needs in Britain. *Disability and Society*, 10 (2), 191-201.

UNICEF (2012). *The Right of Children with Disabilities to Education: A Rights-Based Approach to Inclusive Education*. Geneva: UNICEF Regional Office for Central and Eastern Europe and the Commonwealth of Independent States (CEECIS).

United Nations (2006). *Convention on the Rights of Persons with Disabilities*. Retrieved Mar. 11, 2019, from https://www.un.org/development/desa/disabilities/convention-on-the-rights-of-persons-with-disabilities/convention-on-the-rights-of-persons-with-disabilities-2.html.

United Nations (2016). *General Comment No 4 of Convention on the Rights of Persons with Disabilities*. Retrieved Mar. 11, 2019, from https://www.ohchr.org/EN/HRBodies/CRPD/Pages/GC.aspx.

Vygodskaya, G. (1999). Vygotsky and Problem of Special Education. *Remedial and Special Education*, 20(6), 330-332.

Vygotsky, L. S. (1995). *Problemy defectologii [Problems of Defectology]*. Moscow: Prosvecschenis Press.

Winzer, M. (1993). *The history of special education; from isolation to integration*. Washington D.C.: Gallaudet University Press.

第13章
障礙者的勞動與就業

吳秀照、陳美智

本章修訂自吳秀照、陳美智（2012）。第六章〈勞動與就業〉。收錄於王國羽、林昭吟、張恒豪主編《障礙研究：理論與政策應用》，頁159-202。高雄市：巨流出版。

「阿鴻25歲時突發精神疾病，經醫師診斷為思覺失調症
（Schizophrenia）。他在十年內歷經反覆發作與住院治療。某次阿鴻入
院治療一段時間後，經評估轉到社區復健中心，並在醫師及社會工作
人員支持協助下，被轉介到洗車場工作。洗車場老闆理解漸進式職場
適應學習對阿鴻也許是必要的，因此他觀察阿鴻的工作狀態，在工作
速度及時間上給予調整彈性，阿鴻的工作狀況也逐漸穩定。一年後，
阿鴻家人認為他的工作地點離家太遠，堅持要他轉回住家附近的洗車
場工作。新工作場所老闆對他的洗車速度與表現頗為要求，造成他很
大的身心壓力。三個月後，阿鴻再度發病。」

（吳秀照，2007年8月於某洗車場訪問雇主紀錄）

第一節　前言

　　就業，是青年邁向成人階段的重要生涯轉換，多數人透過就業，獲得
經濟來源、發揮個人潛能、連結人際網絡與累積生活資源，並建立生涯發
展軌道。而國家經濟與社會生活運轉也透過各行各業的生產與勞動投入而
得以生生不息。因為國民就業穩定與人力資源對於國家經濟與政治影響重
大，對於個人生涯與家庭資源影響深遠，各國都立法保障公民的平等就業
機會與禁止就業歧視，並對於長期失業者或弱勢勞動者提供就業促進措
施。2006年聯合國《身心障礙者權利公約》第27條也清楚闡釋了平等工
作機會與勞動參與是障礙者的權利[1]。

　　成年障礙者與所有人一樣，都擁有生涯發展與平等就業的權利。但是
長久以來，勞動市場對於人力運用存在著「適者生存、不適者淘汰」的競
爭邏輯與用人偏見，使得障礙者在就業機會與生涯發展上都受到相當的阻
礙。上述阿鴻的例子，讓我們看到一個能考量精神障礙者身心狀況的彈性

---

[1] 請參考聯合國《身心障礙者權利公約》第27條「工作與就業專章」。https://law.
judicial.gov.tw/FLAW/dat02.aspx?lsid=FL075167。

工作環境，給了障礙者穩定就業機會與工作上的成就感。然而，充滿壓力的工作空間，卻也是導致阿鴻疾病復發的潛在因子。在現實的勞動環境中，對於障礙者的就業與生涯發展權利，到底政府及社會應該如何看待與回應呢？

　　本章中，我們首先把障礙者的勞動放在資本主義體制的脈絡中，檢視障礙者在現代勞動市場中如何成為次級勞動市場的低度就業者或是失業者。其次，從醫療模式和社會模式切入，探討不同觀點對於障礙者勞動力的論述；第三部分介紹障礙者的就業政策與措施；第四部分，說明我國障礙者勞動狀況與就業促進經費；第五部分反思我國障礙者職業重建服務體系的理想與現實困境，及第六部分結語。

第二節　障礙者就業的觀點探討

　　在進一步探討障礙者就業前，有必要先釐清「工作」（work）與「就業」（employment）這兩個概念的異同，進而論述在資本主義市場的生產活動中，工作的多元意義如何被窄化為市場就業，並形成市場弱勢勞動者的就業困境。

一、工作與就業的概念區分

　　不論從歷史的、哲學的或宗教的觀點來看，「工作」的意涵與範圍遠遠超過「就業」的狹隘定義。「工作」，原本泛指人類在各種不同場域中的身體與心智活動，它不單單是獲取經濟資源的生存手段，更涵蓋了人類在家庭與社會生活中的各項生產活動，是個人融入家庭與社會生活的日常規律。也因此，Kelly（2000）就指出一個社會應該要讓所有成員依其身心狀況與個人條件，獲得與社會產生有意義連帶的各種工作方式與機會，以滿足成員需求。

　　惟自18世紀西方工業資本主義發展以來，人類的工作場域開始被區隔為公領域的市場勞動與私領域的家務勞動。前者有薪，後者無酬。工人進入工廠從事集體作業，勞動市場就業成為工人賺取薪資以交換生存資源的主要來源，工人的生產能力與生產效率成為區分勞動價值與給付薪酬高低的標準（Polanyi, 1968）。以市場標準來評斷勞動力，使得人們被區隔為「有工作能力者」與「無工作能力者」；有工作能力並參與就業者，才有市場定義的勞動價值。更有進者，「就業」被建制為社會控制與資源分配的主要策略。例如，多數社會保險制度的設計，往往以個人勞動市場的年資與收入作為保險給付的計算基礎。而不管在美國、英國、加拿大或我國，以往以提供現金給付扶貧的社會救助制度或收入維持方案，在1990年代後開始強調「工作福利」（workfare）的取向，也就是經評定有就業能力者，社會福利的協助重點在取得工作技能與進入勞動市場，而不只是消極的福利給付（Chouinard & Crooks, 2005）。

　　「就業」成為現代人獲取生活資源、建立社會關係、獲得社會認可的主要方式。可以說，勞動市場的就業取而代之成為現代人參與社會生活的主要機制。雖然法律未明訂民眾有就業的義務，但從現代社會家庭制度與經濟生產、分配制度的設計來看，「就業」也是成年人必須要盡的社會責任。問題是，當就業成為現代人參與社會生活的主要方式時，生產市場並未能提供所有人參與勞動的平等機會。以「生產表現」計價的功利邏輯，使得勞動市場成為優勝劣敗的競爭場域，對於某些不符合勞動市場生產效率期待的人口，如教育程度較低者、技術能力不足者、障礙者或中高齡者也就產生排擠效應，成為落入次級勞動市場的受僱者、低度就業者或失業者。更有甚者，雇主對於某些勞動者可能有主觀的偏好或偏見，例如，以種族、性別、國籍、膚色、年齡或身心狀態來決定求職者或員工的就業機會。因為偏見而形成的就業歧視，使得雇主未能看見勞動者的個別差異與能力而給予較為彈性的安置機會，進一步深化勞動者的弱勢困境（Swain, French & Cameron, 2003）。英國學者即指出，障礙者有較高的貧窮率，與他們教育機會貧乏、受到就業歧視、從事邊際工作以及薪資收入不足且不

穩定的綜合影響有關。在這些不利條件下，一連串的社會排除效應，例如子女教育機會有限、住宅環境不好、健康不佳、家庭生活壓力大，以及社區支持系統薄弱等問題也接連浮現（Borsay, 2005；Grover & Piggott, 2005）。

二、「個人／醫療模式」與「社會模式」觀點下的障礙者就業

Townsend（1979）曾說：「一個問題如何被認知，已經隱含了政策應對的處方。」在探討障礙者的就業議題上，隱藏在政策或福利服務背後的理論與觀點，也反映了障礙如何被理解、障礙者的身分如何被認定與資源如何被分配。前面章節曾論述近代西方學者所提出「個人／醫療模式」與「社會模式」的障礙觀點，我們引用這兩個模式，進一步闡釋在這兩個不同的模式中，障礙者在勞動市場中是如何被理解與對待，也提供我們進一步思索，「工作權」作為憲法保障民眾的基本權利，我們的勞動政策與勞動市場對於障礙者的就業問題猶有許多待突破與改善的地方。

「個人／醫療模式」的障礙觀點認為「障礙」是身體或心智損傷對個人身心功能所造成的限制（functional limitations）。雖然疾病也有可能是環境導致，但個人身體是疾病的所在，因此，針對個人的病徵給予醫療或復健是主要的處遇策略（Williams, 2001；Silvers, 1998）。在「個人／醫療模式」的觀點下，障礙者的「異常」被認為是勞動參與的主要障礙，必須透過醫療復健或職能訓練加以矯正，以符合勞動市場的人力需求的標準。

「社會模式」的障礙觀點認為「障礙」（disability）不是一種身體的狀態，而是身體與社會（social）／物理（physical）／態度（attitudinal）的環境之間無法調和的結果（Goering, 2002）。「障礙」的形成是社會與政治的建構過程。要降低身體損傷所造成的不利影響，需要改變僵化的社會結構與制度，以包容、接納、鼓勵障礙者參與社會的態度來對待他們，而非不斷地在障礙者身上加諸矯正身體缺陷的壓力（Finkelstein, 1991）。政府必須擴充工作機會、提供收入維持的保障，在就學與就業環境提供無障礙

設施、交通協助、輔具使用、就業訓練、醫療服務，以及人力支持等整合良好的、深入各個地區的服務（Borsay, 1986）。

表13-1　醫療模式與社會模式的障礙者就業觀點比較

障礙觀點 比較面向	醫療模式	社會模式
對身心障礙者勞動市場參與的哲學觀點	身心障礙的狀態是不正常的，無法跟上工作生產的規範，必須予以特殊安置或透過醫療復健予以矯治	身心障礙者就業是公民權；就業環境的調整與社會支持，將促使身心障礙者的能力與潛能獲得發揮
就業障礙	個人身心損傷導致功能限制，個人的身體是疾病的所在，生物體的缺陷是現實的存在	社會與文化對身心障礙者身心認知的構建過程所形成的歧視與阻礙
就業障礙的排除	醫療、復健、矯治與照顧	歧視的禁止、就業環境的支持、接納及適性調整
就業環境狀況	特殊的、庇護性的	融合的、多元的、支持性的
就業決策	專業主導的	障礙者參與決策

資料來源：作者整理。

三、對「社會模式」障礙觀點的批判

「社會模式」的障礙觀點主要是批判「個人／醫療模式」忽視了社會文化制度與環境構築了障礙者參與社會的屏障。然而，亦有學者批評過度強調「社會模式」的障礙觀點反而壓制了醫療模式觀點對障礙者服務的有效面。例如 Silvers（1998）強調對於重度損傷者（profoundly impaired）也應關注「分配正義」（distributive justice），其身心的重度障礙必須給予較多的資源協助。這就顯示「社會模式」的障礙觀點有其限制與不足之處。再者，障礙者的損傷是多元而複雜的，保障平等機會的社會正義並非每個障礙者都能獲得。即使機會存在，有些障礙者的身心損傷狀況的確無法參與社會活動，他們可能更需要個別設計的照顧支持與所得來保障生活。「社會模式」在關照障礙者的個別差異與需求上是有問題的。

對障礙者而言，「就業」是一個複雜的議題。首先，障礙者的身心損

傷狀況、工作技能條件、工作動機（Alverson, Becker, & Drake, 1998）等因素被研究者認為會顯著影響其勞動市場參與的可能性。另外，缺乏交通設施及社會支持（Freedman & Fesko, 1996）、勞動市場的歧視等也會阻礙其就業機會的獲得（Baldwin, 1997）。再者，障礙者身心損傷狀況的類別多元、障礙程度不一，加上障礙狀況與環境互動的變動性，使得其就業條件與安排的考量必須要因人制宜，工作環境的選擇彈性與調整因應必須要能配合。因此，障礙者就業的關鍵，是必須在市場期待與個人需求間尋求妥協與調和。亦即，障礙者就業，不僅在於就業機會的獲得，更需要仔細分析其身心功能狀態與職場環境的互動，進而調整適性的工作機會與提供就業支持。而對於進入一般職場有困難的障礙者，提供適合其身心狀況的特殊工作環境與工作機會，亦是公平就業原則下障礙者工作權的實踐。

第三節　障礙者就業政策與相關措施

從社會福利的歷史發展來看，各國政府對於障礙者的福利資源分配，大致依循「就業」與「需求」兩個不同的脈絡來運作（Stone, 1984）。前者係根據障礙者在勞動市場的參與及貢獻來決定福利資源供給的多寡，後者通常對於生活資源不足以維生者，以資產調查方式提供福利。「就業」雖然對障礙者是重要的議題，但直到晚近，有關障礙者的就業問題與工作權益才獲得較廣泛的重視。文獻探討的障礙者就業問題包括障礙者在勞動市場的不利處境、勞動僱用歧視、雇主的僱用態度、就業立法與就業服務措施等（Bill et al., 2006；Arnold & Ipsen, 2005；Schur, 2002；Goss, Goss, & Adam-Smith, 2000；Hyde, 1998；Hyde, 1996；Lunt & Thornton, 1994；Graham, Jordan & Lamb, 1990）。

歐美政府的障礙者就業政策目標，特別著重於如何提升障礙者平等就業機會、增進勞動參與以及保障工作權益。不過，障礙者就業政策規劃過程所面臨的政治壓力與政策考量較為複雜，原因在於它不只是規範政府與

障礙者間的權利義務關係，透過政府輸送服務滿足障礙者的需求，障礙者就業政策還必須置入現實的勞動與企業環境中實踐，因此還必須考量這些政策對於企業營運的影響以及企業雇主的支持意願。由於就業政策的規劃可能影響企業營運的自主性，必然遭到企業雇主的積極介入與抵抗。於是，政府在政策規劃過程中，必須考量雙方可能產生的利益衝突，並在障礙者的就業需求與企業雇主的營運需要之間取得妥協與平衡，因而也就可能造成政策理念與實際政策執行之間的落差，甚至偏離原則的情形。這也是《身心障礙者權利公約》第27條根據社會模式與工作權作為基本人權的精神，致力於突破勞動市場社會障礙的努力方向。

通常，各國在保障障礙者工作權與促進就業的政策目標上，大致包括四個部分：消除就業歧視、擴大就業機會、增強就業能力與適應，以及保障工作權益促進社會參與。在政策工具上，則分別從強制性（coercive）、補償性或酬償性措施（remunerative）以及支持性（supportive）（Lunt & Thornton, 1994）等手段介入。另外，Verdung（1998）認為象徵性的鼓勵或道德懲戒（normative）也是被運用的政策手段之一。

我國障礙者的權利運動與相關政策發展，雖然較歐美先進國家起步晚，但是在政策與法令的規劃及進展上卻相當快速。現行我國涉及障礙者就業的有關法令，主要包括《憲法》增修條文第十條、《就業服務法》、《職業訓練法》、《身心障礙者權益保障法》以及《身心障礙權利公約施行法》等。其中1992年公布的《就業服務法》第5條清楚宣示雇主不得以求職人或員工為障礙者而在僱用上予以歧視；公立就業服務機構有責任為障礙者提供就業服務、就業適應與就業後追蹤等。至於1997年《憲法》增修條文第10條宣示障礙者的多重需求——醫療、教育、就業、福利保險與公平環境建構等，國家必須保障，而且要能協助其自立發展。2006年聯合國《身心障礙者權利公約》第27條也清楚闡釋了平等工作機會與在開放市場的勞動參與是障礙者的權利。而2007年新修正公布之《身心障礙者權益保障法》則宣示障礙者應有公平參與社會生活的機會；在「促進就業」專章並規定禁止就業歧視、積極推動障礙者就業能力開發、工作

機會開拓、勞動條件保障與障礙者就業服務措施等。《職業訓練法》相關條文則將障礙者訓練視為特定的訓練類別，訓練目的在提供障礙者就業所需的工作技能與知識。

　　表13-2分別從政策目標、政策手段及相關措施來呈現現今有關障礙者就業政策的大致樣貌。這些政策手段與政策措施之間並非完全獨立，而是經常相互結合運用。本節將針對這些政策措施進一步說明。

表13-2　障礙者就業政策與措施

政策目標	政策手段	相關措施
消除就業歧視	反歧視（anti-discrimination）積極性差別待遇政策（affirmative action）獎勵優良雇主	1. 定額進用制度（quota system） 2. 專屬職業保障（reserved occupation） 3. 合理調整措施（reasonable accommodations） 4. 頒獎表揚、形象標識
擴大職場就業機會	經濟與財政誘因（economic incentives and financial measures）	1. 薪資補助 2. 稅賦減免 3. 就業獎助 4. 就業成本補貼 5. 僱用超額獎勵金
增強就業能力與適應	就業支持與服務	1. 職業復健 2. 職業訓練、職業訓練券 3. 職業輔導評量 4. 公共就業機會
保障工作權益及促進社會參與	支持性／庇護性就業	1. 支持性就業服務 2. 庇護性就業服務

資料來源：作者整理自

1. Lunt, N. & P. Thornton (1994). Disability and Employment: towards an understanding of discourse and policy. *Disability & Society*, 9(2), 223-238.,

2. Oorschot, W. V. & B. Hvinden (2001). Introduction: towards convergence?: Disability policies in Europe. In W. V. Oorschot & B. Hvinden (eds.), *Disability Policies in European Countries* (pp. 3-12). The Netherlands: Kluwer Law International.

　　探討障礙者就業政策時，另一個相關議題是政府透過社會安全制度或津貼提供障礙者的所得保障。有些研究指出，這些現金給付方案有可能會

影響障礙者的就業意願及就業行為（Hotchkiss, 2003）[2]，因此在給付制度的設計上，必須兼顧不致影響障礙者參與勞動市場就業的動機。不過，由於所得分配的制度及內容相當複雜，且所得保障方案主要關注的是障礙者的經濟安全問題（王國羽、洪惠芬、呂朝賢，2004），為了聚焦於討論促進障礙者就業政策，本章未將障礙者的所得保障議題納入討論之列。

一、消除就業歧視：禁止歧視、定額進用、專屬職業保障、僱用合理調整

消除就業歧視立法被認為是障礙者遭遇眾多就業問題的主要解決方法（Floyd & Curtis, 2001；吳秀照，2004）。各國採取的政策手段可分為消極的禁止歧視與積極的介入兩種取向。在消極的禁止部分，政府通常立法規定僱主以「身心障礙」原因而不僱用應徵者，或因為受僱者的「身心障礙」而給予僱用、升遷、訓練、薪資、福利、工作性質安排等差別性待遇者或造成差別性的結果者，是違法的行為。政府並設置專屬的機制或透過司法體系來處理相關的申訴案件。舉例來說，美國 1990 年頒定的《障礙者公民法》（Americans with Disability Act, ADA）[3]、英國 1995 年的《英國障

---

[2] 例如美國的社會安全制度中，社會安全障礙保險方案（The Social Security Disability Insurance Programs, SSDI）按月提供現金給付給過去曾參加保險一定期間以上的身心障礙者。另外，社會安全補充性給付（Supplemental Security Income Programs, SSI）則針對所得與資源有限的身心障礙者提供現金給付。兩者均係針對未就業或收入在一定金額以下之身心障礙者提供給付，故論者批評這樣的措施往往會讓身心障礙者擔心因為從事工作而失去福利給付，因而影響其勞動市場參與的意願。但在 1999 年《工作券及工作誘因改善法》（Ticket to Work and Work Incentives Improvement Act, TWWIIA）中，對於上述情形已有所修正。兩個方案均提供一些誘因以鼓勵福利接受者回到勞動市場。例如，在工作試用階段仍可保有給付；即使薪資收入高於領取給付的標準，仍可保有醫療保險（Medicare）或醫療補助（Medicaid）；與損傷相關的工作支出可申請給付；因為教育或創業而需要的資金可從薪資扣除等（Hotchkiss, 2003）。

[3] 事實上，美國在 1973 年所訂定的《復健法》（Rehabilitation Act）即已規定任何接受

礙者反歧視法》（Disability Discrimination Act, DDA）、澳洲1992年的《澳洲反歧視法》（Australian Discrimination Act, ADA）及我國的《就業服務法》、《身心障礙者權益保障法》等，均訂有相關禁止歧視條文。

　　在積極的介入手段部分，通常採取的措施包括定額進用（quota system）、專屬職業保障（reserved occupations）及僱用合理調整（reasonable accommodation）等相關措施。定額進用措施是規定僱用員工在一定人數以上之政府機關或民間企業組織，必須僱用一定比例的障礙者；如果未依法僱用，則必須按月繳交相當的差額費用（例如基本工資）給政府作為促進障礙者就業的基金[4]。我國依現行《身權法》第38條相關規定：公部門員工總人數在34人以上者，進用具有就業能力之身心障礙者人數，不得低於員工總人數3%。私部門員工總人數在67人以上者，不得低於員工總人數1%，且不得少於1人[5]。

　　專屬職業保障則是透過法律規定某些特定職業為障礙者專屬職業，雇主違反法律規定僱用非障礙者從事該項職業與工作者，經被舉發或查報確認，必須受到懲戒。例如，我國在《身心障礙者權益保障法》中原規定按摩業為視障者專屬行業，非視障者未經許可從事該項工作將被處以罰鍰。

聯邦政府資助的方案，均禁止對身心障礙者有任何歧視的行為，並要求聯邦政府的相關機構應執行「糾正對身心障礙者歧視行為的方案或政策」（affirmative action）以保障身心障礙者的就業權。此外，該法也規定公司行號承包聯邦政府的契約達到一定數額以上者，必須採取積極行動僱用身心障礙者。然而，直到1990年ADA通過，禁止歧視及雇主有責任為身心障礙求職者或員工採取僱用合理調整措施的規定才適用於所有僱用員工滿15人以上的企業單位（Hotchkiss, 2003）。

[4]　例如，英國早在1944年的《身心障礙者（就業）法》（Disabled Persons〔Employment〕Act）中即訂有定額進用措施，規定非屬政府的組織僱用員工在20人以上者，必須至少有2%（其後修正為3%）的比例需僱用註冊的身心障礙者（Hyde, 1998）。

[5]　1. 公部門計算公式：員工總人數 ×0.03，再將小數無條件捨去。因此，員工總人數為34至66人進用1人，67至99人進用2人，100至133人進用3人，以此類推。
2. 私部門計算公式：員工總人數 ×0.01，所得數字小於1者進位為1，大於1者小數無條件捨去。因此，員工總人數為67至199人進用1人，200至299人進用2人，300至399人進用3人，以此類推。

但此法經由大法官會議認定此項規定在現今強調工作平等的原則下，反而有限制視障者多元就業機會、深化就業困境的疑慮，同時，與現今市場的實際發展及消費者的選擇權違背，因此判決按摩業為視障者專屬職業之規定至 2012 年應予廢除。

　　至於僱用調整措施，規定雇主對於障礙者的僱用安排，必須根據障礙者的工作需求，合理調整工作場所的設施設備、職務的重新調整或調度、工作時間或工作場所的改變，以及安排工作支持的同事或專業人員等。僱用合理調整措施在任何就業階段都應該適用，包括招募、升遷、任職期間或終止僱用。若雇主在障礙者有這些需求時，卻相應不理或不採取任何作為，致使障礙者執行工作有困難，這也是就業歧視，除非雇主能證明採取這些調整措施將對企業造成過度的困難（undue hardship）（Floyd & Curtis, 2001）。

二、擴大職場就業機會：提供僱用獎助之經濟誘因的就業政策

　　除了法令規範的禁止歧視與強制僱用措施外，政府也結合經濟誘因來增加障礙者受僱機會。經濟誘因的政策措施可能包括給障礙者或雇主經濟上的補助。前者可能採取薪資補助的方式鼓勵障礙者參與勞動市場就業，後者則以僱用獎助金的形式補貼雇主僱用障礙者可能減少的生產力，以提升其僱用障礙者的意願。在有些國家，針對障礙勞工的薪資或僱用的補貼也可能採取稅賦減免（tax credit）的方式為之。另外，對於雇主因為僱用障礙者而將工作環境（如廁所、階梯、生產線等）或工作所需的設備、設施進行調整，其所需經費，亦可申請補助。若企業在強制僱用障礙者之名額外，還超額僱用其他障礙者，有些國家也會給與企業超額僱用獎勵金。

三、增強就業能力與適應服務：職業重建個案管理服務與職業訓練

　　Rubin & Roesslor（2001）認為職業重建（vocational rehabilitation）「係指為恢復身心障礙者失去的工作能力，或發展及提升其殘餘能力（residual capabilities），所採取的各項措施」。在台灣，身心障礙者就業促進政策的主管機關為勞動部勞動力發展署，職業重建服務的法源依據為《身心障礙權益保障法》第四章〈就業權益保障篇〉，其第33條、34條[6]明列了誰是身心障礙者職業重建體系服務的對象，以及關於障礙者的就業權益，職業重建制度提供了哪些服務等制度規定與資源。在增強就業能力與適應方面，依據我國《身權法》第33、35條現行重要措施有「職業重建個案管理服務」與「職業訓練」。

　　2007年起，中央推動各縣市政府開辦身心障礙者職業重建個案管理服務（Vocational Rehabilitation Case Management），主要針對處於多重困難且需要多元助人者同時介入的服務對象，為整合在地之身心障礙者職業重建資源，職業重建個案管理服務員（簡稱職管員）的工作任務為掌握轄區內所有資源，依個案需求、能力與興趣等個別化服務方式評估個案需求，提供身心障礙者就業轉銜、諮詢、評估及開案、研擬職業重建服務計畫、

---

[6]《身心障礙權益保障法》第33條：各級勞工主管機關應參考身心障礙者之就業意願，由職業重建個案管理員評估其能力與需求，訂定適切之個別化職業重建服務計畫，並結合相關資源，提供職業重建服務，必要時得委託民間團體辦理。前項所定職業重建服務，包括職業重建個案管理服務、職業輔導評量、職業訓練、就業服務、職務再設計、創業輔導及其他職業重建服務。前項所定各項職業重建服務，得由身心障礙者本人或其監護人向各級勞工主管機關提出申請。

第34條：各級勞工主管機關對於具有就業意願及就業能力，而不足以獨立在競爭性就業市場工作之身心障礙者，應依其工作能力，提供個別化就業安置、訓練及其他工作協助等支持性就業服務。各級勞工主管機關對於具有就業意願，而就業能力不足，無法進入競爭性就業市場、需長期就業支持之身心障礙者，應依其職業輔導評量結果，提供庇護性就業服務。

個案管理、派案或轉介連結資源、追蹤輔導及結案等服務，藉著個案管理服務策略減少服務的零碎與重疊產生的服務成效不彰，期使障礙者在職業重建過程中獲得連續性、無接縫的個案管理服務。

「職業訓練」為協助身心障礙者就業，依其需求，提供專為身心障礙者開設的專班式職業訓練，或落實無障礙環境與支持服務之多元管道，進入一般職訓班別的職業訓練，藉職訓提升其職業技術能力，在訓練期間，為安定其生活，提供職訓生活津貼補助。目前為身心障礙者開設的專班式職業訓練，理想上應就身心障礙生理、心理發展及障礙類別程度的不同，進行錄訓評估，訓練期間除依據身心障礙者之特性調整訓練方式外，並有輔導人員從旁輔導及提供適當之輔具協助訓練，結訓後並有專人輔導就業，以增加就業競爭力。

四、保障工作權益及促進社會參與：支持性／庇護性就業服務

部分障礙者能夠順利進到一般性、競爭性的勞動力市場就業，無須任何協助，或僅需提供就業機會資訊以利媒合。但有些障礙者從確認職業性向、尋職、應徵到從事工作的過程中，可能需要不同程度的協助。不同障別、不同障礙情況者，其所需的服務又可能差異很大。因此，對於障礙者的就業協助，需要採取個別化的服務規劃。因此，透過職業重建體系與支持性就業服務人員的協助，整合就業、交通、福利服務與訓練等相關體系的服務是影響障礙者就業服務成效的重要因素。

支持性就業服務是1970到1980年代間發源於美國，針對那些就業能力尚不足以進入競爭性勞動市場的障礙者，透過工作教練及專業人員的協助，在一般性的工作場所提供工作訓練與職場支持的就業服務模式，並藉以促進障礙者與社會的融合。有別於傳統「先訓練、再安置」的服務模式，支持性就業在服務的做法上強調「先安置、再訓練」。支持性就業服務人員在瞭解障礙者的興趣與性向後，可先安置障礙者於適當的工作場所，減少建立關係、溝通協調與工作技能遷移類化的壓力，再依據障礙者

的個別條件與環境狀況，進行工作技巧及應變能力訓練，協調雇主調整工作環境設施，並爲障礙者建立職場的支持系統。

我國法律規範的支持性就業係指透過就業服務員的協助具有就業意願，但就業能力尚不足以獨立在競爭性就業市場工作之身心障礙者進入一般性職場，提供至少2週至3個月之密集輔導（服務時間視個案需求而定），並於案主密集輔導結束後提供至少3個月的追蹤服務。而輔導「就業成功」係指推介身心障礙者能穩定就業3個月以上，每週至少工作20小時，且薪資必須達到法定最低工資以上。

庇護性就業（sheltered employment）則是針對身心狀況無法在一般勞動市場工作的障礙者所提供的一種特殊就業形式。通常，接受庇護性就業型態的障礙者係集中在一個特定的工作環境中工作，與非身心障礙員工並未有一起工作、交流，以及相互支持學習的機會。我國《身權法》第33-42 條與庇護性就業服務有關，對有就業意願但就業能力不足，有庇護性就業需求之身心障礙者，經地方政府身心障礙者職業重建服務窗口轉介，經職業輔導評量、符合資格者，派案至適合的庇護工場，庇護工場評估適合者予以進用；不符合者，由職業重建窗口轉介其他適合單位接受服務。但是，根據《身心障礙者權利公約》27 條強調障礙者有自由選擇在一個開放、融合、及無障礙的勞動市場就業的權利精神，我國《身心障礙者權益保障法》有關庇護性就業之規定，仍有進一步檢討之必要。

第四節　我國障礙者的勞動狀況與就業促進經費

表13-3 右方爲內政部、衛福部於民國95 ～ 105 年《身心障礙者生活狀況調查》資料中有關障礙者的勞動統計資料。從表可知，75-80% 障礙者爲被列爲非勞動力人口，身心障礙者在95 ／ 100 ／ 105 這三個調查年度中的失業率分別爲15.9%、12.4% 及9.17%，相較於全國人力資源調查之一般人口的失業率，95 ／ 100 ／ 105 這三年分別爲3.9%、4.4%、3.9%

表13-3　我國一般勞動人口與身心障礙人口之勞動狀況統計（95, 100, 105年）

年度	一般人口					身心障礙人口				
	15歲以上一般人口（千人）	勞動力（千人）	勞動參與率（%）	非勞動力人口（%）	失業率 D* （%）	15歲以上（千人）	勞動力（千人）	勞動參與率（%）	非勞動力人口（%）	失業率（%）
95年	18,166	10,522	58.0	42.0	3.9	898	223	24.8	75.2	15.9
100年	19,253	11,200	58.2	41.8	4.4	1036	198	19.2	80.8	12.4
105年	19,962	11,727	58.7	41.3	3.9	1130	229	20.3	79.7	9.17

資料來源：
1. 「一般人口」資料來自勞動部勞動統計查詢網。網址：https://statfy.mol.gov.tw/statistic_DB.aspx。
2. 民國95年與100年之內政部／105年衛福部《身心障礙者生活狀況調查》：
註1：勞動參與率係指在15歲以上民間人口中有參與勞動的比率。勞動參與率之計算方法如下：
　　勞動參與率(%)=勞動力／15歲以上民間人口*100%
註2：失業率係指失業者占勞動力之比率。失業率之計算方法如下：
　　失業率(%)＝失業者／勞動力*100%

高出甚多。根據勞動署103年身心障礙者勞動狀況調查，15-44歲的身心障礙者有5-7%是屬於想工作且隨時可就業者，顯見障礙者勞動力未充分發揮運用或屬於隱藏性失業、低度就業之情形不容忽視。也因此，政府在勞動市場障礙排除、就業機會開發、工作機會創造乃至於障礙者的工作潛能開發、工作與就業政策倡導及推動等，均被期待必須扮演重要的主導角色。

103年全國辦理身心障礙者促進就業業務，執行經費1,316,375,485元，105年1,262,024,975元，106年1,313,740,000元。辦理項目如圖13-1所列，每年均以辦理身心障礙者庇護性就業經費支出最多，103年、105年、106年分別占21.9%、23.45%、24.28%，平均為23.2%。其次依序為其他：辦理就促事項（宣導／調查研究／成效評估／政策研擬／座談研討觀摩／行政管理費用……等），平均為18.2%，第三為支持性就業11.6%、職業訓練9.6%、職重窗口（職重個管與就業轉銜服務）9.3%、核發超額獎勵金8.5%，103～106年就業促進經費項目如下圖13-1。

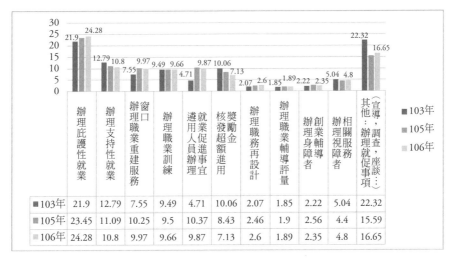

	辦理庇護性就業	辦理支持性就業	窗口辦理職業重建服務	辦理職業訓練	就業促進事宜遴用人員辦理	核發超額進用獎勵金	辦理職務再設計	辦理職務輔導評量	創業輔導辦理身障者	相關服務辦理視障者	其他(宣導,辦理就促事項…座談:
■103年	21.9	12.79	7.55	9.49	4.71	10.06	2.07	1.85	2.22	5.04	22.32
■105年	23.45	11.09	10.25	9.5	10.37	8.43	2.46	1.9	2.56	4.4	15.59
■106年	24.28	10.8	9.97	9.66	9.87	7.13	2.6	1.89	2.35	4.8	16.65

圖13-1　103, 105, 106年全國辦理身心障礙者促進就業業務經費支出比較

資料來源：作者自行整理自《勞動部勞動情勢統計要覽》，民國103年、105年、106年。
　　　　　統計項目為「身心障礙者促進就業業務概況」。檢索網址：https://www.mol.gov.
　　　　　tw/statistics/2452/2458/。

第五節　障礙者職業重建服務的理想與現實

對於上述促進障礙者就業的政策措施，Lunt & Thornton（1994）認為，儘管這些措施表面上看起來都是為了促進障礙者就業，但背後隱含的政策觀點其實並不一致，甚至是相互矛盾的。這些政策觀點可大致區分為兩個向度，一是個別化（individualization）的觀點，另一個是社會觀點（social perspective）。這兩個觀點，由於架構（framing）障礙問題的角度不同，當然也就鋪陳出不一樣服務策略。這些服務策略之間有時會相互制肘，甚至影響行政及專業人員的服務規劃及處遇。

一、從社會模式觀點反思僱用獎助與定額進用政策

為了鼓勵雇主僱用障礙者或鼓勵障礙者進入勞動市場，提供雇主「僱

用獎助」或障礙者「薪資補助」的經濟誘因是經常被運用的策略。然而，多數的做法是針對雇主提供僱用障礙者的獎助金。其背後的邏輯顯然將障礙的問題視爲是障礙者個人所造成的。由於障礙者身心的缺陷，在工作執行上勢必無法像一般員工一樣有效率，所以僱用獎助的意義某種程度上在補償雇主因爲僱用該障礙者所遭遇的經濟或生產損失。

又如，定額進用制度的設計是認知到障礙者在勞動市場的不利處境，並認爲障礙者的就業權應受到尊重，因此，不管公私立部門的雇主均應該提供給所有人平等的就業機會。而對於社會存在不利於障礙者就業之偏見與歧視，有必要透過定額進用制度來破除社會性障礙。定額進用制度看似整合了「個人的」與「社會的」觀點，但如細究，當雇主超額僱用時，對於超額僱用名額，政府會核發獎勵金。我國過去在《身心障礙者保護法》中規定，超額獎勵金達基本工資的二分之一，顯然除了獎勵雇主的表現外，還具有補償雇主的性質，而非將就業視爲是障礙者的基本權利。

二、實施職業重建個案管理服務的困境

職重個管希望所有獲得職業重建服務的個案僅能由職重單一服務窗口進行開案以利資源與服務輸送的管控，然而短短兩週，職管員就得從晤談、決定開案與否、撰寫職業重建計畫書，再到派案至協同合作的資源單位，單一窗口立意雖佳，但有限的職管員人力、服務案量、評估時間或次數，以及第一線職業重建職管與就業服務人員的高流動率，在制度層層規範下對服務輸送的品質與效率都是挑戰。跨部門與跨單位溝通協調成本高，有限時間如何擬定適切的職業重建服務計畫，跨部門、跨單位、跨專業之間如何溝通協調建立共識，形成正式與非正式的合作機制，實務運作的落差與困難值得重視（陳美智、張書杰，2008；張書杰，2009[7]；許素彬、陳美智，2012；張自強，2005）。

---

[7] 張書杰（2009）。《新管理主義下的契約委託政策探討：以台北市身心障礙者支持性就業爲例》。亞洲大學社會工作學系碩士論文（未出版）。

三、職業訓練現況的探討

長期以來，身心障礙者之職業訓練成效和問題深受批評。賴美智（2002）、李崇信（2004）指出，現存的職訓制度問題與結果，因為師資缺乏、經費不足、就業輔導制度欠佳、設備不足、訓練期間太短、隔離訓練不利心智認知障礙者工作與社會技能的類化與學習遷移，導致身心障礙人口長期在機構徘徊流轉，且訓練結束後就業安置率不佳、安置職種也與受訓職種脫勾。陳美智、張書杰（2006）歸結職訓政策的問題在於：職訓方案的身心障礙者在領有最低薪資60％（每月約13,860元）的生活津貼誘因下，自然無法避免為了津貼而參訓，即便法規明訂兩年內不得重複參訓，但當職訓津貼提供的誘因太高，外出工作的交易成本（找工作的困難、適應工作壓力、被解僱重新尋職的壓力……等）也高，反而是抑制身心障礙者進入就業市場的原因之一，會誘使接受服務者寧可待在職訓機構也不願就業，形成就業的福利依賴問題。

其次，就職重服務項目與內涵意義，及資源運用的適切性來看，支持性就業本身即屬一種訓用合一的職業訓練策略，特別適用於第一類的認知與學習困難障礙者，因其接受半年到一年短期的職業訓練，其學習遷移效果並不好，其次職場講求工作效率、理解溝通協調等社會技能，處理人際互動與社會關係也是更大的挑戰，就業服務人員需反思服務對象在職業重建各項服務資源之間循環往返的現象，此現象值得探究的是資源連結的適切性，以及機構必須服膺方案服務績效間的兩難。從職訓實際發揮的功能來看，部分職訓方案的錄訓對象的障別與學習能力差異性甚高，對部分學員僅具暫時日間照顧的功能而已。

四、支持性就業服務執行探討

支持性就業的目的是協助就業競爭能力較弱的障礙者進入一般職場。這項措施所立基的理念亦是社會模式的觀點。以美國的法令來說，當障礙

者執行工作需要調整職場設備時，法令規定雇主有責任提供合理的調整措施。在我國，政府雖然提供職務再設計的補助，但並未強制雇主有調整工作環境設備之責任。於是，就業服務專業人員在提供障礙者職場支持時，往往將重點放在障礙者個人工作技能的培養與工作適應上，而較少要求雇主調整改變。支持性就業制度實施的困境在於其原本是針對中重度或多重障礙者提供長期、持續與個別化的就業服務，然而因為行政績效與經費考量，服務時間相當短促，障礙者只要穩定就業三個月即可算成功就業，再經追蹤輔導三個月即可結案。服務績效的壓力會形成篩選輕度案主或是相對易於服務的障礙者，重度、多重障礙或是心智障礙者反而被排除在外，偏離支持性就業服務的理念與精神。

五、庇護性就業服務的矛盾

Samoy（1992）認為，從好的一方面來說，庇護性就業型態可以幫助障礙者按照個人的條件、能力與工作步調，在專業人員指導下學習工作技能，它可以是幫助障礙者進入到一般職場前的過渡性訓練場所。但是，從不好的一面來說，這種就業型態是封閉的、隔離的、高控制的（Samoy, 1992），將「障礙」認為是個人的問題，提供的是標準化的、低薪的、依賴政府福利給付的，以及低度就業（underemployment）的工廠式福利供給（Lunt & Thornton, 1994）。然而，由於1970年代西方障礙者權利運動強烈批判長期以來障礙者在社會生活各層面所遭受的隔離與不平等，主張破除社會障礙，增進障礙者的「社會融合」，因此，庇護工場的運作型態也受到極大的挑戰，要求庇護工場轉型的聲浪不斷。在轉型的主張中，一個面向是要求庇護工場應該引進企業管理的理念與方法，重新調整勞動生產與訓練，以提升障礙者的技能及生產力，並增加市場競爭力；另一個面向則主張庇護工場應逐步減少，機構應轉向支持性就業（supported employment）的服務型態，幫助障礙者整合入一般的勞動市場。

庇護工場原分由社政、衛政與勞政三單位主管，2007年《身權法》

修訂通過後，將庇護工場（sheltered workplace）列歸勞政單位權屬，定位為具有勞僱關係之庇護性就業職場，適用相關勞動法規，屬於盈虧自負企業，庇護性員工與機構屬於勞僱關係，勞健保、勞退、職災使得經營成本增加，庇護工場銳減1/3 ～ 1/2，且機構身兼雇主與福利服務提供者的矛盾角色（陳靜江，2005，2006；吳明珠，2010）。監察院於2018年公布《庇護工場之輔導及管理機制運作政策調查報告》，指出庇護工場制度變革後的缺失及包括：（1）庇護工場在社福機構與企業自負盈虧兩者間的矛盾定位；（2）庇護員工依產能核薪，平均實領薪資過低無法獲得經濟安全保障：6成庇護員工的每月平均薪資介於「3,001元～ 9,000元」，甚有低於3千元者，僅極少數可達基本工資標準；（3）庇護工場員工以輕中度障礙者為主、出缺不易，由於《身權法》實施後庇護工場適用勞基法規範，並要求經營者自行負擔機構盈虧，在因應經營成本壓力下，形成能力較好、適應較佳、易服務的障礙者仍留在工場。不利保障重度障礙者的工作參與權利，排除真正需要更長期提供支持服務者（周怡君、賴金蓮，2009）；（4）庇護工場就業服務人員流動率偏高、人力銜接的空窗階段，就業服務員耗損頻繁、經驗無法累積的惡性循環，繼而損及庇護員工之權益。

第六節　　結論

有關障礙者的就業議題，不同國家容或因為福利體制的差異而對障礙者就業需求有不同的回應選擇，但目前可能共同面臨的兩難是：儘管在意識型態上，障礙者就業及參與勞動市場已逐漸被各國視為是基本權利，不過，由於全球經濟競爭與勞動力彈性化的發展趨勢，勞動市場及企業雇主在回應障礙者需求上願意調整改變的幅度仍然有限。以下四個議題點出了存在於相關國家障礙者就業政策推動的難題與必須克服的關卡（葉琇

姍，2016[8]；Verdugo, Jiménez, Jordán de Urríes, 2001；Jongbloed & Crichton, 1990）。這些部分也可以提供讀者在檢視我國就業政策時參考：

1. 「積極性」的就業政策與「消極性」的福利政策間的平衡與調節問題。
2. 障礙者就業促進措施執行的現實面與法制面衝突的議題。
3. 即使政策走向主張庇護工場應盡量朝向支持性就業轉型，但在多數國家中，庇護性就業仍然使用相當多的資源，支持性就業的發展卻相對有限。
4. 專業人員採取「醫療」或「個人」觀點的處遇模式，與「社會模式」理念的衝突與調和問題。

社會政策的目標在改變不合理的現狀，朝向滿足公民生活、提升生活品質的方向邁進。對於障礙者的生活需求，透過經濟安全的所得保障、福利服務、醫療衛生、教育、住宅與交通等各方面的支持，固然可以使其獲得良好的生活照顧，但是更重要的是，作爲社會的一員，透過工作所獲得的自主與獨立的成就及自我實現，對個人的意義更爲重大。矛盾的是，現代生產體系營造的勞動環境中，勞動者的就業權益往往受到全球景氣波動、地區經濟生態、產業變遷、政府政策乃至於企業主經營能力等多重影響，在市場及企業人力調節下，「失業」乃成爲勞動者在就業過程中的潛在威脅與風險。而障礙者在競爭的勞動環境中更處於劣勢，使得缺乏受僱機會、就業不易、工作不穩定、工作技能不符生產需求、薪資及福利條件不良等成爲多數障礙者普遍的勞動經驗。

回到《身心障礙者權利公約》的精神，我國在《身心障礙者權益保障法》與《就業服務法》法制面及所創造的制度面之不足，需要進一步檢視與突破，並在制度的引領下，影響社會文化的觀點與態度。障礙者的多元狀況，要完全藉由現行的競爭性生產體制提供符合身心障礙者需求的工作

---

[8] 葉琇姍（2016）。《「做個就業好公民」的身心障礙者就業促進論述——以建制民族誌觀點分析》。國立臺灣大學社會工作學系博士論文（未出版）。

機會，有其現實面的困境，因此政府與社會的支持不可或缺。障礙者需要多元的、開放的工作選擇機會，需要的是不被社會障礙排除的社會融合機會。因此，身心障礙者工作與就業需求的滿足，仍然必須透過政府的推動與責任履行，企業、非營利組織與社區的協力合作，就是一條需要不斷往前的路，也是社會的集體責任。

問題與討論

1. 在本章的案例中患有精神障礙的阿鴻，讓我們看到一個能考量障礙者特殊身心狀況的彈性工作環境，給了障礙者穩定就業機會與工作上的成就感。然而，充滿壓力的工作空間，卻也是導致阿鴻疾病復發的潛在因子。對於障礙者的就業權利，你認為政府及社會應該如何看待與回應？

2. 為了促進障礙者就業，政府培訓支持性或庇護性就業服務人員，透過支持性或庇護性就業，提升障礙者的就業能力與就業率，使障礙者有機會透過勞動參與社會。但是這種為了促進障礙者就業，需要另外派人協助的服務，看起來成本甚高，如果有人質疑此類服務模式的效益，該如何思考與回應此一政策與服務的必要性與正當性？

3. 如果有一天，因為個人肢體或聽力，或是視力等損傷，加上公共設施不友善，或是工作環境欠缺無障礙設施，以致無法獲得個人非常期待且能力得以勝任的工作機會，你會怎麼看待這樣的結果？如果你是障礙者，你會希望政府如何解決這些問題？

參考文獻

內政部（2007）。《中華民國95年身心障礙者需求調查報告》。檢索日期：2019年5月20日。網址：https://dep.mohw.gov.tw/DOS/cp-1770-3601-113.html 。

內政部（2013）。《中華民國100年身心障礙者生活狀況及各項需求評估調查報告》。檢索日期：2019年5月20日。網址：https://dep.mohw.gov.tw/DOS/lp-1770-113.html 。

王國羽、洪惠芬、呂朝賢（2004）。〈加拿大、荷蘭與丹麥身心障礙者所得保障政策之比較：台灣可以學什麼？〉。《台灣社會福利季刊》，5，33-82。

吳秀照（2004）。〈台中縣身心障礙者就業需求調查研究〉。論文發表於台中縣政府（主辦），《2004台中縣社會福利研討會》（8月14-15日）。舉辦地點：台中縣政府。

吳秀照（2007）。〈台中縣身心障礙者就業需求：排除社會障礙的就業政策探討〉。《社會政策與社會工作學刊》，11（2），149-198。

吳明珠（2010）。《庇護工場轉型社會企業之可行性研究》。國立臺灣師範大學社會教育與文化行政碩士論文，台北市。

李崇信（2004）。〈我國身心障礙就業轉銜暨職業重建服務之發展方向〉。《就業安全》，3（1），16-19。

周怡君、賴金蓮（2009）。《台灣庇護工場現況分析：理論與實務》。台北：心路基金會。

張自強（2005）。《台北市身心障礙者就業促進工作人員職務需求研究》。台北市勞工局委託研究。台北：台北市政府勞工局。

許素彬、陳美智（2012）。《台中市100年身心障礙者生活狀況與福利需求調查結案報告》。台中：台中市政府。

陳美智、張書杰（2006）。〈身心障礙者職業重建的組織與制度研究：以台北市、台中市的社區化就業服務計畫為例〉。論文發表於台灣社會學會、東海大學社會學系（主辦），《2006年台灣社會學年會研討會》（11月25-26日）。舉辦地點：東海大學。

陳美智、張書杰（2008）。〈身心障礙者社區化就業方案評鑑之制度研究：以台中市的方案為例〉。論文發表於台灣社會工作專業人員協會（主辦），《追求公平正義社會：社會工作專業的挑戰研討會》（3月1日）。舉辦地點：臺灣師範大學。

陳靜江（2005）。〈對國內身心障礙者職業輔導評量現況的省思與展望〉。《就業安全》，4（2），91-96。

陳靜江（2006）。〈美國庇護工場興衰對國內身心障礙者就業的啓示〉。《就業安全》，5（2），88-93。

勞動部。《勞動情勢統計要覽》。檢索日期：2019 年 2 月 25 日。網址：https://www.mol.gov.tw/statistics/2452/2458/ 。

監察院（2018）。《庇護工場之輔導及管理機制運作政策調查報告》。檢索日期：2019 年 2 月 25 日。網址：https://www.cy.gov.tw/sp.asp?xdURL=./di/RSS/detail.asp&ctNode=871&mp=1&no=6154。

衛福部（2017）。《105 年身心障礙者生活狀況及需求調查報告》。檢索日期：2019 年 5 月 20 日。網址：https://dep.mohw.gov.tw/DOS/lp-1770-113.html 。

賴美智（2002）。〈對於政府推展身心障礙者職業重建的芻議〉。《就業安全》，1（2），99-101。

Arnold, N. L., & C. Ipsen (2005). Self-employment policies: Change through the decade. *Journal of Disability Policy Studies*, 16(2), 115-122.

Bill, A., S. Cowling, W. Mitchell, & V. Quirk (2006). Employment programs for people with psychiatric disability: the case for change. *Australian Journal of Social Issues*, 41(2), 209-220.

Borsay, A. (1986). Personal trouble or public issue? Towards a model of policy for people with physical and mental disabilities. *Disability, Handicap & Society*, 1, 179-195.

Borsay, A. (2005). *Disability and Social Policy in Britain since 1750*. Basingstoke: Palgrave.

Chouinard, V., & V. A. Crooks (2005). 'Because they have all the power and I have none': State restructuring of income and employment supports and disabled women's lives in Ontario, Canada. *Disability & Society*, 20(1), 19-32.

Finkelstein, V. (1991). Disability: An administrative challenge? In M. Oliver (ed.), *Social Work: Disabled People and Disabling Environment* (pp. 19-38). London: Jessica Kingsley Publishers.

Floyd, M., & J. Curtis (2001). An examination of changes in disability and employment policy in the United kingdom. In W. V. Oorschot, & B. Hvinden (eds.), *Disability Policies in European Countries* (pp. 13-32). The Netherlands: Kluwer Law International.

Goering, S. (2002). Beyond the medical model? Disability, formal justice, and the exception for the profoundly impaired. *Kennedy Institute of Ethics Journal*, 12(4), 373-388.

Goss, D., F. Goss, & D. Adam-Smith (2000). Disability and employment: a comparative critique of UK legislation. *International Journal of Human Resource Management*, 11(4), 807-821.

Graham, P., D. Jordan, & B. Lamb (1990). *An Equal Chance or No Chance?* London: Spastics Society.

Grover, C., & L. Piggott (2005). Disabled people, the reserve army of labour and welfare reform. *Disability & Society*, 20(7), 705-717.

Hotchkiss, J. L. (2003). *The Labor Market Experience of Workers with Disabilities: The ADA and Beyond.* Michigan: Upjohn Institute for Employment Research.

Hyde, M. (1996). Fifty years of failure: Employment services for disabled people in the UK. *Work, Employment & Society*, 10(4), 683-700.

Hyde, M. (1998). Sheltered and supported employment in the 1990s: The experiences of disabled workers in the UK. *Disability & Society*, 13(2), 199-215.

Jongbloed, L., & A. Crichton (1990). Difficulties in shifting from individualistic to socio-political policy regarding disability in Canada. *Disability, Handicap & Society*, 5(1), 25-36.

Kelly, G. M. (2000). Employment and Concepts of Work in the New Economy. *International Labour Review*, 139(1), 5-32.

Lunt, N., & P. Thornton (1994). Disability and employment: Towards an understanding of discourse and policy. *Disability & Society*, 9(2), 223-238.

Oorschot, W. V., & B. Hvinden, (2001). Introduction: Towards convergence? Disability policies in Europe. In W. V. Oorschot, & B. Hvinden (eds.), *Disability Policies in European Countries* (pp. 3-12). The Netherlands: Kluwer Law International.

Polanyi, K. (1968). *The Great Transformation: The Political and Economic Origins of Our Time.* M.A.: Beacon Press.

Rubin, S. E., & R. T. Roesslor (2001). *Foundations of the vocational rehabilitation process* (4th ed.). Austin, TX: Pro-ed.

Samoy, E. (1992). *Sheltered Employment in the European Community.* Brussels: Community of the European Communities.

Schur, L. (2002). The difference a job makes: The effects of employment among people with disabilities. *Journal of Economic Issues*, 36(2), 339-247.

Silvers, A. (1998). Formal justice. In A. Silvers, D. Wasserman, & M. Mahowald (eds.), *Disability, Difference, and Discrimination* (pp. 13-145). Lanham, MD: Rowman & Littlefield.

Stone, D. (1984). *The Disabled State.* Philadelphia: Temple University Press.

Swain, J., S. French, C. Cameron, & G. Cook (2003). *Policy: Is inclusion better than integration? Controversial Issues in a Disabling Society.* Buckingham: Open University.

Townsend, P. (1979). *Poverty in the United Kingdom.* Harmondsworth: Penguin.

Verdugo, M. A., A. Jiménez, & F. B. Jordán de Urríes (2001). Social and employment policy for people with disabilities in Spain. In W. V. Oorschot, & B. Hvinden (eds.), *Disability Policies in European Countries* (pp. 33-51). The Netherlands: Kluwer Law International.

Verdung, E. (1998). Carrots, sticks, and sermons: Policy instruments and their evaluation. In M. L. Bemelmans-Videc, R. C. Rist, & E .Wedung (eds.), *Policy Instruments: Typologies and Theories* (pp. 29-30). London and New York: Transaction Publishers.

Williams, G. (2001). Theorizing disability. In G. L. Albrecht, K. D. Seelman, & M. Bury (eds.), *Handbook of Disability Studies* (pp. 123-144). Thousand Oaks, CA: Sage Publications.

第14章
障礙者與貧窮議題

王玉如、王國羽

本文改寫自王玉如（2018）。〈障礙者貧窮議題及生活保障政策議題之初探：以台北市為例〉。《財務社會工作與貧窮研究學刊》，1（1），113-152。以及王玉如（2019）。〈由人權取向分析障礙者貧窮議題與比較英國所得保障政策之兩難困境與問題〉。《靜宜人文社會學報》，13（2）。已接受刊登。

　　淑娟是位精神障礙者，結婚後生下阿義，而老公不負責任，時常不拿錢回家，最後還拋棄淑娟母子。淑娟為了撫養阿義長大，每個月若只靠政府低收入戶身心障礙生活補助根本不夠支付生活開支，因為淑娟要控制自己的病情，服用精神科藥物，而藥的副作用是反應慢又需要大量的睡眠，淑娟只好用僅有的時間努力打臨工，但每個月的收入多用來支付房租及生活開支，生活常常日不敷出……。（資料來源：北部某社政單位服務個案）

　　我們可以思考的問題是：為什麼政府的補助金不夠生活開支？淑娟很認真地工作，但受限障礙的限制，工作收入加上補助仍然不夠支付自己及小孩的生活？究竟是她不夠努力或目前的制度應該有所調整呢？本章內容將討論目前台灣很少討論的障礙者貧窮議題。

第一節　前言

　　障礙者的所得保障與經濟狀態問題，在國內一直欠缺系統性的研究與分析。更缺少由宏觀的角度分析障礙人口群面對的低所得及所得不足的現況。國內貧窮研究除貧窮概念、測量門檻等研究外，研究族群主要是以老人、原住民、單親、女性及兒少族群等為主（王永慈，2005a, 2005b；王德睦、呂朝賢、何華欽，2003；呂朝賢，1996；呂朝賢，2007；林美伶、王德睦，2000；薛承泰，2008）。我國對於障礙者貧窮議題研究是寥若晨星，國內障礙福利政策常以福利供給者出發，政府面對障礙者的經濟問題，認為給予障礙者每月補助金，加上障礙者工作所得，障礙者就足夠生活。但事實真的如此嗎？障礙者的貧窮議題也面臨障礙者性別議題的同樣困境，以研究貧窮現象為主要領域的學者，欠缺對障礙者貧窮成因與過程的理解，而以研究障礙者為主要領域的學者，對障礙者落入貧窮的高風險現象也欠缺深入分析，因此障礙者的貧窮議題也面臨學術研究上的雙重不

利處境。

　　貧窮（基本生存）是自古到今存在的議題，是人類社會亟需解決的問題。貧窮是一個社會問題，既然是一個社會問題，就隱含著需要政府的介入與處理，其中攸關政府如何界定貧窮的方式，反映出其如何看待貧窮、如何處理此問題，以及願意投入多少經費。然而迄今爲貧窮而戰的失敗主因是政府忽略貧窮的成因且沒有意願去投入足夠的資源處理（Kelso, 1994）。

　　以台灣而言，政府將「最低生活費用」及動產限額和不動產限額的概念視爲貧窮線[1]，低於此線者即爲貧窮人口。此貧窮線的修訂一方面統一了貧窮線的界定，另一方面也意謂最低生活費用水準提高，代表貧窮人口會增加，政府願意有較多的投入（王永慈，2005a）。目前台灣107年的貧窮率1.32%，其他的先進國家，例如：英國在 2014-15 年，貧窮率爲16%、美國在2014 年工作人口的貧窮率爲 12.2%（Cornell University, 2016；House of Commons Library, 2017）。可以看到的是台灣的貧窮率明顯低於先進國家，而令人詬病的部分與其標準過於嚴苛有關，嚴格的貧窮門檻會導致貧窮率被低估（呂朝賢，1999）。

　　除了貧窮率外，另有「相對貧窮」及「絕對貧窮」的測量概念。相對貧窮是指貧窮線的界定並非只看人們固定的生理基本需要，也要考量社會當時的生活狀況，訂出一條社會所接受的貧窮線，並隨著時間而有所調整。台灣現行的貧窮線是平均每人每月消費性支出的百分之六十且每年調整，因此可歸類於相對貧窮的概念。絕對貧窮，其認定最低生活水準是根據人們的基本生存需要（如飲食、穿著、居住等），因此，貧窮線是以

---

[1] 最新的資料「最低生活費用」108 年台灣省爲12,388 元，六都分別爲台北市16,580元、新北市 14,666 元、桃園市14,578 元、台中市13,813 元、台南市12,388 元及高雄市13,099 元和金門縣、連江縣低於 11,135 元，所謂動產限額（存款加投資等），除台北市每人每月 15 萬外及金門縣、連江縣每戶（4口內）每年 40 萬元，第5口起每增加1口得增加10 萬元，其餘縣市爲每人每年 7 萬 5,000 元。不動產限額除台北市爲740萬，其餘爲270 萬至362 萬元間。

計算出基本生存需要的費用爲代表。絕對貧窮最常被提及的例子是美國政府的貧窮線，其以基本必要的飲食費用的三倍代表貧窮線，並依消費者物價指數來逐年調整，此法是先根據人們的基本生存需要計算出一數據作爲貧窮的判準，因此具有絕對貧窮的色彩，而其考量消費者物價指數的做法也部分的反映相對貧窮的概念（王永慈，2005a）。傳統上，通常以所得爲基礎的研究作爲慣用的貧窮測量方法，我國主流的貧窮研究如貧窮測量、貧窮趨勢、致貧因素或貧窮減輕等，也多以所得作爲經濟資源的衡量指標（王德睦等，2003, 2005；呂朝賢，2010a, 2010b；李秀如、王德睦，2008；林美伶、王德睦，2000；洪明皇、鄭文輝，2009）。

除了相對貧窮與絕對貧窮，仍有其他的測量方法，是鑑於傳統貧窮測量方法的侷限，而從剝奪或社會排除來衡量我國的貧窮輪廓（呂朝賢等，2015；李易駿，2007）。又囿於台灣資料限制，學術研究與政策在此議題甚少著墨。

國際上最新針對障礙者經濟處境的分析與報告是世界銀行在2004年所發表之對障礙者重要的貧窮削減策略（Bonnel, 2004）。當年的世界銀行報告一針見血地指出，障礙者是落入貧窮惡性循環機率最高的群體，且屬於世代貧窮的狀態。世界銀行2011年所發布的全球身心障礙者處境報告，其中有關身心障礙者的生活與貧窮狀態，仍然沒有改善（Shakespeare & Officer, 2011）。

國內研究因障礙者貧窮議題不受重視，甚少相關統計資料。王玉如（2018）研究發現障礙者貧窮樣態嚴重，由圖14-1可以看到台北市低收入戶及中低收入戶總清查報告顯示近七年低收入戶人口類屬分布，低收入戶中兒童及少年的比率遞減，而低收入戶的障礙者及老人比率持續增加，其中既是老人又是障礙者身分的統計資料，則歸類爲老人，也就是說，障礙者在低收入戶家戶人口比率，是高過障礙者目前所呈現的數據。另外，因老化與障礙樣態時常伴隨，可預見的是貧窮障礙者的問題會日益嚴重。

圖14-1　台北市近七年低收入戶人口分布

資料來源：台北市105及106年度低收入戶及中低收入戶總清查報告（蘇姮伃，2016[2]；蘇姮伃，2017[3]）。

　　根據歐洲障礙者落入低收入戶的比率統計與我國做個簡單的比較，歐盟在2010年及2011年分別約為18.8%及19.4%（ANED, 2013），相較台北市的數據可以看的出來，台北市障礙者落入貧窮的比率高於歐盟的數據，但或許有低估狀況，主要是因為我國貧窮率相較各國本來就有明顯的低估。我們可以看到，即使進入21世紀，障礙者的貧窮問題仍是無法有效舒緩（Shakespeare & Officer, 2011）。

　　過去將近三十年，我國歷次辦理的身心障礙國民生活需求調查資料，其中最近四次身心障礙者生活需求調查報告（2003年、2006年、2011年及2016年），收入來源仰賴政府的補助或津貼者（53.09%），高於依賴家戶成員提供經濟來源；2016年所調查之身心障礙者家中平均每月收支平衡狀況，僅有一成（13.76%）障礙者表達家中收支是足夠的，顯示失業之障礙者大部分依賴政府補助維生，而政府補助主要是補充基本經濟生活之

---

[2]　蘇姮伃（2016）。《台北市105年度低收入戶及中低收入戶總清查報告》。台北：台北市政府社會局報告，未出版。

[3]　蘇姮伃（2017）。《台北市106年度低收入戶及中低收入戶總清查報告》。台北：台北市政府社會局報告，未出版。

不足，並非涵蓋全面經濟生活支持。從這個調查報告來看，這13年因失業而長久無法在經濟上獨立的障礙者，只能依賴政府或親友的經濟支持。

各種來自政府的補助都需要經過資產調查，且領取額度不能超過當年的基本工資，意思是障礙者獲得來自政府所有的經濟補助金的總額不能高過工作基本所得，這與源自《濟貧法》的英國及西方國家傳統有關。顯然的，我們政策仍延續「工作」爲主的思維，對無法進入勞動力市場的身心障礙者，以目前政府的救助及就業政策，兩者中的任何單一政策應都無法讓障礙者維持基本的生活。

第二節　貧窮與障礙動態累積循環的關係

上節舉例台灣障礙者貧窮樣貌的概略狀態，國際上，世界銀行在其2004年的報告提出觀察與分析，認爲障礙者群體與貧窮現象之間呈現惡性循環狀態（Bonnel, 2004）。Elwan（1999: 1-2）發表障礙與貧窮的文獻回顧，他提出兩個循環概念，第一個是「障礙」狀態讓障礙者落入貧窮的機率相較其他人口高，增加他們落入貧窮生活危機，主因是外部社會環境與條件不足，例如低教育、低健康與營養不良等因素亦增加已經落入貧窮生活之障礙者，不容易翻身離開貧窮，且發生障礙機率高於一般人口的惡性循環危機；其次是因爲障礙者的低社經地位與條件等，讓他們的下一代同樣落入障礙與貧窮循環的風險也高於其他人口群，這樣的論述開啓障礙與貧窮之間緊密連結的分析。Development（2000: 7）提出障礙者因孤立及經濟弱勢而使貧窮的狀態更加惡化，影響障礙者個人也影響到他們的家庭與社區，首要提出了貧窮與障礙之間的惡性循環，提及障礙者經濟、社會、政治及文化的排除和不利性的關係，造成貧窮與障礙無窮盡循環的狀態。

Yeo & Moore（2003：572-573）將貧窮與障礙惡性循環的關係，更細緻地描繪出爲何障礙者呈現高貧窮率（詳見圖14-2），以及貧窮造成障礙

的關係（詳見圖14-3）。前者起因自各個社會環境的限制，後者是因為受社會環境的排除。障礙呈現高貧窮率，因障礙者在教育、就業、社區、健康資源及政治各面向的外部環境限制，以致收入減少，進而導致他們落入貧窮機率提高。對有工作的身心障礙者而言，收入過低且支出較一般人口高，外部結構不友善與障礙者本身身心理條件需要較多的支持，成為障礙呈現高貧窮率的主要關鍵（Yeo & Moore, 2003）。

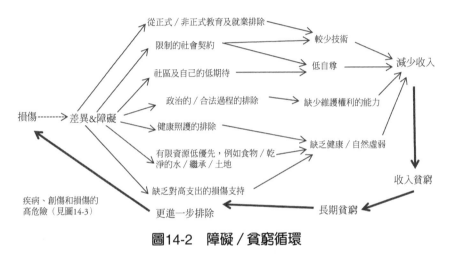

圖14-2 障礙／貧窮循環

資料來源：Yeo & Moore（2003）。

障礙者與貧窮間的惡性循環，以社會排除觀點來看，首要關注的是生產活動與就業（Bonnel, 2004；Yeo & Moore, 2003）。障礙者陷入貧窮樣態，主要是障礙者即便工作，也容易陷入貧困狀態。英國調查從1994年到2008年統計有工作之障礙者（25歲到退休）占貧窮家戶的比率從27%上升至32%，相較於非障礙者占貧窮家戶的比率平均為16%。障礙狀態之工作人口相較沒有障礙之工作人口的貧窮率，高達2至5倍（She & Livermore, 2007）。世界銀行障礙者處境報告顯示，在2009年OECD研究指出，已開發國家中，具障礙狀態之工作人口相較於沒有障礙狀態之工作人口，有2倍高的貧窮比率（Shakespeare & Officer, 2011）。我們可以看到，上述國際報告與研究結果顯示障礙者即便就業或工作，相較於非障礙

者，他們較易落入貧窮狀態。主因是有工作的障礙者所得也不高，且他們的各種支出也較高，因此落入貧窮的風險較高。

　　世界銀行障礙者處境報告顯示，27 個國家中工作年齡之障礙者相較於工作年齡之非障礙者，前者有較低的就業率，因障礙者與非障礙者相比，雇者認為他們有各種差異，因而薪資較低，例如：Kuklys（2004: 1）提及障礙者因本身障礙，收入比一般人口少，因其所從事工作不同於非障礙者；我國最近 3 次（2003、2006、2011 年）障礙者生活需求調查顯示，障礙者就業薪資較一般人口的薪資少約 1 萬元。同時，障礙者工作的成本較非障礙者高，例如：交通或健康等額外支出，或工作場所合理調整等外部需求也比非障礙之受僱者高，因此他們就業工作無論本身支出或雇主額外支出都較非障礙者高，即使工作能獲得薪資，但仍不足（ILO, 2011；Shakespeare & Officer, 2011）。障礙者工作需要較高的金錢成本，意指障礙者的特殊需要，導致其比一般人需要更多的資源或支出，例如，肢體障礙者需要修改車輛，以符合他們交通運輸的需要，或他們需要較長時間的休息，與在工作場所的外部支持等，都讓他們就業的支出較高。也就是說障礙者就業薪資較一般人少，又加上就業支出高於一般人，因此障礙者更容易落入貧窮。

　　障礙者支出有三大部分：額外的直接支出，包含交通支出；間接支出，照顧者因照顧障礙者無法去工作；以及因障礙者無法負擔工作要求而放棄收入的機會（Watson, Roulstone, & Thomas, 2013）。障礙者的額外支出是障礙者家庭所面對的經濟負擔，Zaidi & Burchardt（2005: 89-114）研究英國官方統計之低收入戶，比較有障礙者的家戶與沒有身心障礙者的家戶，發現障礙者額外的支出影響收入分配。Rosano, Mancini, & Solipaca（2009: 75-82）使用 Amartya Sen 的能力取向（Capability Approach），估計障礙者與非障礙者在多樣家戶且相同收入水準下，對身心障礙者額外需求是否有差異，研究發現居住在義大利的障礙者，與非障礙者相比，他們需要高 1 倍的收入才能有相同的經濟滿意度，而英國則是 0.5 倍，顯然各國目前政策低估障礙者家戶的經濟需求。

　　第二是家庭成員由勞動力的角色轉變爲照顧者，障礙者家庭頓時減少一個工作人力，也減少一份收入。有障礙者之家庭，除面對障礙相關支出（包含相關設備與醫療）外，也面對家中親屬爲照顧障礙者所付出的有形及無形支出。第三是障礙者無法進入勞動市場工作，對無法工作的障礙者缺少足夠的福利（Watson et al., 2013）。Jo & Kulys（2008: 39-52）研究美國及韓國障礙者家庭收入，研究發現因爲障礙者沒有工作收入，這兩個國家障礙者家庭收入都比沒有障礙者家庭低且低於收入平均值。換句話說，當家中有身心障礙成員時，這些家庭都面臨就業所得無法滿足生活所需，且支出較一般家戶高，即使是身心障礙者成員外出工作，但是各種直接與間接成本都較高，以致他們家庭收入都低於沒有身心障礙成員的家戶。

　　就業可以降低障礙者落入貧窮的危機，但各國研究顯示，障礙者收入比非障礙者少，且支出比非障礙者多。收入短少且多面向的支出增多，是障礙者家戶容易陷入高貧窮機率的原因，特別在家戶中負擔家計者爲障礙者時，在有限的收入及資產下，甚至償還債款中，極易陷入長期及代間循環貧窮的惡性狀態（Barnes & Mercer, 2010；Grech, 2009；Yeo & Moore, 2003）。

　　世界銀行在其2004年的報告中，除上述的主要結構面，爲何障礙者落入貧窮生活機率較高的因素之外，障礙人口與貧窮間惡性循環，次要的特質解釋（主要是個人層次）是障礙者被社會烙印、低自尊及障礙狀況所帶來的個人能力差異與不同限制，阻礙障礙者參與社區生活，這樣的結果造成障礙者人力資本（教育）的低落（Cornell University ILR School, 2004）。Yeo & Moore（2003: 572-573）描繪貧窮與障礙惡性循環的關係、貧窮造成障礙的關係（詳見圖14-3），障礙者不論其個人、社區及社會大環境都起源於社會結構的不平等與社會排除效果[4]。

---

[4] 圖14-2 障礙／貧窮循環是解釋障礙者個人層面的因素，而圖14-3 貧窮／障礙循環是解釋障礙者外部結構因素。這張圖詳細解釋障礙者面對社會結構及個人因素導致障礙／貧窮惡性循環原因。

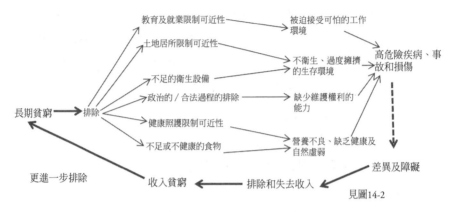

圖14-3　貧窮／障礙循環

資料來源：Yeo & Moore（2003）。

　　從國外歷史趨勢與資料發現，對障礙者而言，追求效率市場機制及社會排除下不易找到合適的工作，即便就業也只能從事收入福利較低的工作，又加上障礙者生活支出較一般人高，外部結構不友善與障礙者身心理條件需要較多的支持，成為障礙呈現高貧窮率的主要關鍵。

第三節　人權模式的「差異」貫穿貧窮問題的核心

　　「因為障礙與貧窮難分難解的聯結，除非障礙者與非障礙者擁有相等的權利，否則貧窮是難以連根拔起。」（Lee, 1999）這段話道出障礙者所面對的不平等是貧窮的根源。聯合國認為緩解貧窮與增進人權密不可分，人權回應個人需要，根據個人固有的價值和潛力提供有效的資源以發展個人最佳的能力（Stein, 2007）。

　　西方國家對障礙者的觀點，深深影響社會福利政策發展過程。由早期主導障礙者復健的醫療模式（medical model）朝向社會模式（social model）發展，到現在的人權模型（human rights model），影響對障礙者態度及福利政策的發展方向。1960 年在英國啟動的障礙者權利運動，開始關注身

心障礙者社會排除及不平等的公民權利地位（Barnes & Mercer, 2010）。對障礙者的觀點，從醫療模式認為障礙者是異常的，不符合社會對所謂常態規範的期待，到社會模式認為障礙不是一種身體狀態的限制，而是身體與社會／物理／態度的環境之間無法調和的結果（Goering, 2002）。惟社會模型觀點因欠缺對障礙經驗的深入分析，愈來愈不能貼切描述不同障礙經驗者間需求的差異，這主要來自模型偏重外部環境與社會的上位論述，忽略基礎的身體損傷經驗，也就是欠缺對障礙者損傷差異的論述。

2006 年聯合國通過《身心障礙者權利公約》（Convention on the Rights of Persons with Disabilities, CRPD），這份針對身心障礙者基本人權及權利訂定的公約，將不同的損傷經驗帶入 CRPD 人權架構中，CRPD 主要是以社會模型論述為主要參考，除社會模型之外，CRPD 公約精神則是人權模型（衛生福利部社會及家庭署，2017）。人權模型重視障礙者損傷經驗的差異特質，認為障礙者群體內部的差異與外部的環境改善同等重要，更重視從全面法治、經濟、政治、社會參與及無障礙等較完整的面向移除社會不平等，才能真正促進障礙者的平等公民權。

論及權利，梳理障礙者處境的歷史脈絡，才能知道身心障礙者有沒有權利，才知道為何從權利談起障礙者貧窮議題。然欲瞭解障礙者的貧窮起源及國家透過社會制度解決貧窮問題的法令，就必須從 1601 年英國的《濟貧法》開始討論。英國的《濟貧法》在制度上開始將受助者區分為「值得救助」與「不值得救助」兩個類別（Stone, 1984）。中古時期封建制度下，在領主與農奴權利義務交換的保障，以及在教會、修道院、個人或慈善團體的濟助下，救濟貧窮並不用透過政府來解決，而是封建領主的義務與責任，他們需要照顧障礙者、貧窮者、婦女和兒童的生活，當時並沒有「依賴者」的概念。隨著封建制度解體之後，教會腐化、院產充公和社會變遷後，在那個時代所謂的無能力者，指的是沒有工作能力者，就是今日的障礙者或依賴者。「依賴」與「無能」是當時英國障礙者的真實處境。沒有工作能力的障礙者讓「貧窮」與「障礙」化上等號。在英國《濟貧法》下的濟貧政策原則是「人有生存的權利」，在農業工業重組的特殊

階段，產生貧窮危機時，可說是對貧窮者的保障；將障礙者歸類爲法律所允許且值得救助的對象，也是使當時沒有工作能力的障礙者得以維持基本生存，依賴的概念因而深植在障礙者生存樣態中，深化其處境的邊緣化。但由於既有印象對「依賴」與「無能者」的偏見與烙印，對於在救濟院所受濟助的障礙者，僅給予必要生活所需，然障礙者生活在充滿疾病、髒亂、生活環境極差及背負烙印的救濟院中，隨時面臨死亡的到來，「依賴」邊緣化的眞實處境導致障礙者尊嚴的低落。

Iris Marion Young 是一位對當代社會有重要影響的女性主義政治哲學家，她在 1991 年出版《正義與差異政治》（*Justice and The Politics of difference*），Young（2011: 18-24）認爲 Rawls 的分配原則只考慮社會經濟體制結果的重分配，卻不考慮人在社會經濟過程遭遇的歧視、創傷和壓迫，並不是事後給予福利補償就可彌補的。此外，Rawls 的正義的核心意涵爲福利的重分配，把人視爲福利的擁有者、生產者和消費者，而不是能力需要發展的人，然而人遭遇各種壓迫，不只是因爲他應分配到的福利被剝奪，而是因爲他作爲人的能力發展和自我決定被限制或傷害。換句話說，Young 對所謂正義原則並不認同，差異原則對 Young 來說，除機會之外，更需要社會給予不同特質的團體與個人各種發展的機會。

Young 挑戰 Rawls，批判當代政治哲學中的正義理論，她認爲正義原則並不全然適用於分配典範，分配典範並不超然公正，社會不應以普遍性爲前提談論正義，這樣的正義只會是一種迎合主流文化、由優勢團體所把持的假象平等。爲了修正缺陷，她提出「差異政治」的概念，認爲談論正義時應以「支配與壓迫」的角度切入，先承認不同社會團體間的差異，釐清彼此間不正義的社會事實，各團體應基於尊重差異、相互理解的前提下進行溝通，給予弱勢團體特殊優惠待遇，進而解除不正義。她提出差異政治是一種以差異性爲前提的溝通民主，唯有如此，才能實現眞正的公平正義。唯有正視彼此的差異，才能實現眞正的正義（Young, 2011）。對於追求平等公民權與分配正義的女性、障礙者等其他團體來說，她的貢獻能夠眞正反映當代社會多元與多樣的特質。這個論點與人權模型強調差異的重

要性是相同的。

　　肯定群體差異的解放政治涉及了對平等意義的重構。Silvers 等人（1998: 21-30）認為障礙者形式正義，視障礙者在社會中是有能力的貢獻者，然正義的首要條件是提供障礙者有充分以公民身分參與的機會，但不是以弱者的姿態來博取同情。也就是障礙者擁有平等公民權利，社會再也不用使用分配正義去讓障礙者與非障礙者擁有相等的生活。Young（2011: 96-116）指出公民公共理想，將差異化約成一個統一性邏輯，透過構想普適性、一元化的政法體制來壓抑差異，這種對公民公共普遍主義理想的運作，有效地從公民身分中排除透過身體與感覺產生認同的人，包含障礙者、女性及黑人等，一個挑戰制度化支配及壓迫的正義構想，應該提供一個異質性公民的觀點。也就是說，具有異質性的公共社會，才有可能將不同樣態的人們包括在內，且享有真正平等的機會。惟公民的概念緊扣著「生產力」，也就是一個人唯有充分參與社會合作、對社會做出貢獻，才有條件取得完整的公民身分，其最終目的在於消除那些阻礙障礙者充分參與社會合作的系統性歧視，讓障礙者成為和非障礙者平起平坐的真公民。

　　18 世紀西方工業資本主義發展以來，工人進入工廠從事集體作業，勞動市場就業成為工人賺取薪資以交換生存資源的主要來源（Polanyi, 1957）。以市場標準來評斷勞動力，使得人們被區隔為「有工作能力者」與「無工作能力者」，有工作能力並參與就業，才有市場定義的勞動價值（王國羽等編，2012）。四百年前到迄今，障礙者「依賴」、「無能」、「無權」的貧窮樣態有何改變？即便公平競爭，障礙者仍舊可能成為市場競爭下的失敗者，那麼障礙者應如何維持基本生存？這種緊扣著生產力的公民概念並非 Silvers，或者她所立基的社會模式獨有的見解，她們只是重複當代福利資本主義社會對公民作為「具生產力工作者」的預設（洪惠芬，2012）。惟障礙者異質性高如何貢獻生產力給社會？

　　分配正義所訴求的「後果補償原則」確保了障礙者和非障礙者在競爭失敗陷入失業或貧窮後的基本生計安全。從生存作為基本權利的角度出發，在透過形式正義去排除那些阻礙障礙者公平參與勞動市場競爭的無形

或有形歧視的同時，整個社會依然需要分配正義去回應身障者在勞動市場競爭失敗後所面對的生存困境（洪惠芬，1998）。

Silvers 等人（1998: 181）認為對身心障礙者的正義，是不應只對他們自然劣勢進行補償，這問題在於只補償「後果」，卻未更進一步去追究障礙者陷入依賴處境的「原因」。問題不是一個公正的社會應該如何或是否應該補償人們的自然不幸或缺乏，其實社會對自然不平等的補償義務，忽略了與自然差異相關的不平等現象某種程度是來自社會。如果障礙者在社會的外部資源中享有平等的分配，也可能是因為這些被分配的資源已經被劃分或結構化，從這個角度來看即便社會分配也很難達到正義。

障礙者面對的問題主要是歧視（Silvers et al., 1998），這是公正社會必須改變對身心障礙的接納。身心障礙者所面臨的不利因素，是來自缺乏立基於社會所生成的自尊，而這無疑將帶來更多的貶低。歧視貶低障礙者而無法參與社會，障礙者退縮導致障礙者自我貶低而無法進入社會，雙重貶低造成障礙貧窮問題更嚴重。分配正義無疑是讓障礙者擁有適足性生活，但障礙者自尊低落、無能及依賴樣態，以及社會排除且歧視障礙者，而人權模式差異的價值則貫穿解決貧窮問題的核心。人權模式的優點是它提出消除外部社會歧視與不平等才是促進不同障礙者能享有平等公民權的開始，而將差異經驗帶入不平等的討論，正是可以看出障礙者貧窮根源的重要貢獻。

第四節　社會福利所得保障政策的矛盾

美國著名的政治公共政策學者 Stone（1984）提出社會福利分配是以工作及需求兩種分配邏輯來規劃其政策。英國的《濟貧法》開啟社會福利的發展，是制度將受助者區分為「值得救助」與「不值得救助」兩個類別的起源（Stone, 1984）。《濟貧法》是國家透過福利制度解決貧窮問題的法令，障礙者被認為是「值得救助」的一群人，救助僅維持最基本的生存條

件，現今障礙者被期待有能力進入勞動市場，但也因為無法完全地符合資本主義企業僱用的要求，因此也發展出兩個不同的社會福利分配邏輯而運作，一個是「工作」，另一個是以「需求」為取向的政策。

世界各國有不同的社會福利體制，對兩種福利分配有不同比例的規劃，主要是受政治議題影響。因為障礙的概念是相當彈性的，彈性來自於政府對於障礙者所得保障的協助，當就業市場給予障礙者的就業機會遠少於障礙者就業人數，障礙者高失業率讓原來的政策鬆綁，使得界線模糊而讓障礙者在就業及需要分配的政策方案中遊走。障礙者失業率高時，障礙勞動者轉移到需求系統；當被歸類為障礙者時，他們的表現就像是符合障礙的角色，變得依賴和不能工作，因此很少返回職場。在福利國家的文化普及前，窮人從受僱和自足中得到滿足。隨政府的方案成長與福利確立後，助人方案不再是「施捨」而是「移轉支付」（transfer payment）或是「權利」（entitlement），字面上的改變也顯示政府和窮人如何認知其角色。當窮人認為救助是「權利」，但是不必然認為他有責任成為社會中有生產力的成員，社會將不再視福利為烙印，而是權利，可以領就該領（Kelso, 1994）。法律在障礙者方案創造了矛盾，試圖要提供基本的收入安全，但又釋出障礙者離開勞動市場的邀請。障礙者面對政府遊移不定的政策目標，如此遊走在兩系統加深障礙者的貧窮樣態。

以工作與救助併行而發展的障礙者福利政策中，障礙者雖被認為是「值得救助」而施以救助，然而以現今福利政策對照障礙者貧窮樣態，似乎無法讓障礙者達到基本生存後脫離貧窮，也就是說，障礙者在有能力就業的範疇內，期待以補助加上薪資以補足基本生存，似乎印證 Polanyi（1957）所指出的，這樣的救助措施讓貧窮勞動者勉強糊口但無法脫離貧窮。當代社會福利政策中，面對貧窮問題所提出的策略不斷地改變，其中障礙人口因為不同社會福利政策推出時的政策邏輯與社會條件不同，由四、五百年前，障礙者被歸為值得救助的窮人，如今的社會條件，使障礙者被期待工作與就業，障礙者也經由障礙者權利運動主張自己的基本人權，希望能維持基本生活所需，障礙者無論是否就業或工作，政策矛盾逐

漸累積過往政策遺緒並產生各種效果。

　　世界各國社會福利分配是以工作及需求兩種的分配邏輯來規劃政策，無疑是政治議題，在不同的社會福利體制，對兩種福利分配有不同比例的看重與規劃，回顧不同福利體制所代表之左／右兩派思辨脈絡，對貧窮議題的主要爭論在於根本的經驗問題，對於人們貧窮是因為不幸和機會的不平等，左派認為應透過再分配將金錢給予窮人，這樣是在幫助不平等的犧牲者，然右派認為濟助窮人是貼補昂貴的嗜好和助長不負責任的選擇；左派認為福利國家應幫助窮人克服自己的劣勢並幫助他們參與社會生活，然右派認為福利國家是否產生邊緣化，貧窮者被視為福利依賴階層。貧窮樣態是自己選擇所造成？左派認為應該先使貧窮者平等，然後再要求他們為自己的選擇擔負責任，而右派覺得應該要求貧窮者證明自己有能力為自己的行為擔負責任，才允許他們獲得幫助。基於此，左右兩派對貧窮者截然不同的思考邏輯脈絡，衍化不同思考想像，也就是國家幫助貧窮者在社會生存是否為貧窮者的基本權利？抑或貧窮者需經克服自己的狀況工作賺取維持生存要件，或是完全仰賴有條件的社會救助？（劉莘，2003；王玉如，2018）

　　貧窮障礙者因兩種不利因子的影響下，是社會上最弱勢的一群人，身心障礙者並不需要憐憫，他們只想與一般人一樣有相同的基本生活保障。面對兩個不同的社會福利分配邏輯而思考的身心障礙政策，要求身心障礙者證明自己的工作能力可以在社會上生存，輔以補助政策才能得到保障，對於身心障礙者並不公平。障礙者遊走在兩個系統，不論工作系統或需求系統，基本生活保障應該以貧窮障礙者為中心來考量，是否已達到基本生存，而以福利提供的角度或是福利體制或兩個系統的思考，不應完全以福利接受者的角色思考身心障礙者的生活保障，應該以作為「人」的基本生計所得來保障，以維持適足性生活水準。

問題與討論

1. 請選擇一個身心障礙類別，思考障礙者與一般人一個月日常生活不同的支出。

2. 請思考並查詢自己所在的縣市的身心障礙者有關所得保障的福利。例如：低收入戶身心障礙生活補助、身心障礙津貼、就業補助等。

3. 看完電影《我是布萊克》（*I, Daniel Blake*）的想法。

參考文獻

王永慈（2005a）。〈臺灣的貧窮問題：相關研究的檢視〉。《臺大社會工作學刊》，10，1-54。

王永慈（2005b）。〈外籍與大陸配偶家庭之貧窮分析〉。《臺灣社會工作學刊》，4，1-32。

王玉如（2018）。〈障礙者貧窮議題及生活保障政策議題之初探：以臺北市為例〉。《財務社會工作與貧窮研究學刊》，1（1），113-152。

王國羽、林昭吟、張恒豪（2012）。《障礙研究：理論與政策應用》。高雄市：巨流圖書公司。

王德睦、何華欽、呂朝賢（2005）。〈貧窮的測量：發生率、強度與不均度〉。《人口學刊》，30：1-28。

王德睦、呂朝賢、何華欽（2003）。〈臺灣貧窮門檻與測量的建立：FCSU 的應用〉。《臺大社會工作學刊》，8，1-46。

呂朝賢（1996）。〈貧窮女性化與貧窮程度的性別差異〉，《人文及社會科學集刊》，8（2），221-256。

呂朝賢（1999）。〈社會救助問題：政策目的、貧窮的定義與測量〉。《人文及社會科學集刊》，11（2）：233-263。

呂朝賢（2007）。〈貧窮動態及其成因──從生命週期到生命歷程〉，《臺大社會工作學刊》，14，167-210。

呂朝賢（2010a）。〈政府社會給付之標定績效：以經濟弱勢者為例〉。《社會政策與社會工作學刊》，14（2）：49-90。

呂朝賢（2010b）。〈臺灣貧窮近似決定因素：成長、再分配與人口效果〉。《臺大社會工作學刊》，22：109-152。

呂朝賢、陳柯玫、陳琇惠（2015）。〈童年剝奪及其成因〉。《臺灣社會福利學刊》，13（1）：151-194。

李秀如、王德睦（2008）。〈多面向的臺灣兒童貧窮趨勢：SST 指標的應用及分解〉。《臺大社會工作學刊》，18，191-230。

李易駿（2007）。〈臺灣社會排除人口之推估〉。《人口學刊》，35，75-112。

林美伶、王德睦（2000）。〈貧窮門檻對貧窮率與貧窮人口組成之影響〉，《臺灣社會福利學刊》，1，93-124。

洪明皇、鄭文輝（2009）。〈所得定義與均等值設定對經濟福利不均的測量影響〉。《經濟研究》，45（1）：11-63。

洪惠芬（2012）。〈「分配正義」還是「形式正義」？身心障礙作為福利身分與歧視

的雙重意涵〉。《臺灣社會福利學刊》，10（2），93-160。

衛生福利部社會及家庭署（2017）。《身心障礙者權利公約法規概要》。台北：衛生
福利部社會及家庭署。

Barnes, C., & G. Mercer (2010). *Exploring disability*. Cambridge: Polity.

Cornell University (2016). Disability Statistics. Retrieved Feb. 11, 2017, from http://
disabilitystatistics/org.

Cornell University ILR School (2004). *Poverty reduction strategies: their importance for
disability*. NY: Cornell University ILR School.

Development, D. f. I. (2000). Disability, Poverty and Development. Retrieved Apr. 15,
2019, from http://unipd-centrodirittiumani.it/public/docs/28893_poverty.pdf.

Elwan, A. (1999). *Poverty and disability: A survey of the literature*. Social Protection Advisory
Service Washington, DC.

Goering, S. (2002). Beyond the medical model? Disability, formal justice, and the
exception for the "profoundly impaired". *Kennedy Institute of Ethics Journal*, 12(4),
373-388.

Grech, S. (2009). Disability, poverty and development: Critical reflections on the majority
world debate. *Disability & Society*, 24(6), 771-784.

House of Commons Library (2017). Poverty in the UK: Statistics. Retrieved Oct. 1, 2017,
from http://www.parliament.uk/commons-library.

ILO, D. G. (2011). Equality at work: The continuing challenge. *Report of the Director
General Global Report Under the Follow-Up to the ILO Declaration on Fundamental
Principles and Rights*.

Jo, H.-J., & R. Kulys (2008). Poverty of disability households and antipoverty policies in
the United States and Korea. *Asia Pacific Journal of Social Work and Development*,
18(1), 39-52.

Kelso, W. A. (1994). *Poverty and the underclass: Changing perceptions of the poor in America*.
New York: NYU Press.

Kuklys, W. (2004). *A Monetary Approach to Capability Measurement of the Disabled:
Evidence from the UK*. Max-Planck-Inst. for Research into Economic Systems,
Strategic Interaction Group.

Kymlicka, W.（原著），劉莘（譯）（2003）。《當代政治哲學導論》。台北：聯經出
版事業股份有限公司。

Lee, H. (1999). Discussion Paper for Oxfam: Disability as a Development Issue and how to
integrate a Disability Perspective into the SCO. Oxford: Oxfam.

Polanyi, K. (1957). *The Great Transformation: the Political and Economic Origin of Our Time.* Boston: Beacon Press.

Rosano, A., F. Mancini, & A. Solipaca (2009). Poverty in people with disabilities: Indicators from the capability approach. *Social Indicators Research*, 94(1), 75-82.

Shakespeare, T., & A. Officer (2011). World report on disability. *Disabil Rehabil*, 33(17-18), 1491.

She, P., & G. A. Livermore (2007). Material hardship, poverty, and disability among working-age adults. *Social Science Quarterly*, 88(4), 970-989.

Silvers, A., D. T. Wasserman, & M. B. Mahowald (1998). *Disability, difference, discrimination: Perspectives on justice in bioethics and public policy*, Vol. 94. Lanham: Rowman & Littlefield.

Stein, M. A. (2007). Disability human rights. *California Law Review*, 95(1), 75-121.

Stone, Deborah A. (1984). *The disabled state.* Philadelphia: Temple University Press.

Watson, N., A. Roulstone, & C. Thomas (2013). *Routledge handbook of disability studies.* London: Routledge.

World Bank (2004). Poverty reduction strategies: their importance for disability. No 14892, World Bank Other Operational Studies from The World Bank. Retrieved Apr. 11, 2019, from https://openknowledge.worldbank.org/bitstream/handle/10986/14892/697310ESW0whit09B00PUBLIC00POVERTYR.pdf?sequence=1.

Yeo, R., & K. Moore (2003). Including disabled people in poverty reduction work: "Nothing about us, without us". *World Development*, 31(3), 571-590.

Young, I. M. (2011). *Justice and the Politics of Difference.* Princeton: Princeton University Press.

Zaidi, A., & T. Burchardt (2005). Comparing incomes when needs differ: equivalization for the extra costs of disability in the UK. *Review of Income and Wealth*, 51(1), 89-114.

第 **15** 章
身心障礙、性別與性自主權

邱連枝

本章修訂自邱連枝（2012）。第十章〈障礙、性別與性〉。收錄於王國羽、林昭吟、張恒豪主編《障礙研究：理論與政策應用》，頁281-311。高雄市：巨流出版。

案例一：阿明是位因脊椎損傷而坐輪椅的障礙男性，雖然肢體損傷，但他的心智正常，也像一般人有性慾的需求。他覺得障礙者也需要性！但是一般大眾看待障礙者時都說：「能正常生活就夠了。」甚至把他們包裝成生命鬥士，但障礙者也是人，也有性慾，希望能像正常人一樣生活並做愛，難道阿明錯了嗎？

案例二：小文是患有輕度智能障礙的女性，類似像她這樣的心智障礙者常在報章雜誌上被報導成性侵害的受害者，可是小文覺得她也很想結婚生子，像一般女生一樣，有人覺得像小文這樣的女性，連自己都照顧不好，沒有資格談戀愛，更別說是結婚，真的是這樣嗎？她不喜歡成為性侵害的受害者，但不表示因為這樣而沒有追求她想要的性與愛的權利，那麼她該怎麼辦？

第一節　前言

　　擁有滿意、舒適及愉悅性生活的權利，是人權的延伸。長久以來，無論是障礙者權利運動或是障礙研究，關注焦點集中於身心障礙在公共領域的就學、就養、醫療與無障礙設施等議題上，較少觸及身心障礙者的性別處境、性自主權或者是性傾向等相關議題。身心障礙者的身體與情慾需求，遭受污名化或貶抑，大半的政策倡議者都認為，「性別」（gender）或「性／情慾」（sexuality）的議題對於身心障礙者的權益而言，是不重要、少數人的、無用的。

　　隨著性別意識的高漲與性平教育的普及，身心障礙團體積極進行性權利與性自主權的倡議，健康照護相關專業人員也逐漸設法讓身心障礙者的情慾需求獲得重視，部分歐美國家開始從性促進（sexual facilitation）的面向，將身心障礙者的性權利入法，成為合法的社會政策（Socialstyrelsen, 2012b: 5，轉引 Bahner, 2015）。但由於此為高度敏感的議題，將會對法

律、社會政治及文化層面造成衝擊，嘗試推進成為一種福利措施的同時，也觸及一些倫理挑戰與爭議：因而身心障礙者情慾／性慾（sexuality）的議題，不僅是涉及在權利的基礎之下，如何讓「性」無障礙地融入成為身心障礙者正常生活的一種行為；另外也觸及，在第一現場工作的個人化服務員（personal assistant[1]）如何符合倫理及法律規範的議題（Bahner, 2015）。

此外，現有身心障礙觸及「性」的公共論述，多半聚焦於保護弱勢者免於遭受虐待與性侵；從國內近年來，有多起教養機構傳出智能障礙者遭受性侵或被隱匿不報的現象來看[2]，此類議題確實仍待被重視與關注。然而，爭取性權利與免於遭受性侵害，對身心障礙者而言，是否為互相衝突的政策需求？

當「身心障礙者」的問題與「性別」議題交織在一起時，我們會發現女性經常是家暴或受虐案件的弱勢，「身心障礙」的「女性」，其性別處境較之於健常的女性或是身心障礙的男性，更是弱勢中的弱勢。同時「身心障礙者」與「女性」的處境非常雷同，無論在工作、政治以及社會能力培養所處的社會環境中，同樣面臨諸多不友善的敵意與歧視，容易陷入所謂「雙重剝削」（double deprivation）或「雙重邊緣化」（double marginalization）的處境。

身心障礙與同志研究（LBTQ studies）或是酷兒理論（Queer theory）連結，近年也逐漸獲得重視，儘管所帶來的爭議很大（McRuer, 2009），是一種「邊緣中的邊緣」（on the edge of the edge）（Bennett, 2007）。但由於 LGBT 不斷透過理論模式表達他們遭受的壓迫，並對想要主導社會安排的群體造成挑戰（Bell, 2007）的力道漸增，加上相關研究發現，LBGT 身

---

[1]　personal assistant 一般譯為私人助理，引自 Bahner（2015）的〈情慾專業化主義：瑞典性促進的個人化服務案例〉一文，然而筆者認為作為協助身心障礙者性促進的工作者，也是一種專業服務人員，筆者為突顯其專業重要性，而譯成「個人化服務員」。

[2]　近年仍傳出不少身心障礙者遭受性侵案件，如〈聽障生夏令營 狼志工涉性侵 4 少男〉（自由電子報，2017/08/07）；〈慘！台版《熔爐》啓能中心組長性侵 4 院生〉（中時電子報，2018/06/10）。

心障礙者因性傾向而出現健康功能與健常人有所差異（Fredriksen-Goldsen, Kim, & Barkan, 2012）。身心障礙者的性別處境，除男女性別之外，迫切需要將視野觸及同志、雙性戀、跨性別者及酷兒等多元性別上。

　　綜論目前身心障礙者性與性別公共政策發展趨勢，本章作者認為，當身心障礙與「情慾或性」的問題交織在一起，主要聚焦於兩個面向：即身心障礙者性自主權（sexual autonomy）一體兩面的保障與促進。無論性別、障別與性傾向，皆「有權追求想要的情慾」（wanted sexuality）與「有權拒絕不想要的情慾（unwanted sexuality），免於虐待與性侵的權利」（Graupner, 2004, 2005）。欲實現身心障礙者想要的情慾，觸及性權利（sexual rights）、性自由（sexual liberty）以及性促進（sexual facilitation）的實質內涵，通過適切而個人化的性教育措施、對多元性別與性傾向的尊重，以及健全的機構安置與社會防護網的建立，讓身心障礙者免於性侵與虐待的自由。同時，需要檢視身心障礙者伴隨性別關係的不對等及性別分工的刻板印象，將導致性暴力、性侵、家暴、受虐、生育權被剝奪等議題。以下章節，將分別從上述概念所交織的核心觀點，探討身心障礙者性自主權、性權利、性教育與家暴受虐等與身心障礙性別相關的議題、概念與內涵。

第二節　障礙研究：從性別盲視到酷兒理論

一、「性別盲視」（gender-blind）的身心障礙研究歷程

　　身心障礙過往的議題，為何較少涉及性別的問題？與過往英美各國的障礙研究（disability studies）的發展歷程，缺乏「性別」的觀點有關。基本上是採取一種純以「身心障礙者」（disabled people）為研究主體，認為與性別、種族、階級、族群及社會傾向等議題並不相關，也就是在探討身心障礙者各項權利議題過程，是採取一種「性別盲視」（gender-blind）的

觀點，並未探討性別對身心障礙男性或女性的生活所帶來的影響。這種盲視的結果，造成掌握就學、就養、就醫等政策主導權的健常人會自以爲瞭解身心障礙者迫切需要的福利服務是什麼，認爲身心障礙者需要健常人的「保護」，而提供身心障礙者的福利措施則是種「慈善」；至於性別不對等以及性慾的抒發等議題，在福利資源有限的前提下，都是次要，甚至不必理會的。

　　這種對性別議題的忽略，與身心障礙的詮釋觀點長期以來以「醫療模式」爲主有很大的關聯性。早期主要以醫療模式詮釋身心障礙的成因，環繞疾病經驗的影響，強調身體的損傷是障礙主要成因，以疾病體制對待病人或醫病關係爲主，這種將身心障礙的成因歸於個人層次的疾病觀點，忽略社會環境、制度以及政策法律及社會態度如何看待身心障礙（Barner, Mercer, & Shakespeare, 2010），自1980年起遭到社會模式的反駁。

　　社會模式挑戰傳統將身心障礙視爲一種醫療悲劇的老舊觀點，而將身心障礙視爲一種社會壓迫，是社會建構結果。社會模式將以往聚焦於個人身體或心智的缺陷移轉到關注社會納入或排除的議題，社會模式的推動者Michael Oliver（1990）主張，「障礙經驗」是一種社會的產物，而非個人問題，因此不能歸因於生理因素，反而應該重視障礙發生的外在因素，障礙經驗是社會結構、社會創造，而不該過度簡化或以生物決定論理解。諸如身心障礙者無法進入大樓設施或公共空間，並非肇因於身體損傷，而是缺乏斜坡道、無障礙設施等「社會」障礙所致。如同女性主義者欲將男女兩性這種生物性別與陰性／陽性這種社會性別區隔（Oakley, 1972），障礙研究的社會模式，嘗試將傳統身體／損傷的觀點，從社會／身心障礙的觀點區隔開來一樣。

　　英國的障礙研究學者Tom Shakespeare（2006）則指出，無論是障礙者權利運動或者是學術界都低估了身心障礙者「性與愛」的優先性。以「社會模式」爲架構的身心障礙研究，自1980年代以後，對相關研究產生很大的影響力。當身心障礙研究將「社會模式」的觀點大量運用於學校、工作場所、政策以及環境等相關議題中，卻無法及時將性與親密關係的議題

予以問題化。Shakespeare（2006: 167）認為，身心障礙者的性慾問題，確實涉及身心障礙重建的順序問題，終結貧窮、消除社會排除等在身心障礙者需求的表單列序裡確實高於擁有一個好的性生活，或者比去酒吧、餐廳及俱樂部等訴求重要。但是他強調，這種對身心障礙者性慾問題的忽略與思維，與障礙社會運動推動過程中過度強調工會主義（trades unionism）及社會主義思維，而忽略了與自由主義陣營所採用的女性主義及崛起的個人主體意識觀點有關。

二、身心障礙運動與女性主義觀點的交集

女性主義陣營未必也處理了身心障礙者性別處境與情慾的問題。尤其身心障礙女性的性別處境，無論是身心障礙社會運動或者是女性主義陣營的研究，都漠視身心障礙女性所面臨的性別困境。女性主義研究近年雖也蓬勃發展，然而女性主義研究在論及生育科技、身體差異、壓迫的特殊性、照顧的倫理、主體性的建構等議題，甚少將身心障礙者列為討論對象。正如身心障礙研究很少觸及女性主義的議題，自1980年代以來，女性主義陣營也很少探討身心障礙相關的研究，因而遭到身心障礙女性學者激烈的抨擊。係因女性主義主流陣營認為，身心障礙女性所顯現的既「虛弱」又「依賴」的角色，恰巧與女性主義者所要強調的既「堅強」又「獨立」的女性形象，背道而馳。

直到1990年代中晚期開始，陸續有女性主義學者如 Jenny Morris、Sally French、Karin Barron、Adrienne Asch、Susan Wendall、Helen Meekosha 與 Carol Thomas 等人，開始將「性別」納入探討身心障礙女性的處境，包括公民參與、母職、家庭、照顧角色、家戶責任及夥伴關係等議題上，納入身心障礙女性的生命經驗。障礙研究逐步探索族群、性慾、老化以及階級等多元面向，將身心障礙者所面臨的社會排除以及社會劣勢處境的研究範疇，跨向族群主義、同志議題、老化以及社會經濟階層等錯綜複雜的視野，並被歸類為「女性主義觀點的障礙研究」（feminist disability studies）

或「酷兒障礙研究」（queer disability studies）領域。

三、身心障礙、同志文化與酷兒理論：邊緣中的邊緣

身心障礙者認同（identities）議題中，以與同志研究（LBGT studies）及酷兒理論（Queer theory）連結所帶來的爭議最大（McRuer, 2009）。自1969年美國紐約市發生史上首起同性戀者反抗政府迫害性別弱勢群體的石牆暴動（Stonewall riots）事件之後，同性戀議題開始進入政治、哲學等理論論述，這些理論早期多半仍與女性主義反父權等觀點連結（Rich, 1980）；及至1980年代酷兒理論興起，被視爲新一代的同性戀運動的代名詞。酷兒不同於同志（gay）或女同志（lesbian），「排斥所有身分認同」（Edelman, 2004），不侷限於任何一種性別認同，企圖超越同性戀固定的角色與身分，超越舊有性模式與性文化，酷兒的身體與性慾不符合主流的性別／性的標準，認爲所有的性別認同與性傾向不是天生的，而是通過社會與文化形成的，酷兒包括同性戀、雙性戀、偏差異性戀、跨性別者與反串秀等所有介於常態／異常之間的性認同與性傾向類型，主要代表學者包括Eve Kosofsky Sedgwick、Judith Butler 及 Lauren Berlant 等人。

正如女性主義對於身心障礙研究的忽略，酷兒理論發展期間，也很少提及身心障礙議題；將身心障礙與酷兒理論結合在一起，被視爲是一種「邊緣中的邊緣」（on the edge of the edge）（Bennett, 2007），身心障礙酷兒[3] 則被視爲「雙重邊緣」（double marginalization）者。1990年代起，美國學者 Robert Mcruer 及 Anna Mollow 等人則致力於身心障礙酷兒研究，並於2012年進一步出版《性與身心障礙》（*Sex and Disability*）一書，批判新自由資本主義（neoliberal capitalism）主宰的強制性異性戀（compulsory heterosexuality）觀點，促成酷兒的出現，探討在異性戀主流社會中，身心障礙者情慾認同的多元觀點。

---

[3] 台灣則有民間身心障礙團體於2008年舉辦「殘酷兒」遊行，提出殘酷兒一詞。詳見手天使，網址：http://www.handangel.org/?p=4454。

第三節　身心障礙女性的性別處境：「雙重邊緣化」（double marginalization）及殘缺的性別圖像

當我們從女性主義的觀點開始探討身心障礙者女性的處境時，無論在實際的社會處境或者是身心障礙研究領域，我們會發現，女性身心障礙者位於一種「雙重剝削」（double deprivation）或者是「雙重歧視」（double discrimination）的處境。這種雙重歧視或邊緣化是指，女性一方面遭受「男性」掌權的主流社會壓迫，另一方面身心障礙處境又受「健常人」所主宰的主流社會壓迫（Morris, 1993）。

根據聯合國的調查，身心障礙女性遭遇離婚、分居以及暴力虐待的可能性是一般女性的兩倍。而身心障礙女性無論在就學、就養、教育、就業等面向，都較男性身心障礙者處於更劣勢的處境。西方學者的研究顯示，在公領域部分，身心障礙者往往較健常人更易處於經濟的弱勢，身心障礙女性則更易落入貧窮的處境；身心障礙女性受教育程度通常較身心障礙男性低；身心障礙女性在就業市場中，薪資比一般健常女性低，更易比身心障礙男性低。台灣也有類似的情形，根據勞動部《2014 年身心障礙者勞動狀況調查》報告顯示，在「身心障礙失業者在工作場所因爲性別受到不公平待遇」中，女性身障者有 6.2% 認爲有受到不公平對待，明顯高於男性身障者；在薪資的部分，身心障礙者平均月薪是 24,654 元，女性則是 21,462 元。全國 103 年受僱人口平均薪資則爲 47,300 元，女性爲 42,481 元，男性 51,464 元；身心障礙者平均薪資低於非障礙者，而身心障礙女性又低於男性，顯見受僱的身心障礙女性收入偏低（周月清等，2017）。

如果說，台灣的身心障礙是缺角的社會學研究（王國羽，2013），身心障礙女性就是台灣性別圖像中的缺角。聯合國分別於1979 年通過《消除對婦女一切形式歧視公約》（簡稱 CEDAW），及 2006 年通過《聯合國身心障礙者權利公約》（簡稱 CRPD），倡議男女平等的具體行動中應將身心障礙女性納入其中，然而根據周月清、李婉萍、張家寧（2017）的研究，自 2007 年至 2017 年共 11 份台灣性別圖像調查中，有 3 年完全沒有

提到身心障礙者。而有提到的資料只集中於就業、健康及經濟安全與福利部分；2017 年性別圖像七大指標中的「權力、決策與影響力」部分，看不到有關身心障礙者的資料，也因而無法得知身障女性的概況。

王國羽（2010）認為，台灣的婦女研究以一般女性經驗為主，身心障礙女性的研究少之又少。我們對女性身心障礙者的基本狀態不清楚，如何設定政策？周月清等（2017）建議，台灣已成立性平處，亦要求各部會進行性別統計與分析、性別預算、性別影響評估等，期許性平處能納入障礙者觀點，而相關身心障礙調查亦能增加性別分析，以改善台灣女性身心障礙者被雙重邊緣化的圖像與境遇。

除在公領域部分，缺乏身心障礙女性的完整圖像之外，在私領域部分，身心障礙女性也容易成為家暴、性侵的受害者；較易因生育權的問題遭到不當醫療干預；也比身心障礙男性有更高比例的獨居或必須依賴父母等問題（Meekosha & Dowse, 1997；Snyder, 1999；Charowa, 2002）。導致身心障礙女性無論在她們自己的「社區」裡，或者是國家、國際層級的「組織」或「機構」裡，都遭受到「雙重邊緣化」的處境。

一、家暴與性侵害（domestic violence and sexual abuse）

身心障礙女性其「雙重邊緣化」的性別處境，從他們較易成為家暴、性侵及受虐對象的現象中明顯可見。根據相關研究顯示，身心障礙者較健常人有更高趨勢的離婚率。而身心障礙女性尤其容易成為精神虐待、肢體虐待以及性虐待的高危險群體（Groce, 2003）。外國調查顯示，女性身心障礙者受暴的比率是一般正常女性的 4 倍；其中以肢體障礙或有認知障礙的女生最易成為受虐對象。

女性身心障礙者較易受虐的原因，並非完全源於「身心障礙」本身的狀態，「障礙」狀態確實無法讓女性有足夠的能力保護自己免於受暴，然而傳統刻板印象多半認為身障女性是容易拐騙、無性慾的，才是導致女性身心障礙者易陷入受虐險境的主因。此外，女性身心障礙者的母職角色多

半被剝奪，因爲社會無法將一個負責任的母親角色與一個病人角色畫上等號。認爲女性是較獨立、無性慾的，不太需要他人照顧的錯誤刻板印象，造成「身爲父母的職責」與「受醫療體系照顧」之間的衝突，無法接受「母職」與「身心障礙」之間具有聯結（Nosek et al., 1994）。

　　台灣的部分，依據衛福部（2011）調查統計，性侵害被害人數計6,049人，其中身心障礙者有1,030人，身心障礙女性（計855人）就占了83%；家庭暴力人數爲53,484人，其中身心障礙者有5,122人，身心障礙女性（計3,266人）也占了63.8%（轉引自周月清、張家寧、呂思嫻，2017）；然而，這類受虐事件不被舉報的比例也很高。根據國內的統計，身心障礙受暴女性通報率仍偏低，司法對於身障受暴者仍有非常不友善的現象（防暴聯盟，2018）。依據衛福部保護司公布的2007年至2018年家暴及性侵害被害人身心障礙人數統計資料顯示，智能障礙者遭受性侵的比例最高，占所有障別總數的五成以上；精神障礙者遭受家暴的比例最高，占所有障別總數的二成以上（衛福部保護司，2018）。這些數據具體顯現，身心障礙女性是弱勢中的弱勢，雙重邊緣處境急待被重視。

二、生育權（right of reproduction）的剝奪

　　「誰有權利決定誰該被生下來？」針對身心障礙者是否有權力孕育下一代的生育權與擔任父母的權利，一直是個備受爭議的話題，此類議題也再度顯現，身心障礙女性在「障礙」與「女性」雙重壓迫的性別不對等處境之下，容易出現生育權被剝奪的劣勢處境。早期在醫療模式的詮釋觀點之下，身心障礙者尤其是心智障礙者，易被視爲是「生物基因上有缺陷、肢體上的傷殘、文化上的異類，以及經濟面被視爲福利資本主義的『拖垮者』」等錯誤觀念之下，身心障礙者孕育下一代往往被看作是一種「錯誤的生活」（wrongful life）的選擇。因而有不少國家藉由推動「結紮」、「優生學」等公共政策，透過政府的干預，剝奪身心障礙者的生育權。

　　社會模式主張障礙並非由生物基因造成，而以「社會」的觀點予以反駁；並非生物基因上的差異造成障礙，而是社會沒有能力容納不同類型的人類才造成障礙，同時欲拔除的並非生物基因的歧異而是社會的藩籬，眞正「錯誤的」（wrongful）並非身心障礙者的生活而是殘跛的社會（disabling societies）。然而社會模式仍無法完全消除身心障礙者生育權被歧視的問題。

　　儘管隨著後現代主義以及女性主義思潮的發展，身心障礙者生育權的問題看似已獲得平反，不再被視爲一種需要推動「節育、結紮」的公共衛生政策，而是一種個人人權的決策與考量。事實上此類議題仍被包裹在優生學及墮胎等相關政策之中，在到底是「人權」還是「女性身體自主權」的爭議裡擺盪。

　　隨著醫療技術的發達，身心障礙者生育權的問題，隨著人們藉由「基因篩選」、「著床前胚胎遺傳診斷」等以篩選胎兒健康的科技，也遭到身心障礙社會運動人士反對，認爲這是消滅身心障礙者的一種障眼手法。不過，Shakespeare（2006）並不全然反對產前診斷的重要性，他認爲，此並不與人權有所扞格，避免「損傷」的出現不必然是個受爭議的問題，關鍵在於消滅一個正在子宮內發展的生命。透過產前診斷（prenatal diagnosis）提早檢驗出胎兒特定的損傷問題，才是墮胎唯一的正當性；此外，這種檢篩必須限縮於此種損傷會對個人及家庭造成嚴重的生活品質影響的情況下才能進行。本身也是身心障礙者的 Shakespeare 認爲，此類議題對他而言，是現今社會既令人感到沈重又痛苦的議題。

第四節　身心障礙者的「性／情慾」：性自主權的一體兩面

　　身心障礙者的「性／情慾」，所涉及的問題十分複雜。首先，身心障礙者的「身體」常遭受污名化的烙印（stigma）。Robert Murphly（1987）

認為，身心障礙者的性慾問題被惡意曲解，不是被視為一種邪惡的性，諸如好色的侏儒；就是被視為是無性慾的（asexual）。這種錯誤的社會烙印，伴隨著社會不願談論的禁忌，在資訊有限的情況下，竟也讓身心障礙者對自己產生了錯誤的自我認同。尤其當身心障礙的「身體」意象，與性別處境交織在一起時，更容易成為被訕笑、歧視的對象。心智障礙男性容易被視為具有侵略性的性慾，容易侵犯非身心障礙女性；身心障礙女性則被視為具有危險性的懷孕者，易生下怪物或怪獸小孩，又或被認為不具有性慾，身心障礙女性的身體被監管，生育的權利也被剝奪（Eisenstein, 1996）。

聯合國《身心障礙者權利公約》雖並未在條文中提到性或情慾一詞，但於第12條公約中明訂「締約國應確認身心障礙者於生活各方面享有與其他人平等之權利能力」，學者認為「性」（sex）應包含在生活各方面享有與他人平等權利的範圍之內（Arstein-Kerslake, 2015），而訴求應將身心障礙者的性權推動入法，並成為福利政策的一環（Bahner, 2015）。

有關於身心障礙者的性行為，其實質內涵指涉為何？Graupner（2004, 2005）認為，主要在於性自主權的落實，像錢幣的一體兩面，「有權追求想要的情慾」（wanted sexuality）與「有權拒絕不想要的情慾（unwanted sexuality），免於虐待與性侵的權利」。兩者都應兼具，無一被忽視，才能完整享有性的美好。在此觀點之下，涉及性權利（sexual rights）、性促進（sexual facilitation）、性教育、性傾向等內涵，分述如下：

一、性自主權（sexual autonomy）：有權追求想要的情慾（wanted sexuality）

（一）性權利（sexual rights）的人權理論基礎

「情慾」（sexuality）是否是身心障礙者的人權之一？從身心障礙政策國際化發展的趨勢來看，性慾及情慾表達的議題已成為身心障礙者的人權議題。回顧《世界人權宣言》的真諦，主張「每個人都有權利過一種基本

水準以上的生活，這種生活能夠讓他及其家庭成員擁有適宜的健康及福祉」。儘管身心障礙者能夠獲得情慾表達的管道（access），並非是 1948 年《世界人權宣言》所明定的人權項目之一，但逐漸被視為一種人權（UN, 1948；Freeman, 2005；Weissbrodt, 2005）。

　　世界衛生組織對「性權利」（sexual rights）下了定義：即同時擁有「追求滿意、舒適及愉悅性生活的權利」（WHO, 2005: 3）。1975 年在聯合國簽署的身心障礙者權利宣言中明確指出，障礙者有維持人類尊嚴的基本權利。身心障礙者不論他們的出身、障礙的性質和嚴重程度，都應該享有和其他同齡公民一樣的基本權利，也就是擁有一個正常而充足的生活的權利（United Nations, 1975）。從上述的相關人權條約可知，身心障礙的情慾表達有其人權的基礎。

　　儘管有著各國人權運動及聯合國的倡議，然而身心障礙者的情慾及性權利議題始終並未排入重要議程當中。此與 1980 年代以後，身心障礙者研究以社會模式為主要架構的發展有很大的關聯。社會模式主張「過度強調個人關係的議題可能會使得更廣泛的政策議題受到排擠」，導致尚未處理性別、情慾、老化及族群等面向。1990 年代之後，後現代主義及全球化思潮的發展，伴隨著新移民、原住民與猶太族群等新生群體的出現，以及環境生態與科技倫理等社會議題的顯現，這些族群及議題的產生，挑戰著傳統公民身分的資格與界限。從原住民權（aboriginal rights）、女性權（women's rights）、同志的性權（sexual rights for gays and lesbians）到障礙權（disability rights）等權利，西方民族國家歷經一場公民權資格的戰爭，不斷在各種權利爭辯中，訴求「權利」與「義務」排斥與歸屬的問題（Isin & Turner, 2002）。

　　David Evans（1993）最早提出「性公民權」（sexual citizenship）的概念，意指擁有各種不同管道，可以公開表達情慾與性消費的權利。依據 Richardson（2002）的研究，她認為性權利應包括以下幾種類別：

1. 多元性行為及自由選擇的權利

2. 歡愉的權利

3. 性自主權（生育的自主權）

4. 自由表達情慾的權利

　　也有學者提出消費性商品（sexual commodities）的權利，包括性教育、出版同志雜誌、墮胎服務，以及性產業工作者、性代理人的消費等（Evans, 1993；Binnie, 1995）。

　　基於上述權利理論的發展趨勢以及女性主義運動的影響之下，1996年英國學者 Tom Shakespeare, Kath Gillespie-Sells 以及 Dominic Davies 等人出版《身心障礙者的情慾政治》（*Sexual Politics of Disabilities*）一書，成為身心障礙者情慾議題獲得重視的轉捩點。Shakespeare 等人開始將性公民權的概念納入身心障礙權利運動中探討。2000 年美國舊金山州立大學透過批判及政治觀點，以「身心障礙、情慾與文化：社會及經驗的多元認同」為名舉辦大型國際學術研討會，身心障礙情慾的研究逐漸獲得重視（Shuttleworth, 2007: 196）。此外，歐美國家近幾年也已經開始針對身心障礙者的性壓抑問題，以福利施為的角度，提出處遇的方案，在「性」（sex）也是人類的一種基本權利的假設之下，藉由性產業合法化、性義工、性治療師制度，或透過政府及第三部門的力量（Ledsom, 2003；LifeSitenews.com, 2005），以解決身心障礙者情慾表達所面臨的社會障礙，而此類議題才逐漸受到注意。

（二）性促進（**sexual facilitation**）：催生合法的政策地位

　　在性權利是一種人權的基礎之下，歐洲數個國家已開始將身心障礙者的性議題從理論層面落實到政策內涵，將其納入社會政策或專業指導手冊之中。丹麥將之入法，認為性是人們生活自然的一部分，因而在社會服務政策將對情慾的支持納入。丹麥國家社會服務委員會特別出版有關「針對他人情慾問題，建立專業關係」的指導手冊（Socialstyrelsen 2012b，引

自 Bahner, 2015），主要依據世界衛生組織對於性以及性健康的定義，以及《身心障礙者權利公約》有關於尊重隱私、充分融入及家庭生活等數個權利條文的精神（WHO, 2006；UN, 2006）。

北歐及英國等地則將性的議題涵蓋在國家公共衛生政策之內，包括身心障礙者的性議題（Couldrick & Cowan, 2013）；有些國家政策則提及性工作者可特別針對身心障礙者提供服務（Wotten & Isbister, 2010）；有些國家的性治療工作者則特別針對身心障礙者的特性進行專業訓練（Aloni, Keren, & Katz, 2007）。不過，這些政策或措施比較集中在男性及異性戀的性需求上而遭到批評（Kim, 2010）；性工作者為身心障礙者提供服務也觸及倫理爭議，被批評者認為，這項舉措與性別壓迫無任何關聯，只是讓自由主義派性解放者從中獲益（Jeffreys, 2008a，引自 Bahner, 2015）。

「性權利」是人權的基本元素之一，每個人都有獲得性愉悅的權利，係引發人們相互溝通與相愛的發動機，被視為個人在施行負責任的性行為時所擁有的自由及自主性（HERR, 2004）。「性自由」是指個人不受到政府與社會干預，獨立進行性決定（sexual decisions）的自主性；且被視為是性權利的一種，所指的不應僅限於個人自慰之類的性刺激活動，而應是與他人之間彼此互動的接觸（Appel, 2010）。至於為身心障礙者提供性促進的服務，一般而言，包括以下這些內容（Earle 2001: 437，引自 Mona 2003）：

1. 提供實際可使用服務的訊息
2. 提供一個完善且有益於建立親密關係的環境
3. 體察並提供身心障礙者需要的隱私
4. 鼓勵並協助其社會交往的能力
5. 性商品的獲得
6. 協助安排付費的性服務
7. 欲進行自慰或性交時，專業服務員從旁的協助應包括協助脫衣服、擺對適合身障者的適切姿勢及愛滋防護等。

在這些服務內容中，觸及不少難以處理的道德，及大眾對於性的一般性認知規範的爭議；諸如，性促進的內涵，哪些是需求（sexual need）？哪些是慾求（sexual want）？從身障者本身角度認為是需求者，可能被協助者視為是一種慾求（Earle, 1999）。專業服務人員處理界線為何？也是複雜且充滿爭議（Browne & Russell, 2005）。欲將身心障礙者性需求或性自主權的實現納入社會政策，或是成為一項福利需求，主要會面臨以下幾個困境，包括如下：

1. 個人化服務員：專業主義及道德層面的挑戰

照顧與社會工作專業化研究，強調在提供社會服務過程中，著重專業界線的掌握（Stone, 2008），這種專業界線對於性促進所提供的個人化服務而言有何意義，在於強調這類工作所處的環境為何。這種以撫觸他人肢體的私密服務，多半位於服務使用者的家中，無需教育或專業證照，在那環境中多半沒有其他督導或同儕等專業輔導人員的協助與指導，傳統照顧工作的歷史發展或性別勞動市場等論述，對於這種個人化服務所能提供的理論基礎十分薄弱。服務使用者的賦權觀點則將個人化服務落入結構性從屬地位（Guldvik, Christensen, & Larsson 2014）。綜合上述因素，加上情慾這項議題本身伴隨的爭議性，欲建立個人化服務的專業性地位及自我察覺，有其困難度（Browne & Russell, 2005；Couldrick & Cowan, 2013；Earle, 1999，引自 Bahner, 2015）。

此外，從道德層面來看，個人化服務類似於「朋友情誼」的關係，比專業化的名詞更為複雜；若使用專業化服務常用來解釋關係的「親密關係」（intimate relationship）或「利他情懷」（altruistic gestures）等概念也不盡然適合（Reamer, 1998），導致性促進所涉及的議題處理起來十分棘手。

2. 個人化服務人員是否能幫服務使用者購買「性服務」？

國外真實案例顯示，一位來自瑞典的服務使用者造訪性產業合法的國家，並告知其個人化服務人員欲購買性服務，買春在瑞典是不合法的，個人化服務人員此時面臨倫理的挑戰：他能為服務使用者做到何種程度？能

否幫忙撥打電話？瑞典政府曾針對此類議題組成一個委員會，該委員做成
決議：因買春本身在瑞典是違法的，站在道德層面，該個人化服務人員不
能提供這種協助（Socialstyrelsen 2012a，引自 Bahner, 2015）。

　　瑞典案例顯示，服務使用者雖然應擁有合法權利與決策自主權，但是
個人化服務人員的職責在於協助身心障礙者能像「一般健常人一樣地生
活」，須依據專業針對各種狀況進行判斷，不完全聽命於服務使用者，個
人化服務人員仍有自我意志，同時代表聘任他的組織、機構或國家，需要
遵循該國的法令（Lipsky, 2010）。Bahner（2015）認為，這樣的觀點傾向
從機構立場看待身心障礙者的獨立生活，如果個人化服務人員忽略服務使
用者發出的性需求訊息，將不利身障者性促進的推動。

3. 個人化服務員能不能幫身心障礙者進行自慰？

　　此類服務在西歐瑞典等國家也有類似的案例，涉及幾項爭議：個人化
服務員替服務使用者進行自慰，是否會間接鼓勵非法買春行為的滋長？個
人化服務員以志工形式所提供的免費服務到底可以進行到哪個程度？其界
線模糊。以瑞典法案為例，禁止買春的行為規範中並未表明自慰行為是否
包括在內；此外，瑞典提供給身心障礙者合法的服務當中，並未提及性需
求的服務，導致類似服務界線的制定沒有適切的法律依據（Socialstyrelsen
2012a，引自 Bahner, 2015）。

4. 台灣手天使服務的案例

　　身心障礙者性別與性的議題，隨著西方各國性權利與性促進等推動聲
浪的影響，這股風潮也吹向台灣，有不少身心障礙者從《身心障礙者權利
公約》以及人權基礎出發，也開始透過民間力量，諸如台灣性義工組織手
天使[4]等團體藉由社會倡議的力量，督促政府看見身心障礙者性權的重要
性。台灣的身心障礙法案有類似的困境，為身心障礙者提供性需求的服
務，不但挑戰專業服務人員的定位，也面臨無法源依據的窘境，這將導致

---

[4]　手天使的介紹，詳見 http://www.handangel.org/。

身心障礙者追求性自主權的實現時面臨多重障礙。

手天使訴求為重殘者提供人道服務，透過專業志工的評估與協助，為身心障礙者進行身體撫觸及自慰的服務，被視為身心障礙者性權的一大突破與進展。然而，手天使和國外的經驗類似，台灣現行法令同樣規範不能隨意對女性進行侵入性性行為。手天使自2013年成立至今已5年，由於為申請者安排合適的時間與地點不易，5年來服務總計僅19人，這19人當中僅有1位女性，其他皆為男性（蘋果日報，2018/06/15）。由於在法律邊緣或容易在服務過程產生觸法的爭議，手天使目前確實以男性申請居多，而容易有以服務男性及異性戀為主的評論。

手天使服務目前的困境為易陷入買春行為的誤解。手天使強調，不是所有的身心障礙者在從事性行為時都需要協助，我們強調隱私、人權及健常生活的重要性。同時希望更多女性身心障礙者加入他們行列（手天使，2015）。性權利的訴求在於，當身心障礙者因社會、心理或生理性等因素，無法正常擁有或行使性權利時，性權利能否成為一種福利措施的爭議應運而生。

綜合上述的問題，透露出現有的身障者情慾議題，政府單位或相關組織較易從「管理面向」（management-oriented perspective）看待問題，而非立基於「服務者使用者面向」（service user perspective）看待。Kafer（2013）認為後者是一種混合的政治／關係模式（political／relational model），連結個人、關係與政治，強調結構性問題；而前者則是歸類為個人層次，刻意去政治化，導致兩者無法立於公平對等的對話機制。透過合法的政策將身心障礙者的性需求視為一種正當的服務對象，不僅是一種個人需求的權利保障，更成為為身心障礙者爭取人權的全球性運動，目前除運用性權利論述爭取身心障礙者平等公民權的工作，仍待努力之外，如何從性權利基礎進入實務層次，則是下一階段重要的工作（Bahner, 2015）。

二、性自主權：有權拒絕不想要的情慾（unwanted sexuality）

性自主權的實踐在於有權拒絕不想要的情慾。近年來國內相關新聞報導中，經常聽聞智障少女遭到校車司機、鄰居老伯、陌生人，甚至教師狼吻或性侵等案件發生，其中有法官以無法證明智障少女對於性交行為是否不知或不能抗拒，而判被告無罪的案例。這也引起社會對女性智能障礙者的性自主權的爭論（甯應斌，2010）。其次，情慾或「性」的問題在身心障礙相關領域，無論是實務工作或者是學術研究，容易成為被忽略或較少碰觸的問題，這些問題被更大的就學、就養照顧的框架所壓抑，表面上平靜無波，卻可能有更多類似該教養機構院生遭性侵的案例隱藏在台灣的角落，必須加以重視。

（一）性教育（sexual education）與兩性教育的混淆

身心障礙教育機構仍傳嚴重性侵害與性騷擾事件，彰顯台灣現行社政與司法相關制度，對於身心障礙者的保護仍無法在制度面形成全面性的安全防護網。依據行政院針對《消除對婦女一切形式歧視公約》（CEDAW）所進行的國家報告顯示，18 歲以下身心障礙被害人較一般人高達 6.8 倍，顯示身心障礙被害人受性侵之嚴重性。調查智能障礙者的性侵害案件，有三個困難：第一、網絡體系（社工、警察、司法）人員不瞭解智能障礙的特性；第二、智能障礙者與網絡工作者在溝通上有困難；第三、被害人因短期記憶影響，筆錄反覆問答不一，證詞容易受到污染，故智能障礙性侵害加害人往往定罪率及起訴率偏低。建議應由網絡體系結合大學相關系所、NGO 團體，規劃預防性教材和實驗性課程（防暴聯盟，2018）。

綜觀現行相關教養機構性教育實務現場，顯現過往的性教育實施過於避重就輕，趨於形式化，甚至與「兩性教育」混淆，而無法反映或解決身心障礙者同一般健常人一樣，也擁有性歡愉渴望與權利的事實。以心智障礙者而言，性教育通常被歸納在生活教育領域的生活訓練教材教法之中，通稱為「兩性教育」，與身體保健、疾病的認識與預防等，同被列入「生

理健康」細項中（洪清一，2006）。然而，「兩性教育」與「性教育」仍有實質內涵與觀念的差異，兩性教育著重於兩性平等的尊重與互動，以及性別平等意識的建立；性教育卻直接涉及性需求的抒解與教導。但是性教育多半在身心障礙實務工作中，是難以啓齒的議題很少被提及。

（二）實務現場社工急需身心障礙性教育的資訊與訓練

　　國內現行社工教育，針對家暴與性侵害防治的專業技能培育，各大專院校系所多有專精，然而，當實務現場將「家暴、性侵」與「身心障礙」群體相連結時，常見相關服務專業應變不及或捉襟見肘的現象。不少教養機構實務工作人員都表示，現有社工人員培訓制度方面應加強身心障礙者性慾及障礙的資訊，瞭解不同障別可能遭遇的困難（邱連枝，2011）。

　　本章作者依據自身曾於從事家暴及性侵服務的基金會的工作經驗發現，社工服務現場運用於一般健常性侵被害人的服務技巧，無法有效地運用在身心障礙者身上，尤其是心智障礙者，一方面源於現有社工專業教育的知識背景對於身心障礙者的特性不一定瞭解，社工人員常常必須在服務現場透過外督或是個案研討會機制，與身心障礙專家或團體進行交流，以瞭解一二，但這樣的方式杯水車薪，無法快速輸送服務；另一方面則是現有身心障礙者各種障別不同的性教育知識庫的缺乏，社工人員很難透過資訊收集的方式，來瞭解身心障礙性侵被害人的需求。因此，台灣目前在成人身心障礙者性教育知識庫的充實與建立，也有其迫切性。

（三）因應障別不同，實施個別化性教育計畫：賦權與增能

　　爲重視身心障礙者「性權利」的行使，國外開始有非營利組織或與私人性產業工作者結合，透過「性治療師」（sex surrogate）的專業，提供裸體按摩、正確而不會受傷的性愛姿勢或是協助障礙者自慰等專業服務。對於心智障礙者是否進入婚姻及如何處理性需求的問題，則應在人權基礎下，讓障礙者、家長以及相關專業人員站在更公開透明的立場共同討論與正視，讓性教育不再是虛空而表面化的話題，避免再讓諸如南部特教學校

的案件發生，並保護心智障礙女性不再成爲遭受性侵的高危險群，積極透過公共政策的討論，進入實務面對並尋求解決的方案。

對於成年心智障礙女性而言，如何確保性自主的權利表達，又能兼顧免於遭到性侵與虐待？對成年心智障礙者性教育的計畫有其迫切性，然而現有研究文獻當中，針對成人心智障礙者進行系統性且有效地評估的研究卻仍然缺乏（Schaafsma, Stoffelen, Kok, & Curfs, 2013），而未來研究尤其需要著重以下面向，例如：哪些類型的性知識急迫需要，以促進成人心智障礙者擁有正向的性經驗？當專業服務介入之後，哪些特殊的性教育知識與主題必須被探討？是否有哪些性教育的技巧必須學習與訓練？此外，未來性教育計畫也必須明確解釋哪些知識應該被教導（Ramage, 2015）。

在適切的性知識庫付之闕如的現況中，美國華盛頓衛生署則針對在學學生推出一系列有關「家庭生活與性健康」課程（Family Life and Sexual Health〔FLASH〕curriculum），除了防治性侵害的教導之外，還包括青春期、節慾、保險套的使用、避孕、溝通、進行健康性行爲的決策，以及懷孕中正確的醫療照護等，部分課程可以運用於身心障礙者身上，針對心智障礙者則推出公共性／隱私的區分、關係、溝通、性剝削及認識身體、生育權、愛滋病、性病等相關課程（Ramage, 2015）；然而此項課程也有些不足，包括過度將心智障礙者視爲受害者、著重於遭受虐待的舉報，認爲這個群體沒有能力認知或理解何爲健康的性，並對於同性戀或酷兒等性傾向的確認，及如何適當進行性的撫摸等素材很少著墨，強調在私密空間以及公開場合何種舉動才適當，不能在公開場合撫摸或自慰等，此課程希望教授成年心智障礙者健康的性觀念，實際上卻在實行一種對於性的控制與決策（Winges -Yanez, 2014）

由於身心障礙者障別不同，以及個人認知、能力、學習風格與本身具備技術的差異，很難產生所有障別都統一適用的性教育計畫內容，不僅應針對不同障別發展自各適用的性教育計畫，同障別之間也有個體性差異，因而應隨個人的需求與差異，量身訂做適合的「個人化性教育計畫」，並隨時進行反饋與調整（Ramage, 2015）。美國曾針對 252 位發展障礙女性進

行一個家庭及健康教育計畫，由執行單位每週派員前住家中訪視，服務員則針對這份週報，爲每位學員訂定個別輔導計畫，針對每位學員需求進行一些議題討論，這些議題包括：自尊、關係、決策、身體功能、個人衛生、體適能、壓力及憤怒、營養、藥酒癮、戒煙、剝削、虐待、犯罪防治、節育、防止性病及健康照顧等，最後雖由於部分服務可及性或可後續服務的參與者有限，導致此計畫能實際運用於實務的資訊不多，但此類計畫的方向正確，若持續進行個人所需求的教育，輔以重複性的知識與資訊，以及技能的建立，相信個人化的性教育計畫是會有利於心智障礙者的（McDermott, Martin, Weinrich, & Kelly, 1999，引自 Ramage, 2015）。

三、與性傾向有關：LBGT 群體與健常人健康功能的差異

隨著後現代主義、多元文化發展以及性權利等思潮的影響，同性戀（homosexuality）的議題或者同志的「出櫃」及「解放」等權利的倡導，近年越來越受到關注。然而，正如參與及響應女性主義陣營的男同志戀者，經常認爲他們左右不是人，無法找到自己的定位及角色，是被嚴重邊緣化的一群人；身心障礙者的「性傾向」問題，同樣面臨嚴重被邊緣化，是被忽視的議題。

性傾向（sexual orientation）是一種自我認同的表達，所謂的性傾向即指：發展親密、情感及性關係的能力，確認一個人情慾與幻想專注的所在（Catalano, McCarthy & Shlask, 2007），亦指一個人對特定性別的持久性情感、浪漫與性吸引力。LBGT 意指女同志（lesbien）、雙性戀者（bisexual）、男同志（gay）及跨性別者（transgender）的通稱；女同志及男同志的性傾向，即指對於同性產生情感、浪漫或性吸引力者；雙性戀者的性傾向，即指對於男性或女性皆能產生情感、浪漫或性吸引力者（The American Psychological Association, 2008）；跨性別者即指，生理性別與內心的性別認同相衝突，有些人對於他們生理性別的安排感到排斥（Griffin, 2007），部分跨性別者會用 transsexual, genderqueer 等名詞表達自我，有

些人也會認為上述名詞均無法表達，其性別認同已超越固有的性別規範（Catalano, McCarthy, & Shlask, 2007）。主流社會嘗試用性小眾者（sexual minority）的名詞，將 LGBT 群體裝進此框架籃子裡，以區別他們並非異性戀者。然而 LGBT 不斷透過不同名詞表達自我，透過理論模式表達他們遭受的壓迫、反抗主流觀點（Bell, 2007）。

身心障礙與性傾向議題，不僅涉及性權利與性別認同的爭取，身心障礙與性傾向已成為健康差異研究相互隔離的兩個斷面，現有關於身心障礙整體預防及障礙類別的研究當中，並未體認到也應同時檢視成年 LGB（Lesbian, Gay, and Bisexual Adults）群體之間的差異與狀態。根據美國疾病預防及管制局於 2011 年所做的調查報告顯示，成人 LGB 身心障礙者的比例，比異性戀中為身心障礙者的比例高，且年輕者居多；並在控制不同障礙的類型之後，女同志以及跨性別者的比例，仍比異性戀的比例還高（Fredriksen-Goldsen, Kim & Barkan, 2012）。

與健康相關的綜合研究顯示，身心障礙者在抽煙、關節炎、哮喘或心理抑鬱等健康現況上，與其肢體功能的限制及障礙程度有所關聯。部分研究發現，成人 LGB 身心障礙者在煙癮行為上有所不同；女同志及女跨性別者在罹患關節炎、哮喘或有肥胖問題者所占的比例較高，且成人 LGB 身心障礙者普遍都有心理抑鬱的症狀（Fredriksen-Goldsen, Kim, & Barkan, 2012）。因而在預防、延遲或降低身心障礙發生比例的同時，如何促進 LGB 群體的生活品質，如何對他們提供適切的預防與干預工作，是同屬重要的議題。

第五節　結論

落實身心障礙者情慾表達的人權，除持續進行性權利與性自主權的倡議之外，社工服務現場的家暴與性侵害防治及身心障礙跨域專業技能急待提升，同時需充實依據不同障別需求的性教育知識庫，讓不同障別的身心

障礙者都能擁有想要的情慾，又能透過性教育的賦權，有能力拒絕不想要的情慾。此外，急需建置國內整體的身心障礙性別處境與性需求的完整圖像，以作為資源盤整及下一階段擬訂相關社會政策的參考。本章作者認為，政府單位需與專家學者、身心障礙團體針對身心障礙者性與情慾的議題召開社會政策倡議論壇，凝聚共識，以規劃身心障礙性權發展政策的可能性。

　　從長期進程來看，或可列入《身心障礙權益保障法》下階段可能修法的內容。短期進程部分，可針對內政部歷年所進行的《身心障礙生活需求調查處境報告書》進行思考與變革。傳統的做法將身心障礙者的生活需求細項區分為休閒生活、醫療復健需求及生活自理能力程度等調查，但並未提及身心障礙者性傾向、情慾與建立親密關係的需求調查，相關內容只簡單列入「家庭或婚姻現況」項目中，而無法充分反映身心障礙者遭受的情慾表達的障礙。可先從這類處境報告書著手變革，同時可作為未來相關政策的參考。儘管身心障礙者「情慾」的需求調查不容易於單一種調查研究中顯現，然此為社會破除將身心障礙性議題視為禁忌的開端，讓社會大眾易於接受談論身心障礙性需求的問題，正視身心障礙情慾需求的障礙處境。

問題與討論

1. 針對身心障礙女性相關性別統計或整體性別圖像殘缺不完整，你認為會導致什麼影響？

2. 對於身心障礙者女性常在職場或薪資部分比健常人更處於不利處境，能否嘗試提出一些解決方案？

3. 請訪問一位女性的障礙者，與她分享她的障礙生命經驗，在哪些面向與男性障礙者不同？

參考文獻

內政部社會司（2009）。《身心障礙者權益保障白皮書》。資料檢索日期：2012 年 01 月 10 日。網址：http://www.moi.gov.tw/dsa/news_content.aspx?sn=284。

王幼玲（2010）。《嘿！身心障礙者也是女人》。資料檢索日期：2012 年 01 月 10 日。網址：http://share.youthwant.com.tw/reader/article.php?idx=009612258。

王國羽（2010）。〈台灣女性障礙者的邊緣地位：從台灣看女性身心障礙者的處境狀況與現況突破〉。《第二屆國際接軌‧權利躍進國際研討會》（12 月 12-13 日）。台北：殘障聯盟。

王國羽（2013）。《缺角的台灣社會學研究：身心障礙研究》。資料檢索日期：2019 年 05 月 20 日。網址：https://twstreetcorner.org/2013/06/06/wangguoyu/。

手天使網站，2015。《身障者的性權，就是我們的人權。人權不應該有任何的差異！》。資料檢索日期：2018 年 08 月 03 日。網址：https://www.handangel.org/?p=1223。

防暴聯盟，2018。《消除對婦女一切形式歧視公約（CEDAW）中華民國第 3 次國家報告──影子報告》。《CEDAW 資訊網》。資料檢索日期：2019 年 01 月 03 日。網址：http://www.cedaw.org.tw/tw/en-global/download/index/2。

邱連枝（2011）。〈探討不同障礙者的情慾問題：一個質性研究成果的分析〉。《臺大社工學刊》。24，39-86。

周月清、李婉萍、張家寧。（2017）。〈身心障礙者福利服務之性別分析初探〉。衛生福利部社會及家庭署。

周月清、張家寧、呂思嫻（2017）。〈身心「障礙」與「性別」統計跨國比較：CEDAW 暨 CRPD 檢視觀點〉。在黃淑玲（主編），《性別主流化：臺灣經驗與國際比較》，頁 67-107。台北，五南。

洪清一（2006）。《身心障礙者教材教法：生活訓練》。台北：五南。

甯應斌（2010）。《智障者的性權利》。資料檢索日期：2012 年 03 月 03 日。網址：http://tw.myblog.yahoo.com/pia-ddovwmk/article?mid=50544&prev=1&next=50544。

蘋果日報（2011/08/26）。〈中市性侵案 平均每天 3 件，每月逾百起 受害者 15％ 是身心障礙者〉。網址：http://tw.nextmedia.com/applenews/article/art_id/33623898/IssueID/20110826。

蘋果日報（2018/05/05）。〈手天使發動「障礙者需要性」遊行　籲政府面對〉。網址：https://tw.appledaily.com/new/realtime/20180505/1347986/。

Aloni, R., O. Keren, & S. Katz. (2007). Sex Therapy Surrogate Partners for Individuals withVery Limited Functional Ability following Traumatic Brain Injury. *Sexuality and Disability*, 25 (3): 125–134.

Apple, J. M. (2010). Sex rights for the disabled? *Journal of Medical Ethnics*, 36(3), 152-4.

Bahner, J. (2015). Sexual professionalism: for whom? The case of sexual facilitation in Swedish personal assistance services. *Disability & Society*, 30(5), 788-801.

Barnes, C., G. Mercer, & T. Shakespeare (2010). The Social Model of Disability. In A. Giddens, & P. W. Sutton (eds.), *Sociology: Introductory Readings* (3rd ed., pp. 161-167). Cambridge: Polity.

Bennett, A. (2007). Book review of "Crip Theory: Cultural Signs of Queerness and Disability". *Disability Studies Quarterly*, 27(4), abstract retrieved December 15, 2018 from http://dx.doi.org/10.18061/dsq.v27i4.60.

Brown, M. (1997). The cultural saliency of radical democracy: Moments from the AIDS Quilt. *Ecumene*, 4, 27-45.

Browne, J., & S. Russell (2005). My Home, Your Workplace: People with Physical Disability Negotiate Their Sexual Health without Crossing Professional Boundaries. *Disability & Society*, 20(4): 375-388.

Charowa, G. (2002). Disability, Gender and Food Distribution Situation in Zimbabwe. Retrieved Mar. 01, 2012, from http://www.dpi.org/en/resources/articles/10-10-03_dgfzim.htm.

Diamond, M. (1984). Sexuality and the handicapped. In R. P. Marinelli & A. Dell Orto (eds.), *The psychological and social impact of physical disability*. New York: Springer Publishing.

Eisenstein, G. (1996). Women's publics and search for new democracies. Paper delivered at *the Women and Citizenship Conference*, London, July 1996.

Evans, D. (1993). *Sexual Citizenship*. London: Routledge.

Fredriksen-Goldsen, K., H.-J. Kim, & S. Barkan (2012). Disability Among Lesbian, Gay, and Bisexual Adults: Disparities in Prevalence and Risk, *American Journal Public Health*, 102(1): 16-21.

Freeman, M. (2005). The Historical Roots of Human Rights Before the Second World War. In R. Smith & C. Vanden (eds.), *The Essentials of Human Rights*. London: Hodder Arnold.

Graupner, H. (2004). Sexual Autonomy: A Human Rights Issue. Keynote lecture, *8th International Conference of the International Association for the Treatment of Sex Offenders*, Athens.

Groce, N. E. (2003). HIV/AIDS and people with disability. *The Lancet*, 361(9367), 1401-1402.

Guldvik, I., K. Christensen, & M. Larsson (2014). Towards Solidarity: Working Relations in Personal Assistance. *Scandinavian Journal of Disability Research*, 16 (sup1), 48-61.

Hughes, R. B. (2006). Achieving effective health promotion for women with disabilities. *Family & Community Health*, 29 (1), 44-51.

Isin, E. F., & B. S. Turner (2002). *Handbook of Citizenship Studies*. London: Sage.

Kafer, A. (2013). *Feminist, Queer, Crip*. Bloomington: Indiana University Press.

Ledsom, M. (2003). Zurich's disabled to get sexual relief. Swiss Info: Switzerland's News and Information Platform. Retrieved Oct. 2, 2009, from http://www.swissinfo.ch/eng/Home/Archive/Zurichs_disabled_to_get_sexual_relief.html?cid=3229102.

LifeSitenews.com. (2005). Australian and Danish governments providing prostitutes for the disabled. Retrieved Dec. 11, 2009, from http://www.lifesitenews.com/ldn/2005/sep/05093003.html.

Lipsky, M. (2010). *Street-Level Bureaucracy: Dilemmas of the Individual in Public Services*. New York, NY: Russel Sage Foundation.

McRuer, R. (2009). Shameful Sites: Locating Queerness and disability. In D. M. Halperin & V. Traub (eds.), *Gay Shames* (pp. 181-187). Chicago: University of Chicago Press.

Meekosha, H. & L. Dowse (1997). Enabling Citizenship: Gender, Disability and Citizenship. *Feminist Review*, 57(1), 49-72.

Mona, L. R. (2003). Sexual Options for People with Disabilities. *Women & Therapy*, 26(3-4), 211-221.

Morris, J. (1993). Gender and disability. In J. Swain, V. Finkelstein, S. French, & M. Oliver (eds.), *Disabling Barriers – Enabling Environments* (pp. 85-92). London: Sage.

Murphy, R. (1987). *The Body Silent*. New York: Henry Holt.

Nosek, M. A. et al. (1994). Wellness models and sexuality among women with physical disabilities. *Applied Rehabilitation Counseling*, 25(1), 50-58.

Oliver, M. (1990). *The Politics of Disablement*. London: The MacMillan Press.

Ramage, K. (2015). *Sexual Health Education for Adolescents with Intellectual Disabilities: A report review*. Saskatchewan Prevention Institute.

Shakespeare, T. (2006). *Disability Rights and Wrongs*. New York: Routlege.

Shakespeare, T., K. Gillespie-Sells, & D. Davies (1996). *The Sexual Politics of Disability: Untold Desires*. London: Cassell.

Shuttleworth, R. P. (2007). Disability and sexuality: Toward a construction focus on access and the inclusion of disabled people in the sexual rights movement. In N. F. Teunis, & G. Herdt (eds.), *Sexual Enequalities and Social Justice* (pp. 174-207). London: University of California Press.

Snyder, M. (1999). Issues in gender-sensitive and disability-reponsive policy research, training and action. Retrieved Mar. 1, 2012, from http://www.un.org/esa/socdev/enable/disrppeg.htm.

Stone, J. (2008). Respecting Professional Boundaries: What CAM Practioners Need to Know. *Complement Ther Clin Pract*, 14(1): 2-7.

United Nations (1948). *Universal declaration of human rights.* New York: Author.

United Nations. (1975). *Declaration on the rights of disabled persons.* New York: Author.

United Nations (2006). *Convention on the Rights of Persons with Disabilities.* Retrieved Mar. 23, 2015, from http://www.un.org/disabilities/convention/conventionfull.shtml

Weissbrodt, D. (2005). The United Nations since the Universal Declaration of Human Rights of 1948. In R. Smith, & A. Vanden (eds.), *The Essentials of Human Rights.* London: Hodder Arnold.

Winges-Yanez, N. (2014). Discourse analysis of curriculum on sexuality education: FLASH for special education. *Sexuality and Disability,* 32(4): 485-498.

World Health Organization (1946). *Definition of health accepted by the Constitution of the World Health Organization.* Geneva: WHO press.

World Health Organization (2006). *Defining Sexual Health. Report of a Technical Consultation on Sexual Health.* Geneva: WHO Press.

Wotten, R., & S. Isbister (2010). A Sex Worker Perspective on Working with Clients with a Disability and the Development of Touching Base Inc. In R. Shuttleworth, & T. Sanders (eds.), *Sex & Disability: Politics, Identity and Access* (pp. 155-178). Leeds: The Disability Press.